Jay Mikes

Handbuch für Basketball
Fundamentales Training

Jay Mikes

Handbuch für Basketball
Fundamentales Training

Meyer & Meyer Verlag

Originaltitel: ,,Basketball FundaMENTALS''
A Complete Mental Training Guide
Leisure Press, Champaign, Illinois USA, © 1987
Übersetzung: Jürgen Schiffer, Mechernich-Satzvey

CIP-Titelaufnahme der Deutschen Bibliothek

Mikes, Jay:
Handbuch für Basketball: fundamentales Training / Jay Mikes.
(Aus d. Engl. von Jürgen Schiffer)
- Aachen : Meyer u. Meyer, 1990
(Athleten und Trainer der Welt)
Einheitssacht.: Basketball fundamentals <dt.>
ISBN 3-89124-077-5

© 1990 by Meyer & Meyer Verlag, Aachen
Einbandgestaltung: F.-J. Mehlkopp, Schwalmtal
Titelfoto: Horstmüller, Düsseldorf
Satz und Druck: Druckerei Arends, Bruchhausen-Vilsen
Printed in Germany

Inhaltsverzeichnis

Teil 1
Erstes Viertel: Mentale Grundlagen

Teil 2
Zweites Viertel: Mentale Grundlagen basketballerischer Fertigkeiten

Teil 3
Halbzeitpause

Teil 4
Drittes Viertel: Mentale Praxis

Teil 5
Viertes Viertel: Mentale Grundlagen des Spiels

Teil 6
IV Verlängerung

Vorwort von „The Coach" Ray Meyer

Sportler können ihr Leistungsvermögen nur voll ausschöpfen, wenn sie mental, emotional und körperlich vorbereitet sind. Wir Trainer sind bereits sehr lange über die Bedeutung dieser drei Bereiche der Vorbereitung informiert. Körperliches Talent alleine reicht nicht aus, um erfolgreich zu sein. Es kommt darauf an, was man aus seinem Talent macht. Und so haben wir alle auf unsere Weisc versucht, unsere Spieler in allen wettkampfrelevanten Bereichen optimal vorzubereiten.

Unsere Standard-Trainingsmethoden und -Praktiken waren sehr lange Zeit ausschließlich auf die körperliche Seite des Basketballspiels ausgerichtet; die mentalen und emotionalen Aspekte des Spiels wurden vernachlässigt. Es gibt sehr viele hervorragende Bücher und Seminare, die sich mit den Basistechniken und -taktiken des Basketballspiels befassen. Es gibt, wenn überhaupt, jedoch nur sehr wenige Bücher, die sich mit den mentalen und psychologischen Elementen des Basketballspiels auseinandersetzen. Bei diesem Buch handelt es sich also um einen Meilenstein.

In den sechziger und siebziger Jahren fand im sportlichen Training ein Umbruch statt, denn zum ersten Mal wurden von professionellen Trainern und Sportlehrern entworfene, ausgeklügelte Systeme des Krafttrainings angeboten. Im Verlauf des letzten Jahrzehnts wurden wir Zeugen eines weiteren Fortschritts — der psychologischen Revolution. Es erschienen nicht nur sehr viele Bücher zur Sportpsychologie, sondern viele große Universitäten und Profivereine in allen Bereichen des Sports heuerten Sportpsychologen an, um ihre Athleten optimal vorzubereiten.

Ihre Universität oder Ihr Verein beschäftigt vermutlich keinen Sportpsychologen. Sie können sich jedoch trotzdem behelfen, denn dieses *Handbuch für Basketball* gibt sowohl Trainern als auch Spielern die Möglichkeit, auf Trainingsformen zurückzugreifen, die sie ihren Gegnern überlegen machen. Das vorliegende Buch ist ein wichtiges Werkzeug, um einen in allen Bereichen hervorragend trainierten Sportler auszubilden.

Vorwort

Die Sportpsychologie ist eine verhältnismäßig junge Wissenschaftsdisziplin, mit der sich sowohl Trainer als auch Spieler nur langsam anfreunden. Das Gros der vorliegenden sportpsychologischen Literatur ist sehr allgemein und kann von praktisch orientierten Lesern nur schwer umgesetzt werden. Das ist vielleicht auch der Grund dafür, daß dieser Leserkreis der Sportpsychologie noch reserviert gegenübersteht. Es ist jedoch an der Zeit, daß sportpsychologische Erkenntnisse auf das Basketballspiel übertragen werden.

Dieses Buch versteht sich als ein praxisorientierter sportpsychologischer Leitfaden für Basketballspieler und -trainer. Ideal wäre, wenn Spieler die in diesem Buch enthaltenen Informationen zusammen mit ihrem Trainer durchgingen. Am Ende eines jeden Kapitels findet sich eine Reihe von Fragen, die zurDiskussion anregen sollen. Indem der Leser Diskussion und praktische Anwendung miteinander verbindet, erwirbt er ein tieferes Verständnis der psychologischen Konzepte und Techniken, die dieses Buch vermitteln will. Spieler können von dem *Basketball — Handbuch* jedoch auch ohne die Hilfe des Trainers profitieren. Ich hoffe von ganzem Herzen, daß alle Basketballspieler und -trainer aus dem hier vertretenen psychologischen Ansatz der Leistungsverbesserung im Basketball einen großen Nutzen ziehen werden.

Danksagungen

Danken möchte ich an erster Stelle Ron Cregier, Willie Little, Barb Zenner, Terry London und Stan Kellner für ihre wertvollen Kommentare, die mich oft veranlaßten, zurück zum Schreibtisch zu eilen und meine Entwürfe noch einmal durchzusehen.

An zweiter Stelle möchte ich Penny Hart für ihre Hilfe bei der Koordinierung des graphischen Teils dieses Buchs danken. Gleichzeitig schulde ich Darren Kairis Dank für seine Hilfe bei der Vorbereitung der ersten vorläufigen Skizzen.

Zu guter Letzt möchte ich meinen Versuchskaninchen, den Bloomingdale Celtics, für ihre Bereitschaft zum Erproben der Trampolin- und Schwebebalkenübungen danken. Dank an ,,Jo Jo'' Mikes, Mike ,,Fly'' Watkins, Scott ,,The Colonel'' Carnell, Mark ,,Alvan'' Adamson, Freddie ,,Do-It-All'' McFall und Ivan ,,The Great'' Daniels. Dank auch an James und Lucille Mikes für die Bereitstellung ihrer Sportanlagen.

TEIL 1

ERSTES VIERTEL: MENTALE GRUNDLAGEN

KAPITEL 1

DIE MENTALE REVOLUTION

Wenn Sie aktuelle Sportbücher und Magazine durchblättern, werden Sie feststellen, daß das sportliche Training um einen wesentlichen Aspekt bereichert wurde - einen Aspekt, der das Innenleben der Athleten betrifft. Im Sport hat eine mentale Revolution eingesetzt. Interessanterweise wurden die Bücher und Artikel, die sich mit diesem Thema beschäftigen, nicht von Trainern, sondern von Experten aus anderen Bereichen geschrieben: Psychologen, Psychiatern, Bewegungsforschern, Physiologen, Ärzten und sogar von Theologen. Sie alle haben dazu beigetragen, daß der geheimnisvolle Schleier, der noch vor einigen Jahren diesen ,,ganzen psychologischen Kram'' umgab, gelüftet wurde. Man hat sogar die weitreichende Schlußfolgerung gezogen, daß die mentale Kraft die entscheidende Triebkraft aller sportlichen Leistungen ist.

Stan Kellner (1978, S. 96)

Wodurch unterscheidet sich der Sieger vom Verlierer? Warum erreicht ein Sportler so herausragende Erfolge, während der andere sein volles Leistungspotential nie ausschöpft? Dies sind keine leichten Fragen. Dennoch stehen sie im Zentrum sportlicher Bemühungen. Seit Jahren suchen sowohl Trainer als auch Athleten und Fans aus ihrer Erfahrung heraus Antworten auf diese Fragen. Sie machten auf die Unterschiede zwischen den Athleten hinsichtlich Körpergröße, Kraft und Ausdauer aufmerksam. Auch der fertigkeitsbezogene Faktor und die Bedeutung von Biomechanik und Technik wurden angeführt. Obwohl diese Faktoren den Unterschied zwischen erfolgreichen und weniger erfolgreichen Sportlern nicht erklären konnten, gelangte man jedoch über sie zu den mentalen Variablen. Trotz all der Aufmerksamkeit, die in letzter Zeit der Einstellung, den Emotionen, der Motivation und der Tatsache, ,,mental aufgeputscht'' zu sein, sowie anderen vagen Erklärungen der mentalen Vorbereitung zuteil wurde, liegt bislang keine angemessene Erklärung der psychologischen Erfolgsfaktoren vor. Die Athleten werden mit der korrekten Technik ihrer jeweiligen Sportart, richtigen Trainingsformen, leistungsfördernden Mahlzeiten sowie der richtigen Ausrüstung vertraut gemacht. Nur selten - wenn überhaupt - wird ihnen jedoch gezeigt, wie man sich psychisch vorbereitet. Dies führt dazu, daß selbst viele talentierte Sportler nur mittelmäßige Leistungen erreichen. Wie kann man bewirken, daß alle Athleten ihre Möglichkeiten besser ausnutzen? Mit anderen Worten: Wie können Sportler, vor allem Basketballspieler, ihre mentalen Fähigkeiten so weiterentwickeln, daß sie zu außerordentlichen Leistungen imstande sind? Auf diese Frage möchte Ihnen das vorliegende Buch eine Antwort geben. Bevor wir jedoch zu einer Lösung gelangen, müssen wir das Problem richtig verstehen. Die folgende Geschichte soll Ihnen das Problem des Sportlers, der sein Leistungspotential nicht genügend ausschöpft, verdeutlichen.

Eine Geschichte von zwei Spielern

Die Zuschauerränge waren voll besetzt, als John Walsh die Lockport Lancers unter dem ohrenbetäubenden Applaus und den Anfeuerungsrufen der Lancer Fans auf das Spielfeld führte. Es ging um die Staatsmeisterschaft, und die Lancers hatten das Finale ihrer Spielgruppe gegen die drittbeste Mannschaft des Bundesstaats, die Burlington Bronco, erreicht. Als John an der Spitze seiner Mannschaft, den Ball dribbelnd, die traditionelle Aufwärmrunde um das Spielfeld zurücklegte, schlug sein Herz kräftig; sein Atem ging flach und schnell, und seine Muskeln waren verkrampft. Warum auch nicht? Für die Lancers, die bis zu diesem Turnier nicht allzu erfolgreich gewesen waren, war dies immerhin das wichtigste Spiel des Jahres. Wenn sie jetzt einen Sieg erringen würden, würde ihnen eine großartige Zukunft bevorstehen.

Ein Sieg beim Gruppenfinale würde der Mannschaft sehr viel Publicity bringen, denn auf den Rängen saßen die Reporter aller Zeitungen von Chikago. Dieses Spiel war jedoch auch Johns große Chance, die Beobachter der Colleges zu beeindrucken, die erstrangig gekommen waren, um Ron Adamson, den All-State-Kandidaten der Broncos, zu begutachten. John hoffte allerdings insgeheim, dem Star der Broncos die Schau stehlen zu können. Sein größter Wunsch war, daß dies das beste Spiel seiner High-School-Karriere werden würde. Er wollte den Erfolg für seine Mannschaft, aber noch wichtiger war für ihn, daß er selbst einen guten Eindruck hinterlassen würde. Hinzu kam noch, daß es so schien, als ob fast alle Einwohner von Lockport auf den Tribünen säßen, um ihrer Mannschaft zum Sieg zu verhelfen. Als Mannschaftskapitän wußte John, daß die Fans von ihm erwarteten, daß er die Lancers zum ersten Mal unter die ,,Besten Acht'' bringen würde. All diese Gedanken gingen durch Johns Kopf, als die Lancers ihre Aufwärmrunde beendeten und sich in zwei Gruppen teilten, um Korbleger zu üben.

John lief zu seinem ersten Korbleger an. Er traf, und lief zur Reboundlinie zurück. Während er wartete, bis er mit dem Rebound an der Reihe war, schweiften seine Blicke nervös über die Tribüne. Er suchte seine Eltern und seine neue Freundin Laurie. Er sah sie in der 10. Reihe in Höhe der Mittellinie sitzen. Laurie winkte John aufgeregt zu, der natürlich ihr Rufen wegen der ohrenbetäubend lauten Musik der Schulmusikkapelle nicht hören konnte. Dennoch verstand er, was sie ihm mitteilen wollte. Seine einzige Hoffnung war, daß er und seine Mannschaft einen überraschenden Sieg davontragen würden. „Ich muß alles in meiner Macht stehende tun, damit wir heute abend gewinnen!" war Johns Gedanke, als er nach einem mißlungenen Korbleger zum Rebound hochsprang.

Als John zur Wurflinie zurückkehrte, verspürte er ein Unwohlsein in seiner Magengegend, und er hatte den Eindruck, als seien seine Muskeln förmlich verknotet. Er versuchte sich zu entspannen; aber je intensiver er dies versuchte, desto unwohler fühlte er sich. Er entschloß sich, das Spannungsgefühl für einen Augenblick zu ignorieren in der Hoffnung, es würde nach Spielbeginn verschwinden.

Nachdem die Lancers 10 Minuten lang Übungen wie Achterlauf, Korbleger etc. praktiziert hatten, teilte sich die Mannschaft in zwei Gruppen, deren Mitglieder abwechselnd aus der Fernwurfzone auf den Korb warfen. Als John wieder einmal in der Nähe der Mittellinie stand, blickte er erneut auf die Zuschauerränge, um zu sehen, wo die Talentsucher der Universitäten saßen. Er sah sie alle zusammen in der obersten Reihe sitzen. Unglücklicherweise blickten sie gerade dorthin, wo sich die gegnerische Mannschaft aufwärmte. Vermutlich konzentrierten sie sich auf den Starspieler des Gegners, Ron Adamson. Als er dies sah, nahm John sich nur noch umso fester vor, den Beobachtern zu zeigen, was er konnte.

Als John den Ball von seinem Partner zugespielt bekam, dribbelte er sogleich zu einer Stelle an der Seitenlinie, die etwa 7 m vom Korb entfernt war. „Wenn ich erst einmal 20 Korbwürfe aus dieser Distanz erzielt habe, werden sie bestimmt in meine Richtung sehen", sagte er sich. Aber seine ersten Würfe waren zu kurz und berührten allenfalls den vorderen Teil des Korbrings. Nach jedem mißlungenen Versuch blickte er zur Tribüne, um zu sehen, ob die Talentsucher in seine Richtung sahen. Glücklicherweise konzentrierten sie sich nach wie vor auf Ron Adamson. John fühlte sich einerseits erleichtert, war andererseits aber auch frustriert. Er war erleichtert, daß seine Fehlwürfe nicht weiter aufzufallen schienen, gleichzeitig ärgerte er sich jedoch, daß sich keiner für ihn interessierte. „Ich werde es ihnen schon zeigen!" dachte er. John biß seine Zähne zusammen und warf weiterhin aus der Distanz auf den Korb. Aber nichts änderte sich; nur sehr wenige seiner Würfe trafen. Je öfter John vorbeiwarf, desto frustrierter wurde er. Er wußte, daß er sich nicht entspannte, daß seine Wurfhand dem Ball nicht folgte und daß seine Würfe zu flach waren. „Oh, Mann! Wird das ein schlechtes Spiel werden. Ich treffe einfach nicht!" sagte er zu seinem Wurfpartner, als er ihm den Ball zuspielte. „Ich werde heute abend einfach nicht locker! Es klappt nicht!" Er stand kopfschüttelnd in der Mitte des Spielfeldes und sah den Burlington-Spielern beim Aufwärmen zu.

Die Burlington-Spieler waren zu diesem Zeitpunkt ebenfalls dabei, von der Außenlinie auf den Korb zu werfen. John sah, wie Ron Adamson an der Seitenauslinie stand und wartete, bis er an der Reihe war. Ron sah aus, als ob er ganz und gar auf sich selbst konzentriert wäre: Er machte Dehnübungen, spannte seine Muskeln und lockerte sie anschließend. In regelmäßigen Abständen atmete er tief durch, schüttelte seine Arme und Hände aus, um sie danach locker herunterhängen zu lassen. Dann starrte er geistesabwesend auf den Korb; es schien, als ob er seine Außenwelt nicht mehr wahrnähme.

„Was ist mit diesem Jungen los?" fragte sich John. „Er sieht aus, als ginge ihn das bevorstehende Spiel überhaupt nichts an!"

John erhielt den Ball von seinem Partner und lief noch einmal direkt in die 6-m-Wurfdistanz. Wie zuvor war sein Wurf zu kurz und verfehlte den Korb. „Komm schon, du Idiot! Steck den Ball endlich ins Loch!" sagte er außer Atem zu sich selbst. Aber er konnte sich anstrengen wie er wollte, er kriegte seine normale Ballkurve und Nachfolgebewegung einfach nicht hin. Seine Stimmung sank. Er hatte jetzt Empfindungen, die er noch nie zuvor gehabt hatte. Seine Verspannung und Frustration wurden mit jedem mißlungenen Wurf stärker, und sein Rhythmus sowie sein Selbstvertrauen verschwanden zusehends. „Ich komme heute abend einfach nicht in Gang!"

Am anderen Ende der Halle hatte Ron Adamson mit seinen Wurfübungen begonnen. Im Unterschied zu John praktizierte er Sprungwürfe aus 3 m Entfernung innerhalb des Freiwurfraumes. Das überraschte John, denn Adamson war für seine exzellenten Fernwürfe bekannt. Ungeachtet dieses Rufs praktizierte er jedoch weiterhin Nahwürfe. Als John Rons elegante Nachfolgebewegung beobachtete und sah, daß alle seine Würfe in den Korb gingen, fragte er sich, wie ein so guter Spieler wie Ron nur so einfache Würfe ausführen konnte. Immerhin würden schwierigere Würfe sowohl die anwesenden Talentsucher als auch die Fans stärker beeindrucken. Er glaubte doch wohl nicht, daß er mit solch simplen Würfen Lockport ausschalten könnte, oder? „Ich werde ihn stoppen," versuchte John sich selbstsicher einzureden.

Während John weiterhin Fernwürfe übte, setzte Ron sein simples Vorbereitungsritual aus Stretching- und Lockerungsübungen fort. Er atmete tief ein und aus und konzentrierte sich weiterhin auf den Korb. Erst gegen Ende seines Aufwärmprogramms entfernte sich Ron vom Korb, um einige Sprungwürfe aus der Fernwurfzone auszuführen. Zu diesem Zeitpunkt machte er einen sehr lockeren Eindruck, und alle seine Würfe trafen. Er fühlte sich bereit und psychisch fit.

Als ein Signal das Ende der Aufwärmzeit ankündigte, liefen die Spieler beider Mannschaften zu ihren Bänken und warteten auf die Bekanntgabe der Mannschaftsaufstellungen. Alle Spieler waren sehr nervös und sahen dem Spiel mit gespannter Erwartung entgegen. Einige Spieler riefen ihren Kameraden aufmunternde Worte zu; andere klatschten in ihre Hände. John wartete verkrampft und nervös darauf, den Fans vorgestellt zu werden. Als sein Name genannt wurde, lief er auf das Spielfeld zu seinen Mannschaftskameraden, die bereits vorgestellt

worden waren. Wiederum verspürte John starkes Herzklopfen, und seine Hand-
flächen waren schweißnaß, als er seine Mitspieler im Mittelkreis begrüßte. Die
Lockport Fans stimmten ein ohrenbetäubendes Gebrüll an. Als die fünf Start-
spieler der Lancers zu ihrer Bank zurückkehrten, reckte John seinen Fans seine
Faust entgegen, womit er seine Bereitschaft und Zuversicht signalisieren wollte.
Tief im Inneren wußte er jedoch, daß er sich nicht unter Kontrolle hatte. Er war
verkrampft und unsicher, und er hoffte, daß er Glück haben würde und daß seine
ersten Würfe treffen würden. Mit Spielbeginn würde er schon o.k. sein.

Als John und seine Mannschaftskameraden während der Vorstellung der
Burlington-Spieler vor ihrer Bank standen, beobachtete John genau seinen Gegenspieler, Ron Adamson. Im Unterschied zu seinen Mannschaftskameraden
wirkte Ron sehr selbstbewußt und souverän. Er war ruhig und konzentriert,
schien jedoch gleichzeitig sehr großen Anteil an dem zu nehmen, was um ihn
herum geschah. Wenn er bezüglich des Ausgangs des Spiels und der Anwesen-
heit der Talentsucher besorgt war, dann konnte er es zumindest gut verbergen.
Als er vorgestellt wurde, ging Ron zielsicheren Schritts zur Spielfeldmitte, und
aus seinen Augen schienen Funken zu sprühen.

Das Spiel begann, und Lockport sicherte sich den ersten Sprungball. Die
Lancers spielten geduldig ihre Paßspiel-Offensive, bis John plötzlich freie Bahn
für einen Sprungwurf aus einer Distanz von etwa 5 m links von der Birne hatte.
Er zielte auf den Ring, und seine Hand ging dem Ball beim Wurf wunderbar
nach. John hatte ein gutes Gefühl, als der Ball seine Hände verließ, aber unglücklicherweise prallte der Ball dennoch vom Brett ab. Die Burlington-Spieler sicher-
ten sich den Rebound. Als John zur Verteidigung seines eigenen Korb lief,
fluchte er innerlich: ,,Mann, hoffentlich platzt der Knoten bald!''

Am anderen Ende des Spielfelds erhielt Ron den Ball am rechten Flügel.
John deckte ihn eng. Ron pivotierte nach vorne und hinten und startete dann blitzschnell in Richtung Endlinie, wo er zu einem Sprungwurf aus der Nahdistanz an-
setzte. Ron war John für einen Moment entwischt, aber John rappelte sich
schnell genug wieder auf, um den Wurf zu stören. Als der Ball durch die Luft
flog, ertönte die Pfeife des Schiedsrichters. John sah, wie der Ball durchs Netz
fiel und blickte dann zum Schiedrichter. ,,Foul? Ich habe ihn überhaupt nicht berührt, Schiedsrichter!'' rief John. Der Schiedsrichter sah John verärgert an und
verwarnte ihn: ,,Noch so ein Aussetzer, und ich pfeife ein technisches Foul!''
John blieb nichts anderes übrig, als zuzusehen, wie Ron den Freiwurf zur
3:0-Führung für Burlington verwandelte.

John brachte den Ball nach vorne, fest entschlossen, die Führung des Gegners wettzumachen. Er vernachlässigte den Mannschaftsangriff, dribbelte bis
zum Rand der Birne und stand dort einem Abwehrspieler der Broncos 1:1 gegenüber. Dieser Abwehrspieler war hartnäckig und ließ sich nicht abschütteln. Entschlossen und irritiert zugleich ließ John sich zu einem schwachen, ungenauen
Wurf verleiten. Der Ball berührte so gerade noch den Ring, und John wußte sogleich, daß er sein Problem mit dieser Aktion nur noch verschlimmert hatte.

Im weiteren Verlauf des Spiels versuchte John mehr und mehr, mit Gewalt zum Ziel zu gelangen. Mit jedem mißlungenen Wurf wurde er verkrampfter, bis er schließlich seinen Rhythmus und sein Selbstvertrauen völlig verloren hatte. Der Korb, der ihm an verschiedenen Abenden so groß wie eine Regentonne vorgekommen war, erschien ihm jetzt so klein wie eine Teetasse. Er warf, ohne dem Ball mit der Hand zu folgen und ohne ihm einen Rückwärtsdrall zu geben. Sein Dribbling war zögernd, und die Bewegungen seiner Hände unsicher. Seine Muskeln waren so angespannt und seine Einstellung so negativ, daß er einen Ball versehentlich hoch in die Luft warf. Völlig frustriert setzte John dem Ball zu aggressiv nach und beging ein dummes Foul, das seinen ursprünglichen Fehler noch verschlimmerte. Endlich hatte sein Trainer Mitleid mit ihm und nahm ihn aus dem Spiel. John nahm auf der Reservebank Platz — ein Verlierer.

John verbrachte den Rest der Spielzeit auf der Bank, und wenn er über den Abend nachdachte, mußte er Rons Leistung bewundernd anerkennen. Ron gelang an diesem Abend einfach alles: Er warf Körbe, sicherte sich Rebounds, gab seinen freistehenden Mitspielern exakte Pässe und spielte in der Verteidigung. Selbstverständlich passierten auch ihm einige Fehler, und er warf auch schon einmal daneben, aber diese Mißgeschicke schienen ihm nichts auszumachen.

Es war seine Einstellung, die John vielleicht am meisten beeindruckte. Ron hatte das gewisse Etwas, das John fehlte. John blieb jetzt nichts anderes übrig, als da zu sitzen und die Zeit bis zum Ende seiner High-School-Karriere verstreichen zu lassen.

Wie viele Nachwuchsspieler spielte auch John in der High School sehr gut. Dennoch wußte er, daß er unter seinen Möglichkeiten spielte, auch wenn er sehr viel Zeit damit verbracht hatte, seine Spielzüge und Sprungwürfe zu perfektionieren, und mit Gewichten gearbeitet hatte, um seine Kraft und Schnelligkeit zu verbessern. Er hatte alle nur vorstellbaren Übungen praktiziert. Warum wurde er kein Star?

Als John dasaß und über die Höhen und Tiefen seiner Karriere nachdachte, wurde ihm die Antwort klar. Er hatte noch nie zuvor einen Spieler getroffen, der ihm so viele Probleme bereitet hatte, wie er sich selbst bereitete.

Die Moral der Geschichte

Diese Geschichte ist natürlich erfunden. Dennoch sind Johns Gedanken und Gefühle fast jedem High-School-Basketballspieler vertraut. Warum erleben Sportler derartige Frustrationen? Die Antwort ist einfach. Die Trainer vernachlässigen die mentale Vorbereitung ihrer Athleten fast völlig. Die College- und High-School-Trainingsprogramme sind in den vergangenen Jahren im Hinblick auf das körperliche Training der Athleten fast verbessert worden, die mentalen Aspekte wurden hingegen ignoriert.

Vielleicht glauben Sie, daß das Training der Sportler in diesem Bereich derart vernachlässigt wurde, weil die Trainer die psychologischen Faktoren einfach nicht für wichtig halten. Das Gegenteil ist jedoch richtig. Die Trainer waren immer der Meinung, daß die mentalen Dimensionen des Basketballspiels für den Erfolg eine große Rolle spielen. Denken Sie nur einmal daran, wie oft Sie einen Trainer schon haben sagen hören: ,,Konzentriere Dich!'' oder: ,,Entspanne Dich!'' Haben Sie jedoch jemals gehört, daß ein Trainer dem Athleten erklärte, wie er sich konzentrieren oder entspannen sollte? Bis vor kurzem verfügten nur sehr wenige Trainer über ausreichendes psychologisches Wissen, um ihren Athleten zu helfen.

Wo man anfangen soll

Gegenwärtig findet im Sport eine mentale Revolution statt. Im Lauf der letzten zehn Jahre wurden viele Bücher über die mentalen Aspekte des Sports geschrieben. Entspannung, Streßbewältigung, positives Denken, Bewußtheit und Aufmerksamkeit, das mentale und physische Durchspielen der Wettkampfsituation (,,mentales Training'') und sogar die psychisch-mystische Seite des Sports wurden diskutiert. Unglücklicherweise betreffen diese Bücher entweder den Sport im allgemeinen oder sie beziehen sich zumindest nicht auf das Basketballspiel. Speziell zum Basketball existieren kaum psychologisch ausgerichtete Bücher. Lediglich Stan Kellner hat ein exzellentes Buch geschrieben: *Taking It to the Limit*. Ich möchte dieses Buch jedem Spieler empfehlen, der daran interessiert ist, sein Spiel zu verbessern. In Kellners Buch wird beschrieben, wie ein Sportler sich durch mentales Training verbessern kann. Das Ziel meines Buches ist eine noch ausführlichere Untersuchung der mentalen Aspekte des Basketballspiels.

Die Absicht dieses Buches

Das Hauptziel meines Buches besteht darin, Sie über die mentalen Grundlagen des Basketballspiels zu informieren. Im einzelnen will dieses Buch Ihnen dabei helfen,

1. Ihre Konzentrationsfähigkeit auf dem Spielfeld zu verbessern.

Sie werden für jede Spielaktion - die Würfe, die Ballbehandlung, die Verteidigung und den Rebound - den geeigneten Aufmerksamkeitsschwerpunkt kennenlernen. Sie werden auch lernen, Ihre Konzentrationsfähigkeit zur Entwicklung Ihrer körperlichen und mentalen Fähigkeiten einzusetzen;

2. Sich zu entspannen und auf dem Spielfeld gelassen zu bleiben.

Sie werden eine neue Einstellung und neue Gewohnheiten erlernen, die Ihnen dabei helfen, äußeren Druck zu überwinden und mit optimalem Einsatz zu spielen. Diese neue Einstellung und neue Gewohnheiten tragen auch dazu bei, daß Ihr Körper, Ihr Geist und Ihre Psyche harmonisch zusammenarbeiten;

3. Wirkliches Selbstvertrauen zu entwickeln,
wodurch Sie zu einem Spieler mit Initiative werden.

Sie werden lernen, Ihren Körper, Ihren Geist und Ihre Psyche zu kontrollieren, wenn das Spiel auf des Messers Schneide steht;

4. Zu einem beständigen Spieler zu werden,
der ein gutes Spiel nach dem anderen absolviert.

Ihre neu erworbene psychische und geistige Kontrolle wird Ihnen helfen, die Höhen und Tiefen, die charakteristisch für einen Saisonverlauf sind, zu vermeiden. Sie werden schon bald weniger häufig auf der Reservebank sitzen.

Der Aufbau des Buches

Um diese Ziele zu erreichen, werden in diesem Buch zahlreiche Themen behandelt, wobei versucht wird, das Fachwissen und die Erfahrung von Spitzentrainern, Spitzenspielern, Psychologen und Pädagogen einfließen zu lassen. Einige der in diesem Buch geäußerten Gedanken sind sehr subjektiver Natur; andere haben ihren Ursprung jedoch im Wissen aus vielen Quellen und von verschiedenen Fachleuten. Meine Motivation zum Schreiben dieses Buches entsprang zu einem großen Teil dem Wunsch, das wachsende Wissen zur Sportpsychologie zu einem kleinen, sich schwerpunktmäßig auf die Probleme des Basketballspiels beziehenden Handbuch zusammenzufassen und zu reduzieren. Ich habe versucht, verständlich und ökonomisch zu schreiben, nur soviel zu sagen, wie unbedingt zum klaren Verständnis nötig ist. Beim Lesen dieses Buches werden Sie feststellen, daß viele der behandelten Themen eng zusammenhängen.

Ich habe mich bemüht, Wiederholungen zu vermeiden und mich stattdessen Querverweisen bedient.

Ich empfehle Ihnen, dieses Buch mindestens zweimal zu lesen: einmal, um mit dem Stoff vertraut zu werden, und zum zweiten Mal, um die für Sie neuen Ideen klarer und besser zu verstehen. Danach sollten Sie das Buch als ein Nachschlagewerk benutzen, wenn Sie mit besonderen Problemen und Fragen konfrontiert werden.

Ihre Einführung in die mentalen Aspekte des Basketballspiels beginnt mit einer Erläuterung der drei wichtigsten psychologischen und mentalen Voraussetzungen von Spitzenleistungen. In diesem Kapitel wird Ihnen die Bedeutung der Faktoren Konzentration, Selbstvertrauen und Gelassenheit erklärt, und Sie werden feststellen, wie wichtig diese Qualitäten für sportliche Leistungen sind.

Die Kapitel ,,Spielerisches Können und Körperbewußtheit'' sowie ,,Die Entwicklung des wichtigsten Sinns'' sind vielleicht die beiden Schlüsselkapitel dieses Buches. Im ersten dieser Kapitel erhalten Sie eine Einführung in die Bedeutung und Verbesserung Ihrer Körperbewußtheit. Gleichzeitig erfahren Sie, wie eine gesteigerte Körperbewußtheit zur Verbesserung Ihres Spiels beitragen kann, und warum Körperbewußtheit bei der Entwicklung basketballerischer Fertigkeiten eine entscheidende Rolle spielt. Im darauffolgenden Kapitel lernen Sie die Bedeutung ihrer wichtigsten Fähigkeit kennen - Geistesbewußtheit. Sie werden erfahren, wie wichtig eine flexible Aufmerksamkeit auf dem Spielfeld ist. Sie werden auch lernen, wie Sie die Geistesbewußtheit dazu einsetzen können, geistige Kontrolle und Konzentration zu entwickeln. Darüber hinaus werden Ihnen praktische Ratschläge gegeben, wie Sie Ihre Geistesbewußtheit in Training und Wettkampf einsetzen können.

Der Spielplan für das zweite Viertel, ,,Mentale Grundlagen basketballerischer Fertigkeiten'', besteht darin, Ihnen genau zu erklären, was für eine Art von Konzentration für die Bewältigung einzelner Spielfertigkeiten notwendig ist. Die Kapitel ,,Mentale Grundlagen der Würfe'', ,,Fehlwurfserien'', ,,Mentale Grundlagen der Freiwürfe'', ,,Mentale Grundlagen der Ballbehandlung'', ,,Mentale Grundlagen des Abwehrspiels'' und ,,Mentale Grundlagen des Rebounds'' behandeln psychologische Aspekte jeder der genannten Fertigkeiten.

Das 11. Kapitel, ,,Intensität'', gewährt Ihnen einen Einblick in die optimalen Intensitätsgrade beim Angriffs- und Abwehrspiel sowie beim Rebound-Spiel. Des weiteren werden moralische und emotionale Grundlagen der Intensität einander gegenübergestellt.

Im nächsten Kapitel wird die Bedeutung der ,,Schnelligkeit'' und der sie bestimmenden Faktoren erläutert. In Kapitel 12 wird gezeigt, daß die Grundlagen der Schnelligkeit hauptsächlich mentaler Art sind, und es wird erklärt, inwiefern die richtige Art der Bewußtheit, schnelle Reaktionen und eine ausgeprägte Antizipation wichtige Elemente der Schnelligkeit sind.

Zur Halbzeit erholen wir uns ein wenig vom eigentlichen Basketballspiel und wenden uns den mentalen Grundlagen des Gewichttrainings zu. Im Kapitel

„Geist und Psyche im Sport und Krafttraining" werden die mentalen Aspekte eines heute selbstverständlichen Bestandteils aller Basketballtrainingsprogramme behandelt. In diesem Kapitel wird auch auf die Bedeutung des Unterbewußtseins beim sportlichen Training eingegangen, und es wird erklärt, warum es so wichtig ist, daß ein Sportler sich klare Ziele setzt.

Das Ziel des dritten Viertels, „Mentale Praxis", besteht darin, Ihre mentalen Fähigkeiten zu entwickeln und Ihnen die Anwendung von zwei Methoden des mentalen Trainings zu zeigen. Das Kapitel „Suggestion und mentales Training — Übungen für den Lehnstuhl" beschreibt mentale Übungen und Praktiken, die Sie im Sitzen oder sogar im Liegen ausführen können. Im Kapitel „Übungen zur Verbesserung der Sinne und der Bewußtheit" werden Übungen beschrieben, die Ihnen helfen, Ihre Bewußtheit, Ihre Konzentration, Ihr Gleichgewicht und Ihre motorische Koordination zu verbessern.

Im vierten Viertel ändern wir unsere Strategie und wenden uns den mentalen Grundlagen des Spiels zu. Kapitel 16, „Druck und die emotionalen Elemente des Sports", beschreibt die Emotionen, die die Leistungsfähigkeit eines Sportlers beeinträchtigen können. Danach wird auf Wesen und Ursachen des psychischen Drucks eingegangen, und es werden Methoden vorgestellt, um mit diesem Druck umzugehen. Im Kapitel „Planung vor und Analyse nach dem Spiel" erfahren Sie, wie Sie sich auf das Spiel als Ganzes und die kritischen ersten beiden Minuten jeder Hälfte vorbereiten müssen. Sie werden lernen, daß es zwar wichtig ist, mental aktiv, aber nicht emotional überschwenglich zu sein.

Da der Impuls für den Sieg so wichtig ist, ist ein kurzes Kapitel eigens diesem Thema gewidmet. Im Kapitel „Impuls" wird Ihnen gezeigt, wie Ihre geistige Verfassung (positiver oder negativer Art) den Impuls zu Ihren Gunsten steuern kann.

Um Sie zu einem Spieler zu machen, der auch in spielentscheidenden Situationen die Oberhand behält, wird Ihnen in Kapitel 20 das komplizierte Netz aus Geistesbewußtheit, guten Gewohnheiten, Konzentration, Kontrolle, Selbstvertrauen und Gelassenheit und Ihrer Fähigkeit, in brisanten Situationen gute Leistungen zu erbringen, erläutert.

In der „Verlängerung" verlassen wir das psychologische Feld und wenden uns anderen mentalen Gesichtspunkten des Basketballspiels zu. In den Kapiteln „Basketballologie 101" und „Der wertvollste Spieler" liegt der Schwerpunkt auf basketballspezifischem Fachwissen und nicht so sehr auf der Psychologie. Im ersten dieser beiden Kapitel erfahren Sie, wie wichtig es ist, sich in die Rolle eines Basketballschülers zu versetzen, um schließlich zum Basketballexperten zu werden. Im zweiten Kapitel werden Ihnen Normen und Kriterien an die Hand gegeben, nach denen Sie Ihr eigenes Spiel ausrichten sollten und mittels derer Sie die Qualität anderer Spieler bewerten können. Zwischen diesen beiden Kapiteln finden Sie ein Kapitel mit der Überschrift „Moralische Aspekte des Basketballspiels". Hier werden die Persönlichkeitseigenschaften

Selbstlosigkeit, Autoritätsrespekt und Streben nach Perfektion behandelt.

Das letzte Kapitel enthält einen Schlußkommentar zu den mentalen Aspekten des Basketballspiels. Ich hoffe, daß diese abschließenden Ausführungen Sie dazu inspirieren werden, nach Ihrem eigenen ,,Inneren Horizont'' zu suchen.

Obwohl in diesem Buch nicht auf alle mentalen Details und Gesichtspunkte der Basketballpsychologie eingegangen wird, soll es sowohl Spielern als auch Trainern als Handbuch der lange Zeit vernachlässigten mentalen Grundlagen des Basketballspiels dienen. Das Buch verrät Ihnen keine Geheimrezepte, sondern Sie erhalten klare Informationen und praktische Tips, wie Sie selbst das stetig zunehmende Wissen im Bereich der Sportpsychologie in Ihrem sportlichen Alltag anwenden können. Unabhängig davon, auf welcher Leistungsebene Sie mit Basketball zu tun haben, werden Sie in diesem Buch etwas für Sie Relevantes finden. Die Lektüre dieses Handbuchs wird Sie nicht zu einem Star machen, aber Sie werden mit einiger Sicherheit ein besserer Spieler werden, wenn Sie sich einiges in diesem Buch Gesagte zu Herzen nehmen. Dieses Buch versetzt Sie in die Lage, Ihren größten Gegner zu überwinden, und das sind Sie selbst.

Kontrollfragen zu Kapitel 1

1. Welcher Art von Druck sah John sich während des Aufwärmens ausgesetzt?
2. Welche körperlichen Empfindungen hatte John aufgrund dieser Gefühle? Hatten Sie selbst einmal ähnliche Empfindungen und Gefühle?
3. Vergleichen Sie die Würfe, die John während des Aufwärmens ausführte, mit denen, die Ron praktizierte. Was ist die bessere Aufwärmmethode? Warum?
4. Wie reagierte John als er während des Aufwärmens Fehlwürfe ausführte?
5. Beschreiben Sie Rons Aufwärmroutine. Welche Absichten verfolgte Ron?
6. Beschreiben Sie Johns körperliche und psychische Empfindungen während des Spiels. Wie beeinflußten Sie seine Leistungsfähigkeit?
7. Erklären Sie die Bedeutung des letzten Satzes: ,,Er hatte nie zuvor einen Spieler getroffen, der ihm soviele Schwierigkeiten bereitet hatte, wie er sich selbst bereitete.''

KAPITEL 2

DIE DREI SCHLÜSSEL ZU SPITZENLEISTUNGEN

Mit oder ohne — aber hoffentlich mit — der Hilfe eines Trainers muß der heutige Athlet lernen, sowohl seine körperlichen als auch seine psychischen Vorgänge zu kontrollieren.... Der Schlüssel zu diesen Fähigkeiten ist zunächst das Lernen der Entspannungsfähigkeit und daran anschließend das Aneignen der Fähigkeit, seine Aufmerksamkeit zum richtigen Zeitpunkt auf das richtige Ziel zu richten.... Ein entspannter Athlet ist ein selbstbewußter Athlet, und je eher die Spieler das begreifen, desto besser werden ihre Leistungen sein.

Robert Nideffer (1976, S. 89, 106)

Erinnern Sie sich einen Moment lang an das beste Spiel, das Sie je gespielt haben. Erinnern Sie sich an das, was Sie an diesem Tag sahen, hörten und empfanden. Tun Sie dies, indem Sie Ihre Augen schließen und sich das Spielfeld, Ihre Gegner und Ihre Mannschaftskameraden, die Zuschauer und die Aktionen bildlich vorzustellen versuchen. Können Sie sich an die spektakulären Spielaktionen erinnern? Versuchen Sie sich genau zu erinnern, bis es Ihnen gelingt, lebendige Bilder Ihrer damaligen Empfindungen zu erzeugen. Was waren das für Empfindungen? Lesen Sie nicht weiter, ehe Sie diese besonderen Augenblicke noch einmal durchlebt haben.

Sie hatten während dieses Spiels wahrscheinlich nicht nur lebendige, sondern auch positive Sinneserfahrungen bzw. Gefühle. Versuchen Sie, sich jetzt einen Augenblick lang an diese Gefühle zu erinnern. Waren Sie an jenem Tag entspannt oder verkrampft? Entschlossen oder passiv? Selbstbewußt oder besorgt? Verloren Sie Ihre Nerven, erlebten Sie Frustrationen, waren Sie beleidigt? Oder waren Sie eher gelassen und hatten sich unter Kontrolle?

Wenn es Ihnen im Moment Ihrer Spitzenleistung wie den meisten Sportlern erging, dann verfügten Sie in dem betreffenden Spiel über die drei für den sportlichen Erfolg entscheidenden Eigenschaften: Konzentration, Gelassenheit und Selbstvertrauen. Alle diese Eigenschaften zusammen waren dafür verantwortlich, daß Sie sich in einem erweiterten Bewußtseinszustand befanden. Dadurch war es Ihnen möglich, Leistungen zu erbringen, die Ihnen vorher unmöglich vorgekommen waren.

Obwohl die Einflüsse der drei genannten Komponenten auf die sportliche Leistungsfähigkeit erheblich sind, sind diese Eigenschaften nicht leicht zu erwerben. Viele Athleten erwerben Sie nie, andere verfügen nur zeitweise über sie. Für einige wenige Auserwählte, die Spitzenkönner, sind diese Eigenschaften jedoch selbstverständlich.

In diesem Kapitel werden wir diese drei Eigenschaften — Konzentration, Gelassenheit und Selbstvertrauen — und ihren Einfluß auf die sportliche Leistungsfähigkeit genauer untersuchen. Danach werden Sie wissen, was es bedeutet, wie ein Sieger zu denken. Im Rest des Buches werden Sie dann erprobte Methoden kennenlernen, die Ihnen helfen, diese drei Eigenschaften zu entwickeln.

Der erste Schlüssel: Konzentration

In seinem Buch *Peak Performance* (1984) identifiziert Charles Garfield acht physische und mentale Zustände, die Spitzensportler anführen, wenn sie die Situationen beschreiben, in denen sie außerordentliche Leistungen erbringen. Von diesen acht, mit Spitzenleistungen in Zusammenhang gebrachten Gefühlen, haben drei mit einem hohen Konzentrationsniveau zu tun. Zunächst wird von den betreffenden Sportlern angegeben, sie seien psychisch entspannt. Sie empfinden eine ,,innere Ruhe'' und haben das Gefühl, ,,als würde die Zeit langsamer verstreichen''. Der Sportler, der seine Leistung nicht bringt, hat hingegen das Gefühl einer erheblichen psychischen Spannung. Er klagt über mangelnde Konzentration und hat den Eindruck, ,,als würde alles um ihn herum zu schnell ablaufen und wäre seiner Kontrolle entzogen''.

Das zweite Gefühl, das man beim Erbringen einer Spitzenleistung hat, ist das Gefühl, auf die Gegenwart konzentriert zu sein. Sportler berichten von einer ,,Harmonie von Psyche und Physis'', von Geist und Körper. Sie gehen völlig in der Gegenwart auf und verschwenden keinen Gedanken an die Vergangenheit oder Zukunft.

Drittens befinden sich diese Sportler in einem Zustand höchster Bewußtheit. Sie sind sich ,,ihres Körpers und ihrer Mitspieler außerordentlich bewußt''. Sie haben das Gefühl einer maximalen Antizipations- und Reaktionsfähigkeit. All ihre Handlungen laufen automatisch, leicht und locker ab (Garfield, 1984, S.158-159).

Worin ähneln sich die Empfindung, ,,auf die Gegenwart konzentriert zu sein'', der Eindruck, ,,die Zeit liefe langsamer'', ein ,,extrem hoher Bewußtheitsgrad'' und ,,die ausgeprägte Bewußtheit des eigenen Körpers und der Mitspieler''... Alle diese Empfindungen hängen mit einem hohen Bewußtheitsgrad der Sinne zusammen. Die Art der Konzentration, über die ein Spieler verfügt, wenn er ,,gut drauf'' ist, basiert auf einer hohen Empfänglichkeit der Sinne, wobei besonders das visuelle Aufnahmevermögen sehr ausgeprägt ist.

Die hohe Konzentration auf reine Sinnesempfindungen, besonders die hohe visuelle Bewußtheit, erzeugt die Illusion eines verlangsamten Zeitablaufs. In diesem Bewußtseinszustand sieht der Sportler Handlungen und Gegenstände deutlicher, und es kommt ihm vor, als habe er mehr Zeit als sonst, die richtigen Entscheidungen zu treffen. Wenn die visuelle Bewußtheit des Athleten andererseits jedoch durch Ängste oder Frustrationen, selbstkritische Gedanken bzw. Äußerungen, verbale Aggressionsäußerungen oder Muskelspannungen, Müdigkeit und Schmerz gestört und negativ beeinträchtigt wird, dann kommt es dem Athleten so vor, als ,,liefe die Zeit zu schnell ab''.

Mentale Filme

Der Unterschied zwischen ununterbrochener und unterbrochener visueller Bewußtheit wird an dem folgenden Beispiel deutlich. Stellen Sie sich vor, Sie sähen einen kurzen Film mit drei Mannschaftskameraden, die manngedeckt werden. In diesem Film gelingt es einem Ihrer Mannschaftskameraden, sich von seinem Gegner zu lösen und sich für einen Paß anzubieten. Ihre Aufgabe besteht darin, den freien Spieler sofort wahrzunehmen und seinen Namen zu rufen, während Sie gleichzeitig mit einem Basketball dribbeln. Das ist normalerweise nicht sehr schwer. Aber der Film besteht nur aus 25 Einzelbildern und wurde obendrein bearbeitet.

Der mentale Film des erfolglosen Spielers

In den Augen des typischen erfolglosen Spielers könnte der mentale Film folgendermaßen aussehen: Die ersten drei Bilder des Films geben ihm einen kurzen Eindruck von der anfänglichen Spielsituation. Auf den Bildern 4 bis 9 hört er eine Stimme, die ihm zuruft, und er wendet ihr seine Aufmerksamkeit zu. Er richtet sodann seine Aufmerksamkeit instinktiv wieder auf den Film und sieht die Einzelbilder 10 bis 13. Diese Einzelbilder zeigen, wie die Angreifer zur einen Seite täuschen, um sich blitzschnell zur entgegengesetzten Seite hin zu bewegen. Wenn die Einzelbilder 14 bis 19 auf dem Bildschirm erscheinen, sieht unser Spieler unglücklicherweise seinen Abwehrspieler dicht vor sich stehen. Die Handlung des Films wird dann in den Bildern 20 bis 23 fortgesetzt, in denen es so aussieht, als ob es einem der Spieler gelingen würde, sich von seinem Verteidiger zu lösen. Aber bevor unser Spieler genau hinsehen kann, um die Situation richtig einzuschätzen, begeht er einen Dribbelfehler und muß sich auf den Ball konzentrieren, damit er ihn nicht verliert. Wenn er seinen Blick wieder dem Bildschirm zuwendet, sieht er nur die Worte: Zu spät! in weiß auf schwarzem Untergrund.

All dies geschieht natürlich in nur wenigen Sekunden. Innerhalb dieses kurzen Zeitraums haben Sie nur Bruchteile von Sekunden Zeit, den freistehenden Spieler zu erkennen und zu reagieren. In der beschriebenen Situation, wurde die entscheidende Information aufgrund der Störungen auf 11 Einzelbilder aus der Gesamtzahl von 25 reduziert. Die wesentliche Information wird also tatsächlich ,,zu schnell'' präsentiert.

Der mentale Film des Spitzenkönners

Nach einigen Augenblicken der Frustration sieht unser Spieler eine zweite Version des Films. Diese Version ist nicht bearbeitet und ohne Störungen. Der aus 25 Einzelbildern bestehende Film läuft ununterbrochen ab und zeigt, wie die drei Spieler versuchen, sich durch Schneiden von ihren Abwehrspielern zu lösen. Diese zweite Version enthält ununterbrochene, wichtige Informationen und erscheint mehr als doppelt so lang wie die erste Filmversion. Es entsteht der Eindruck, ,,als würde die Zeit langsamer verstreichen''.

Die beiden Filme zeigen sehr deutlich die Unterschiede zwischen der Konzentration des Spitzenspielers und der des erfolglosen Spielers. Der erfolglose Spieler läßt unnötige Unterbrechungen in sein Bewußtsein dringen, wohingegen der Spitzenspieler in der Lage ist, die Konzentration auf das Spielgeschehen beizubehalten. Indem der Spitzenspieler dafür sorgt, daß mehr wichtige Daten in sein Bewußtsein dringen, vergrößert er seine Chance, in der gegebenen Zeit richtig zu reagieren und infolgedessen eine bessere Leistung zu bringen. Kurz gesagt: Die Leistung (Output) des Spitzenspielers ist besser, weil er über eine verbesserte Konzentration (Input) verfügt.

Zentrierung

Ein Schlüsselkonzept zum Verständnis der Konzentration ist der mentale Vorgang der Zentrierung. Unter Zentrierung versteht man den mentalen Vorgang, sich in einen Gedankenkanal einzuschalten und gleichzeitig alle anderen Kanäle auszuschalten. Ihr Bewußtsein ist mit einem Fernsehgerät vergleichbar. Sie haben die Wahl zwischen mehreren Kanälen, und obwohl Sie die Kanäle wechseln können, können Sie nie mehr als einen Kanal auf dem Bildschirm aufrufen. Abbildung 2.1 ist eine Darstellung der verschiedenen Kanäle, auf die Sie bewußtseinsmäßig zentrieren können.

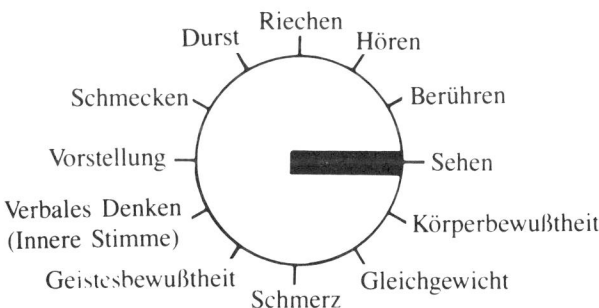

Abbildung 2.1: Mentale Kanäle

Wenn Sie sich auf Ihr visuelles System zentrieren, sind Sie sich der Sie umgebenden visuellen Reize zwar bewußter, aber Sie sind weniger empfänglich für akustische und taktile Reize sowie Reize, die Ihren Gleichgewichtssinn betreffen. Gleichzeitig sind Sie sich Ihres Körpers, Ihrer verbalen Gedanken und anderer Informationskanäle weniger bewußt. Da Empfindungen in der Gegenwart existieren, können Sie sich bei Zentrierung auf einen dieser Sinne nicht gleichzeitig vergangene Empfindungen vergegenwärtigen. Umgekehrt können Sie sich auch nicht auf gegenwärtige Empfindungen oder Ihre ,,innere Stimme'' zentrieren, wenn Sie gerade versuchen, sich an vergangene Erfahrungen zu erinnern. Sie können froh sein, daß dies so ist; stellen Sie sich einmal vor, was passieren würde, wenn alle Ihre geistigen TV-Kanäle plötzlich auf einmal auf dem Bildschirm erscheinen würden. Ihre Verwirrung wäre sicherlich groß!

Ihr Bewußtsein geht bei der Zentrierung auf bestimmte Reize selektiv vor; Sie können sich nicht gleichzeitig auf zwei oder mehr Kanäle zentrieren. Aber Sie können sich abwechselnd auf den einen oder anderen Kanal zentrieren. Solange Sie Ihre Aufmerksamkeit einem Kanal zuwenden, verlagern sich die anderen Kanäle in den Hintergrund Ihres Bewußtseins.

Die Bedeutung einer richtigen Zentrierung wird klar, wenn Sie sich vorstellen, einen kurzen Einwerfpaß gegen eine über das gesamte Feld verteilte Zonen-Preßdeckung zu erhalten. In diesem Moment ziehen Sie zwei Abwehrspieler gleichzeitig auf sich. Was glauben Sie, würde passieren, wenn Sie in einer derartigen Situation nicht völlig auf Ihr visuelles System zentrieren und nach freistehenden Mitspielern suchen würden, sondern sich stattdessen auch nur kurz daran erinnern würden, was Sie das letzte Mal in einer derartigen Situation getan haben? Vergegenwärtigen Sie sich andererseits, wie leicht es ist, einen freien Mitspieler zu entdecken, wenn Sie nicht abgelenkt sind. Wenn es Ihnen gelingt, zwei Abwehrspieler gleichzeitig auf sich zu ziehen, steht automatisch mindestens einer Ihrer Mannschaftskameraden frei. Diesen freistehenden Spieler anzuspielen, ist hauptsächlich ein Problem des Entdeckens der Öffnung und hängt nicht so sehr von der Paßtechnik ab. Es ist also im Grunde sehr leicht, eine Preßdeckung aufzubrechen, wenn Ihre visuelle Konzentration stimmt. Andererseits ist es im Falle einer mangelhaften Konzentration sehr schwierig, eine Preßdeckung zu knacken. Kurz gesagt: Das Aufbrechen der Preßdeckung ist eher ein mentales als ein körperliches Problem.

Weiche Zentrierung und Feinzentrierung

Obwohl das oben angeführte Beispiel die Bedeutung einer richtigen Zentrierung gut illustriert, bedeutet Zentrierung auf dem Basketballfeld mehr, als sich in den richtigen Kanal einzuschalten. In einigen Situationen auf dem Spielfeld brauchen Sie sehr spezifische Informationen. Der Unterschied zwischen den notwendigen Arten von Zentrierung wird besonders deutlich anhand des Unterschieds zwischen den Würfen auf der einen Seite und dem Abwehrspiel gegen einen nicht in Ballbesitz befindlichen Gegenspieler auf der anderen Seite. Beim Korbwurf müssen Sie ganz speziell auf den Korb zentrieren. Ihre Zentrierung ist also sehr eng. Beim Defensivspiel gegen einen Spieler ohne Ball müssen Sie sowohl Ihren Gegner als auch den in Ballbesitz befindlichen Spieler im Blick haben. In diesem Fall kann es sein, daß Sie das ganze Spielfeld überblicken.

Die Begriffe, die wir im gesamten Rest dieses Buches benutzen werden, um zwischen einer engen und einer breiten Zentrierung zu unterscheiden, sind die von Weiskopf (1975) vorgeschlagenen Begriffe weiche Zentrierung und Feinzentrierung. Weiche Zentrierung bezieht sich auf ein breites Zentrierungsfeld innerhalb eines Sinnessystems. Sie müssen bei dieser Variante auf das gesamte Spielfeld zentrieren und alles bewußt wahrnehmen, was sich innerhalb Ihres Blickfelds befindet. Feinzentrierung bezieht sich auf ein enges Zentrierungsfeld innerhalb eines Sinnessystems. Ein Beispiel für Feinzentrierung ist die Konzentration auf den Korb beim Wurf. Das Verständnis dieser beiden Formen der Zentrierung ist entscheidend für das richtige Verständnis des Rests dieses Buches. Die Bedeutung dieser beiden Begriffe wird vollends klar werden, wenn wir im nächsten Kapitel die grundlegenden Basketballfertigkeiten näher untersuchen.

Zentrierungskontrolle

Um Ihre Bestleistung zu bringen, müssen Sie lernen, Ihre Zentrierung zu kontrollieren. Sie müssen die Fähigkeit entwickeln, Ihr Blickfeld in Abhängigkeit von der jeweiligen Situation und Aufgabe auf den richtigen Weichheits — oder Feinheitsgrad einzustellen. Die geeignete Zentrierung für jedes Spielelement — Wurf, Ballbehandlung, Rebound, Abwehrspiel - wird in: ,,zweites Viertel'' behandelt. Jeder grundlegenden Fertigkeit ist dort ein eigener Abschnitt gewidmet.

Der zweite Schlüssel: Gelassenheit

Die enge Beziehung zwischen der Konzentration und dem zweiten Element von Spitzenleistungen, Gelassenheit, ist sehr gut in dem Buch *The Inner Athlete* beschrieben. Nideffer (1976) behauptet, daß Zweikampfsportler ihr Training darauf ausrichten, in streßintensiven Situationen ruhig und gelassen zu bleiben. Diese Kampfsportler lernen, Ihre Psyche so zu entwickeln, daß sie einer ,,ruhigen Wasserfläche ähnelt''. An einem windstillen Tag ist die Oberfläche eines Weihers glatt und bildet einen natürlichen Spiegel. Wenn das Wasser durch einen Kieselstein in Unruhe gebracht wird, verzerren sich die Spiegelbilder im Wasser. Kenner der Kampfsportarten behaupten, daß Emotionen wie z.B. Angst, Ärger, Besorgnis, Frustration oder Depression innerhalb der menschlichen Psyche das gleiche anrichten wie der Kieselstein oder der Wind bei dem erwähnten Weiher. Das bedeutet, daß die genannten Emotionen die Wahrnehmung verzerren und es dem Spieler nahezu unmöglich machen, richtig zu reagieren.

Gelassenheit, oder die Fähigkeit, die oben erwähnten Gefühle zu kontrollieren, wurde in zwei der insgesamt acht von Garfield mit Spitzenleistungen in Zusammenhang gebrachten Empfindungen aufgeführt. Es ist nicht überraschend, daß das primäre Gefühl der ,,mentalen Entspannung'', das im Zusammenhang mit der Konzentration angeführt wurde, auch mit Gelassenheit in Zusammenhang steht. Garfield (1984) erläutert die Bedeutung des zusätzlichen Konzepts vom ,,Kokon der Konzentration''. Dieses Gefühl, sich in einem Konzentrationskokon zu befinden, wird von Spitzenathleten immer wieder angeführt und bedeutet, von den Beklemmungen und Ängsten, die normalerweise bei schwierigen sportlichen Situationen auftreten, befreit zu sein. Innerhalb des Kokons gelingt es dem Sportler, den Verlust seiner Konzentration zu vermeiden. Er vermeidet das Gefühl, alles ginge zu schnell, sowie das mit Übererregung in Zusammenhang stehende Gefühl der Anspannung und der mangelnden Kontrolle. Kurz gesagt: Konzentration hängt von Gelassenheit ab. Ein Sportler kann eine Situation nicht richtig wahrnehmen, solange er nicht zunächst seine Emotionen unter Kontrolle bekommt.

Die negativen Empfindungen des erfolglosen Spielers

Die Auseinandersetzung mit den Empfindungen von Spitzenkönnern hilft uns zu verstehen, wie Emotionen sportliche Leistungen beeinflussen können; die Betrachtung der negativen Empfindungen Furcht, Angst, Frustration, Ärger und Depression, die den erfolglosen Spieler auszeichnen, kann jedoch noch aufschlußreicher sein. Wir wenden uns zunächst den physiologischen Aspekten dieser Gefühle zu, dem sogenannten ,,Kampf-oder-Flucht-Syndrom''.

Kampf-oder-Flucht

Die Veränderungen, die sich in Ihrem Körper abspielen, wenn Sie mit einer bedrohlichen oder streßintensiven Situation konfrontiert werden, werden als Kampf-oder-Flucht-Syndrom bezeichnet. Dieses Syndrom ist ein angeborener, physiologischer Reaktionsmechanismus, der Ihren Körper im wörtlichen Sinne darauf vorbereitet, angesichts von Gefahr entweder zu kämpfen oder zu fliehen. Die diesem Syndrom zugrundeliegenden Mechanismen sind simpel. Angesichts einer bedrohlichen oder streßintensiven Situation sendet Ihr Hirn ein Signal zur Hirnanhangdrüse, die ihrerseits die Nebenniere anregt, Hormone auszuschütten. Diese Hormone ergießen sich in Ihren Körper und bereiten Ihre Muskulatur darauf vor zu reagieren. Ihre Muskeln spannen sich an, Ihre Herz- und Atemfrequenz erhöht sich, Ihr Blut fließt von der Haut und den Extremitäten zu Ihren großen Muskelgruppen, und Ihr Verdauungssystem stellt seine Aktivitäten ein. Als Resultat beginnen Ihre Muskeln zu zittern, Ihr Herz rast, Ihre Lungen blähen sich, Sie werden bleich und fühlen sich elend. Da diese körperlichen Reaktionen so selten auftreten und so anormal sind, wirken sie mental störend. Sie sind gezwungen, sich auf diese Reaktion anstatt auf Ihre Aufgabe zu konzentrieren, und als Ergebnis wird Ihr Gesichtsfeld enger. In fast allen Fällen ähnelt das Blickfeld eines übererregten Athleten einem Tunnel.

Welchen Einfluß haben diese physiologischen Reaktionen auf die Leistungsfähigkeit? Thomas Tutko und Umberto Tosi, die Autoren des Buches *Sports Psyching* (1976), behaupten, das die Kampf-oder-Flucht-Reaktion hin und wieder von Vorteil sein kann. Schnelle Energieschübe, die bei dieser Reaktion auftreten, können überdurchschnittliche Leistungen hervorbringen. Unglücklicherweise ist die Gefahr, daß die Ängste, die die Kampf-oder-Flucht-Reaktion erzeugt, die Situationswahrnehmung verzerren und die Leistung beeinträchtigen, jedoch größer. Dies erinnert uns wieder an den Hinweis der Kampfsportexperten, daß Angst auf den Geist die gleiche Wirkung hat wie der Stein auf die Wasseroberfläche; d.h. Angst verzerrt die Wahrnehmung und zerstört die Urteilsfähigkeit. Darüber hinaus beeinflussen extreme Emotionen den Körper des Sportlers, indem sie eine ungewöhnlich hohe Muskelspannung erzeugen, die ihrerseits wieder die Koordination, das Timing und die Gelassenheit zerstört.

Furcht, Angst, Ärger und Frustration

Die Emotionen, die am ehesten das Kampf-oder-Flucht-Syndrom auslösen und einen Athleten daran hindern, sein Leistungspotential auszuschöpfen, sind Furcht, Angst, Ärger und Frustration. Furcht und Angst sind die destruktivsten Emotionen. Furcht ist der ausgeprägte Drang, vor einer unmittelbaren Gefahr zu fliehen, wie z.B. vor dem Schuß der Startpistole oder beim Basketballspiel vor der Möglichkeit, gedoppelt zu werden. Angst auf der anderen Seite ist durch einen weniger stark ausgeprägten Fluchttrieb gekennzeichnet, denn das, wovor man fliehen möchte (im allgemeinen eine mögliche Niederlage oder eine schlechte Leistung), existiert in der Zukunft und nicht in der unmittelbaren Gegenwart. In beiden Fällen, sowohl bei der Angst als auch der Furcht, reagiert der Spieler in einem gewissen Ausmaß mit dem Kampf-oder-Flucht-Syndrom.

Depression

Die Leistung eines Spielers kann auch auf ganz andere Weise von der mit dem Kampf-oder-Flucht-Syndrom in Zusammenhang stehenden Übererregung beeinflußt werden. Die Leistung eines Spielers wird häufig durch eine zu niedrige Erregung beeinträchtigt, die auf eine depressive Stimmung zurückzuführen ist. Diese depressive Stimmung hat ihre Wurzeln in einem Gefühl von Apathie, Gleichgültigkeit und Kraftlosigkeit. Beim Sportler drückt sich eine derartige depressive Stimmung in trägen Bewegungen und einem geringen Energieeinsatz aus. Dieser Zustand ist genau das Gegenteil des durch einen hohen Energieeinsatz charakterisierten Zustands des Spitzenkönners. Ein derartiger depressiver Zustand schlägt sich nicht nur in einem geringen Energieeinsatz nieder; Untersuchungen haben gezeigt, daß auch das Fertigkeitsniveau negativ beeinflußt wird (Durden-Smith & de Simone, 1983).

Was bedeutet dies alles? Es bedeutet, daß unabhängig von den Ursachen der Mangelleistung des Sportlers — mangelnde Konzentration, kein Selbstvertrauen, Unfähigkeit, Ärger und andere Emotionen zu kontrollieren, begrenzte körperliche Eigenschaften, mangelhaftes Fertigkeitsniveau — diese Mangelleistung durch ein Abgleiten in einen depressiven Zustand noch verschlimmert werden kann. Wenn dieser emotionale Zustand nicht korrigiert wird, wird die mangelhafte Leistung zum Normalzustand. Depressionen beeinflussen die mentalen und physischen Aspekte jedes Basketballelements — Würfe, Ballbehandlung, Rebound und Abwehrspiel. Der betroffene Sportler kann sozusagen sogartig nach unten gerissen werden. Schlechte Leistungen führen zu Apathie und Depression; Apathie und Depression resultieren in einem phantasielosen Spiel; und ein phantasieloses Spiel bedeutet eine noch schlechtere Leistung.

Die Empfindungen des Spitzenkönners

Die Empfindungen des Spitzenkönners sind das exakte Gegenteil der Empfindungen des erfolglosen Spielers. Der Spitzenkönner fühlt sich weder ängstlich, noch apathisch und depressiv, sondern voller Energie. Im Rahmen seiner Ausführungen zu den acht mit Spitzenleistungen im Zusammenhang stehenden Gefühlen erklärt Charles Garfield (1984), daß die Intensität des Spitzenkönners nicht mit den negativen Emotionen Angst, Ärger und Besorgnis in Zusammenhang steht, sondern mit den mit hoher Energie assoziierten positiven Gefühlen ,,Freude, Enthusiasmus und Power''.

Freude am Erfolg

Freude ist das Hochgefühl, das wir erleben, wenn wir ein Ziel erreicht haben. Freude geht stets Hand in Hand mit einer Reduzierung der beim Streben nach diesem Ziel aufgebauten Spannungen, wie z.B. dem unbedingten Siegeswillen. Wenn ein Sportler ein Ziel erreicht hat — d.h., wenn er gut spielt oder gewinnt, — werden aufgebaute Spannungen freigesetzt. Wenn das angestrebte Ziel nicht erreicht wird oder die Spannungen nicht gelöst werden, empfindet der Athlet keine Freude. Nichtgelöste Spannungen können letztlich zu Frustration führen (Silverman, 1971).

Suche nach einer Herausforderung

Das bedeutet, daß Sie nur dann ein Erfolgserlebnis im Sport haben können, wenn Sie ein Ziel verfolgen, von dem Sie wissen, daß es nicht leicht zu erreichen ist. Einen schwachen Gegner zu schlagen, dessen Siegeschance nur gering war, ist nichts Besonderes. Der Sieg über einen schwachen Gegner mag vielleicht Ihr Ego stärken, läßt Sie jedoch emotional kalt. Das mit einem Sieg verbundene Erfolgserlebnis stellt sich nur dann ein, wenn man ebensogut auch hätte verlieren können. Um möglichst viel aus dem Sport herauszuholen, müssen Sie nach Herausforderungen suchen, ob es nun ein harter Trainingsplan, das Streben nach Perfektion oder ein besonderes Leistungsziel außer dem Sieg ist. Wenn Sie sich einer Herausforderung stellen, laufen Sie auch immer Gefahr, Furcht, Angst, Ärger, Frustrationen und Depressionen zu erleben. Aber das gehört nun einmal zum Sport. Sie begeben sich auf ein emotionales Drahtseil und sehen zu, daß Sie mit Konzentration und Selbstvertrauen Ihr Gleichgewicht halten können.

Gesunde Sensibilität

Ein Sportler sollte bestrebt sein, das zu erreichen, was Thomas Tutko und Umberto Tosi (1976) eine gesunde Sensibilität nennen. Sie müssen stets bemüht sein, Freude und Zufriedenheit aus erfolgreichen Spielen zu schöpfen und sich nicht übermäßig aufregen, wenn Sie Fehler machen. Ihr Ziel sollte nicht darin bestehen, die Emotionen aus dem Sport zu verbannen, indem Sie den emotionalen Aspekt des Sports ignorieren. Sie müssen nach der dem Erfolg entspringenden Freude suchen und lernen, Ihre Ängste, Sorgen, Frustrationen, Ärger und Depressionen zu überwinden.

Der dritte Schlüssel: Selbstvertrauen

Dieses Spiel ist extrem durch das Selbstvertrauen geprägt, und Sie wissen, daß man manchmal Angst hat. Wenn ich in Topform bin, gelingt mir fast alles, was ich mir vornehme, und keiner kann mich daran hindern. Ich habe dann das Gefühl, alles unter Kontrolle zu haben.

Larry Bird (in Callahan, March 18, 1985, S. 53)

Diese Äußerung des wohl besten Basketballspielers der Gegenwart ist sehr informativ, vor allem, wenn man die Grundlagen von Birds Spielklasse berücksichtigt. Die meisten Fachleute stimmen darin überein, daß Bird — im Vergleich zu einigen anderen hervorragenden Basketballspielern in der amerikanischen Profiliga (NBA) — relativ „unathletisch"ist. Er ist nicht sehr schnell und kann auch nicht allzu gut springen. Seine Klasse beruht auf einem extrem hohen Fertigkeitsniveau. Im Unterschied zu den athletischen Fähigkeiten ist das Fertigkeitsniveau sehr stark von den mentalen Aspekten Konzentration, Gelassenheit und Selbstvertrauen abhängig.

Es müßte Ihnen klargeworden sein, daß die drei aufgeführten Elemente voneinander sehr abhängig sind. Jedes Element hat einen erheblichen Einfluß auf die jeweils anderen Elemente. Selbstvertrauen und eine positive Einstellung resultieren in einem geringen Angstpegel, geringerer Muskelanspannung und höherer Konzentration. Ohne Selbstvertrauen wären die beiden anderen Elemente einem Stuhl vergleichbar, dem das dritte Bein fehlt. Ohne Selbstvertrauen würde der Stuhl zusammenbrechen; mit Selbstvertrauen steht er sicher und fest.

Garfield weist in seinem Buch darauf hin, daß zwei der insgesamt acht für Spitzenleistungen typischen Gefühle auf irgendeine Weise mit Selbstvertrauen in Zusammenhang stehen. Spitzenspieler „haben ein hohes Selbstvertrauen, sind optimistisch und verfügen über eine positive Einstellung" (1984, S. 159). Sie haben das Gefühl, alles „unter Kontrolle" zu haben, ohne sich jedoch bewußt um diese Kontrolle bemühen zu müssen. „Sie verfügen über eine Art siebten Sinn, der dafür verantwortlich ist, daß ihre Bewegungen exakt sind." Es ist auffallend, wie diese Beschreibung der Gefühle von Spitzenspielern sich mit den Gefühlen deckt, die Larry Bird beschreibt.

Negatives Denken

Vielleicht versteht man am ehesten, wie Selbstvertrauen Spitzenleistungen unterstützt, wenn man sich einmal vergegenwärtigt, wie negative Gefühle die Leistung beeinflussen. Ein Mangel an Selbstvertrauen beeinflußt die Leistungsfähigkeit auf zweierlei Weise. Erstens können negative Gedanken zu einer *Self-fulfilling Prophecy* werden. Sportler, die von ihren Fähigkeiten nicht überzeugt sind, strengen sich unbewußt weniger an. Sie halten sich zurück, so daß sie, wenn nötig, ihren mangelnden Einsatz als Entschuldigung für ihren Mißerfolg anführen können. In gewissem Sinne hindert die Angst vor Mißerfolg viele Sportler daran, ihr Bestes zu geben.

Ein zweites Problem im Zusammenhang mit negativem Denken betrifft die Tatsache, daß unsere Gedanken unseren Körper steuern. Jeder Spieler, der an seiner Fähigkeit zu dribbeln zweifelt, wird auch nicht gut dribbeln, denn sein mentales Bild der Bewegung ist vage und unkoordiniert. Auf der anderen Seite wird der Spieler, der über ein klares mentales Bild der Dribbelbewegung verfügt, wahrscheinlich auch ein guter Dribbler sein, denn diese positiven Bilder dirigieren seinen Körper. Mangelndes Selbstvertrauen ist in der Regel das Ergebnis eines negativen Selbstbilds, während Selbstvertrauen das Ergebnis eines positiven Selbstbilds bzw. des Glaubens an sich selbst ist.

Positives Denken

Spieler, die positiv denken, verstehen es, negative Gedanken auszuklammern. Positives Denken ist jedoch kein Wunschdenken, sondern muß eine realistische Basis haben, bzw. es muß die Möglichkeit bestehen, daß der betreffende Spieler seine Leistung wirklich effektiv steigern kann. Die positiven Gedanken, von deren Realitätsgehalt Sie nicht 100prozentig überzeugt sind, sind tatsächlich bloßes Wunschdenken. Ihr Geist akzeptiert nur das und handelt nur nach dem, was er wirklich für realistisch hält. Sich vor einem Spiel nur einzureden, besonders erfolgreich zu werfen, hilft nicht, die Angst vor dem betreffenden Spiel abzubauen. Dies ist nur dann möglich, wenn Sie von Ihrem werferischen Können wirklich überzeugt sind.

Der Glaube an sich selbst und sein Können hängt zu einem großen Teil von der Erfahrung ab. Wenn Sie z.B. in der Vergangenheit in bezug auf ein technisches Element, z.B. das Werfen, sehr erfolgreich waren, werden Sie auch diesbezüglich so viel Selbstvertrauen entwickeln, daß Sie in Zukunft gut werfen werden. Sie haben ein großes Selbstvertrauen, weil Sie aus der Vergangenheit ein klares mentales Bild der erfolgreichen Ausführung dieses technischen Elements mitbringen. Wenn Sie jedoch andererseits Ihre Wurffertigkeit nicht entwickelt haben und in der Vergangenheit im Hinblick auf Würfe auch nicht sehr erfolgreich waren, haben Sie keine legitime Basis, um von Ihrer Wurffertigkeit überzeugt zu sein (was auch immer Sie sich einreden mögen). Dieser Mangel an wahrem Selbstvertrauen ist eine Bedrohung für Ihre Gelassenheit und erzeugt Angst. Diese Mißerfolgsangst Ihrerseits zerstört Ihre Konzentration und erzeugt eine übermäßige muskuläre Anspannung.

Selbstvertrauen in der Spielsituation

Um konstante Spitzenleistungen zu bringen, reicht es nicht aus, wenn Sie nur von Ihren Fähigkeiten überzeugt sind; Sie müssen auch von Ihrem Selbstvertrauen überzeugt sein. Das heißt, Sie müssen davon überzeugt sein, daß Sie über die psychologischen Fähigkeiten verfügen, die drei genannten Elemente in der Wettkampfsituation unter Kontrolle zu haben. Wenn Sie sich nicht ausreichend entspannen können, um Ihre körperlichen und mentalen Spannungen während des Wettkampfs zu reduzieren, wird alles (positive) Wunschdenken der Welt Sie bei wichtigen Spielen nicht in die Lage versetzen, sich zu entspannen und an sich zu glauben. Gute Würfe im Training reichen nicht aus. Jeder Sportler weiß, daß Leistungen im Training und in streßintensiven Spielsituationen etwas ganz Verschiedenes sind. Diese Tatsache alleine kann Angst erzeugen. Wenn Sie die drei angeführten Elemente nicht unter Kontrolle haben, werden Sie auch Ihr basketballspezifisches Können nicht unter Kontrolle haben.

Entwicklung von Selbstvertrauen

Selbstvertrauen in Zusammenhang mit einer beliebigen Fertigkeit ist großenteils eine Sache des Lernens, der Übung und ist von vorangegangenen Erfolgserlebnissen abhängig. Oder mit den Worten von John Wood: ,,Selbstvertrauen ist eine Sache der Vorbereitung.'' (Wooden & Tobin, 1973, S. 91). Wenn Sie in Ihrem Spiel vollkommenes Selbstvertrauen entwickeln wollen, müssen Sie eine umfassende Wettkampfvorbereitung betreiben — physisch, mental und emotional. Sie müssen die geeigneten Techniken und die beim Werfen, bei der Ballbehandlung, bei der Abwehr und beim Rebounding notwendige Konzentration erwerben. Zweitens — und das ist nicht minder wichtig — müssen Sie sich Entspannungstechniken aneignen sowie eine geeignete Einstellung entwickeln, die Ihnen hilft, Ihre Emotionen und körperlichen Spannungen unter Kontrolle zu halten. Schließlich müssen Sie sich mittels Kraft- und Ausdauertrainingsprogrammen in eine ausgezeichnete körperliche Verfassung bringen. Wenn Sie sich dieser umfassenden Vorbereitung unterzogen haben, werden Sie davon überzeugt sein, alles getan zu haben, um Höchstleistungen bringen zu können.

Zusammenfassung

Die Ausschöpfung Ihres Leistungspotentials ist von drei Elementen abhängig - von Konzentration, Gelassenheit und Selbstvertrauen. Für Höchstleistungen ist es notwendig, daß Sie sich konzentrieren, Ihre Emotionen unter Kontrolle halten und an Ihr Können glauben. Ich muß noch einmal betonen: Wenn ich vom Glauben an das eigene Können spreche, meine ich mehr als den Glauben an die eigenen basketballerischen Fertigkeiten. Sie müssen auch von Ihren psychischen Fähigkeiten überzeugt sein, d.h. von Ihrer Konzentrationsfähigkeit und Ihrer Fähigkeit, Ihre Emotionen in streßintensiven Spielsituationen unter Kontrolle zu halten. Es reicht nicht aus, nur über eine oder zwei der genannten Fähigkeiten zu verfügen, denn alle drei Elemente sind sehr eng miteinander verknüpft. Je besser eine dieser Fähigkeiten bei Ihnen ausgeprägt ist, desto weiter können Sie die anderen entwickeln. Je geringer eine der Fähigkeiten bei Ihnen ausgeprägt ist, desto unwahrscheinlicher ist es, daß Sie die anderen Fähigkeiten auf einem bestimmten Niveau halten können. Das Ziel im Rest dieses Buches ist, Ihnen genau zu erklären, wie Sie diese für Spitzenleistungen notwendigen Eigenschaften entwickeln können.

Kontrollfragen zu Kapitel 2

1. Nennen Sie die drei für Spitzenleistungen notwendigen Eigenschaften.
2. Identifizieren Sie die mit einer guten Konzentration assoziierten Gefühle.
3. Vergleichen Sie die Konzentration oder den ,,mentalen Film'' des erfolglosen Spielers mit dem des erfolgreichen Spielers.
4. Welche Bedeutung hat der Begriff ,,Zentrierung''?
5. Worin besteht der Unterschied zwischen Feinzentrierung und weicher Zentrierung?
6. Warum ist Gelassenheit (d.h. die Kontrolle der eigenen Emotionen) ein wichtiges Element von Spitzenleistungen?
7. Identifizieren Sie einige mit dem Kampf-oder-Flucht-Syndrom in Zusammenhang stehende körperliche Reaktionen.
8. Wie beeinflußt das Kampf-oder-Flucht-Syndrom die sportliche Leistungsfähigkeit?
9. Nennen Sie fünf Emotionen, die einen Basketballspieler daran hindern, sein Leistungspotential auszuschöpfen.
10. Warum ist die Konzentration bzw. eine positive Einstellung ein wesentliches Element der Spitzenleistung?
11. Worin besteht der Unterschied zwischen positivem Denken und Wunschdenken?
12. Was ist mit ,,Vertrauen in die eigenen psychischen Fähigkeiten'' gemeint? Warum ist dieses Vertrauen wichtig?

KAPITEL 3

SPIELERISCHES KÖNNEN UND KÖRPERBEWUSSTHEIT

In unserer Kultur wird der Körperbewußtheit relativ wenig Bedeutung beigemessen. Die Betonung liegt eher auf der Leistung als auf der Körperbewußtheit. Einen wirklich hohen Leistungsstandard erreichen jedoch nur die Sportler, die über einen hohen kinästhetischen Sinn — d.h. Muskelempfinden — verfügen. Man kann einfach in keiner Sportart Herausragendes leisten, wenn man nicht imstande ist, die subtilen Körperempfindungen wahrzunehmen, die den Unterschied zwischen Gleichgewicht und Ungleichgewicht, Timing und fehlendem Timing, verspannter und lockerer Muskulatur anzeigen. Körperbewußtheit steht insofern in direktem Zusammenhang mit körperlicher Leistungsfähigkeit.

W. Timothy Gallwey (1976, S. 73)

Da das Ziel des Basketballspiels darin besteht, den Ball in den Korb zu befördern, ist balltechnisches Können sehr wichtig. Sie müssen entweder den Ball aus einer großen Distanz genau werfen können, oder Sie müssen ihn zum Korb bringen, um ihn aus der Nähe werfen zu können. Das erfolgreiche Nach-vorne-Bringen des Balls ist nur möglich, wenn Sie Passen und Annehmen, Dribbeln und Täuschungsmanöver beherrschen.

Die Entwicklung der richtigen Basketballtechniken und der basketballspezifischen Feinkoordination kann durch eine ausgeprägte Körperbewußtheit verbessert werden. Singer (1972) behauptet, daß die Körperbewußtheit bzw. das kinästhetische Empfinden ein wichtiges Element des motorischen Lernprozesses ist. Viele Athleten werden aufgefordert, „die Handlungen zu fühlen" und während des Erlernens einer motorischen Fertigkeit die sich ändernden Positionen ihrer Körperteile und ihre gegenseitige Beeinflussung bewußt wahrzunehmen. Wenn diese Fertigkeiten jedoch einen hohen Entwicklungsstand erreicht haben und zur Routine geworden sind, führt der Sportler sie aus, ohne über seinen Körper nachzudenken. Sportler, deren Fertigkeitsniveau hervorragend ist, verfügen in der Regel auch über eine scharf entwickelte Körperbewußtheit. Spitzen-Angriffsspieler können ihre Würfe und Angriffsmanöver sicherlich auch auf ihr hoch ausgeprägtes kinästhetisches Empfinden bzw. ihren Muskelsinn zurückführen. Sowohl für den Anfänger als auch für den fortgeschrittenen Spieler ist Körperbewußtheit ein Schlüssel zur Entwicklung und Verbesserung der basketballspezifischen Fertigkeiten.

Die Verbesserung des Körperbewußtheit

W. Timothy Gallwey (1976) behauptet, daß der motorische Lernprozeß sich kurz und knapp mit der Verbesserung der Körperbewußtheit zusammenfassen läßt. Ob Sie die komplexeren Fertigkeiten des Werfens und der Ballbehandlung oder die grundlegenderen Fertigkeiten des Laufens und Springens erlernen, die Steigerung Ihrer Körperbewußtheit ist für den Lernprozeß auf jeden Fall entscheidend.

Konzentration auf die Körperbewußtheit

Körperbewußtheit bezieht sich auf das Empfinden der Muskelan- und -entspannung und der Bewegung des Körpers im Raum. Wenn Sie sich sauer, verkrampft und müde fühlen, nehmen Sie Ihren Körper bewußt wahr. Für Sie als Sportler ist es wichtig, daß Sie aufgrund Ihrer Körperbewußtheit imstande sind, anhand des Feedbacks Ihrer Muskeln über die jeweiligen Positionen Ihrer Körperglieder stets exakt Bescheid zu wissen. Dies bedeutet, daß Sie nicht selbst sehen müssen, wie Sie sich bewegen, um sich bewußt zu werden, daß Sie sich bewegen, und Sie brauchen auch Ihre Körperglieder nicht zu sehen, um zu wissen, in welcher Position sie sich gerade befinden. Sie können dies ganz einfach fühlen.

Machen Sie sich das anhand eines kleinen Experiments klar. Strecken Sie Ihren rechten Arm zur Seite hin aus, so daß er sich parallel zum Boden befindet. Beugen Sie nun, ohne hinzusehen, Ihren Arm im Ellenbogengelenk um 90°. Sehen Sie danach zu Ihrem Arm hin. Ist er im Ellenbogengelenk 90° gebeugt? Natürlich ist er das. Woher haben Sie diese Information erhalten? Selbstverständlich von Ihrer Körperbewußtheit!

Probieren Sie jetzt etwas anderes aus. (Sie können Ihren Arm jetzt wieder fallen lassen.) Während Sie im Sessel sitzen, strecken Sie Ihr rechtes Bein, indem Sie Ihren Unterschenkel nach vorne oben bewegen. Sobald Ihr Bein gestreckt ist, beugen Sie Ihre Zehen. Wenn Sie mit der Übung beginnen, sollten Sie bereits Ihre ganze Aufmerksamkeit auf Ihre Körperbewußtheit richten. Schließen Sie Ihre Augen und konzentrieren Sie sich auf Ihre Schenkel. Versuchen Sie, die Kontraktion Ihrer Beinmuskulatur bewußt wahrzunehmen, wenn Sie Ihren Unterschenkel anheben und somit die Anspannung in Ihrer Schenkelmuskulatur erhöhen. Die Kontraktion welcher Muskeln spüren Sie, wenn Sie Ihre Zehen beugen? Die Dehnung welcher Muskeln spüren Sie?

Schließen Sie Ihre Augen wieder für einen Augenblick, und checken Sie Ihren Körper mit Hilfe Ihres Muskelsinns kurz durch. Spüren Sie in Ihren Muskeln irgendeine Spannung? Sind Ihr Rücken, Ihr Nacken und Ihre Schultern angespannt oder entspannt? Können Sie die sich kontrahierenden Muskeln spüren, wenn Sie Ihren Kopf nach rechts drehen? Spüren Sie die sich dehnenden Muskeln?

Stellen Sie sich vor, Sie stünden an der Freiwurflinie. Vollziehen Sie Ihre Wurfbewegung mental nach. Streckt sich Ihr Arm zum Korb hin? Ist Ihr Ellenbogen innen? Klappt Ihr Handgelenk bei der Nachfolgebewegung nach unten? Ist Ihr Wurfarm angespannt oder entspannt?

Wenn Sie über die soeben durchgeführten Bewegungen nachdenken, werden Sie feststellen, daß Sie für andere Empfindungen umso weniger aufnahmebereit waren, je mehr Sie sich Ihrer Muskeln kinästhetisch bewußt waren. Die Konzentration auf Ihre Muskeln bedeutete auch, daß Sie sich auf die Gegenwart konzentriert haben. Wenn Sie sich auf einen Ihrer Sinne konzentrieren, ist es unmöglich, an die Vergangenheit oder Zukunft zu denken. Das ist wichtig, denn wenn Sie eine bestimmte Fertigkeit im Training entwickeln, müssen Sie sich auf Ihre Sinne konzentrieren. Sie dürfen Ihre Gedanken nicht wandern lassen. Indem Sie sich auf Ihre Körperbewußtheit konzentrieren, verbessern Sie das Ihrem Geist bzw. Bewußtsein übermittelte Feedback, das für Ihren Lernprozeß entscheidend ist. Aber wir werden hierauf weiter unten genauer eingehen. Im Moment möchte ich Sie nur herzlich in der Welt Ihrer Muskeln willkommen heißen. In dieser Welt werden Sie sich oft aufhalten, wenn Sie ein technisch versierter Spieler werden wollen.

Die Verbesserung der Körperbewußtheit

Wenn der Körperbewußtheit beim motorischen Lernen eine so große Bedeutung zukommt, ist es folgerichtig, daß man versucht, seine Körperbewußtheit zu verbessern. Die Frage ist, wie man diesen Sinn schärft.

Eine mögliche Lösung besteht darin, Aktivitäten auszuüben, bei denen man sehr viele Körpererfahrungen sammeln kann.

Turnen ist wohl die Sportart, die die höchsten Anforderungen an die Körperbewußtheit stellt und die die meisten Körpererfahrungen vermittelt. Aufgrund der Komplexität der Übungen ist die Konzentration des Turners fast ausschließlich nach innen gerichtet. Da eine gut ausgebildete Körperbewußtheit Basketballspielern hilft, komplexe basketballspezifische Fertigkeiten zu verbessern, können wir Basketballspieler genauso viel vom Turnen profitieren, wie wir z.B. vom Gewichtheben im Hinblick auf die Entwicklung unserer Muskelkraft profitieren können. Die Turnübungen, die wir am intensivsten praktizieren sollten, sind diejenigen, bei denen unser Gleichgewichtsvermögen und unsere Körperbewußtheit mehr beansprucht werden als beim Basketballspielen. Natürlich sind die Aktivitäten am hilfreichsten, die Elementen aus dem Basketballspiel ähneln und die wir daher für unsere Zwecke gezielt nutzen können. Es ist nicht sehr sinnvoll, spezielle Turnübungen zu trainieren, die in keinerlei Zusammenhang mit basketballspezifischen Fertigkeiten stehen.

Die beiden Turndisziplinen, die für Basketballspieler besonders geeignet sind, sind das Turnen am Schwebebalken und das Trampolinspringen. Beide Disziplinen stellen in unterschiedlichem Ausmaß Anforderungen an das Gleichgewichtsvermögen und an die Körperbewußtheit. Sie konfrontieren den Sportler mit einer Umgebung und mit Situationen, in denen er sich seines Gleichgewichtsempfindens und seines Körpers besonders bewußt wird. Insofern erhält der Athlet ein hohes Ausmaß an Feedback, wodurch die Entwicklung seines Gleichgewichts und seiner Koordination gefördert wird.

Basketballrelevante Turnübungen

Es ist zwar durchaus sinnvoll, das allgemeine Gleichgewichts- und Koordinationsvermögen zu entwickeln, zweckmäßiger ist es jedoch, das basketballspezifische Gleichgewichts- und Koordinationsvermögen zu verbessern. Es ist z.B. nicht nötig, Saltos auf dem Trampolin zu springen und Räder auf dem Schwebebalken zu schlagen. Die besten Übungen sind die, bei denen einfache vertikale Bewegungen (einfache Feder- und Sprungübungen) sowie Schrauben und Drehungen (um 180 bis 360 Grad) betont werden. Nachdem Sie Ihr allgemeines Gleichgewichts- und Koordinationsvermögen verbessert und auch an Selbstvertrauen gewonnen haben, werden die Übungen an den beiden Turngeräten mit Ballübungen kombiniert, die darauf abzielen, neben der Körperbewußtheit Ihre visuelle Kontrolle zu verbessern.

Die Idee für den Einsatz von Übungen dieser Art kam mir bei der Lektüre von Weiskopf (1975). Des weiteren habe ich von den Erfahrungen von William Natale profitiert, ein persönlicher Freund, der aus diesen Übungen für sein Baseballspiel großen Nutzen gezogen hat. Ich glaube jedoch, daß die Schwebebalken- und Trampolinübungen besser für Basketball als für Baseball geeignet sind (siehe Kapitel 4 ,,Die Entwicklung des wichtigsten Sinns'' und Kapitel 15 ,,Übungen zur Verbesserung der Sinne und der Bewußtheit'').

Überlegungen zur Sicherheit

Beim sportlichen Training sollten Sicherheitsaspekte immer berücksichtigt werden. Beim Trampolinspringen und bei Übungen auf dem Schwebebalken kommt der Sicherheit sogar eine besonders große Bedeutung zu, denn Basketballspieler sind im Umgang mit diesen Geräten im allgemeinen nicht sehr versiert, und diese Turngeräte bergen eine hohe Verletzungsgefahr in sich. Die Trampolinübungen sollten nur auf einem Trampolin ausgeführt werden, das entweder in den Boden eingelassen ist, so daß die Sprungfläche sich auf einer Ebene mit dem Boden befindet, oder das von einer Plattform umgeben ist, die sich ebenfalls auf einer Höhe mit dem Sprungtuch befindet. Diese Sicherheitsvorkehrungen vermindern nicht nur die Verletzungsgefahr, sondern reduzieren auch die Angst des Athleten. In vielen amerikanischen Staaten sind Trampolins in Schulen verboten. Vor der Planung eines Trampolintrainingsprogramms sollte sich der Trainer daher über die jeweils geltenden rechtlichen Bestimmungen informieren.

Der Schwebebalken ist sicherer als das Trampolin und kann sehr leicht selbst gezimmert werden. Wenn er so konstruiert ist wie in Abbildung 3.1 dargestellt, befindet sich der Sportler nur etwa 15 cm über dem Erdboden. Wenn er sein Gleichgewicht verliert, kann er daher sehr leicht absteigen.

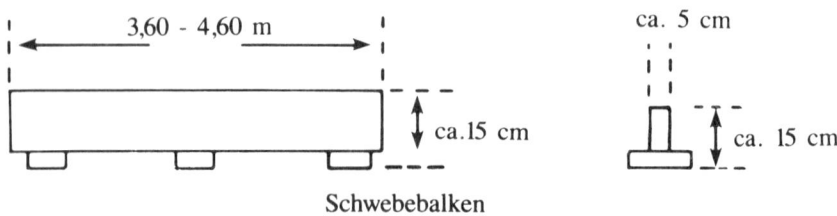

Abbildung 3.1: Schwebebalkenübung zur Verbesserung der Körperbewußtheit

Die Verbesserung basketballspezifischer Fertigkeiten mit Hilfe der Körperbewußtheit

Die Wurffertigkeit wird in einem Lernprozeß erworben, in dessen Verlauf der Athlet in seinem Gehirn unbewußt ein komplexes Reaktionssystem aus Muskelkontraktionen und Muskelentspannungen (Koordination) entwickelt. Wenn Sie werfen, schickt Ihr Gehirn elektrische Impulse zu bestimmten Muskelgruppen, wodurch einige Muskeln zur Kontraktion und andere zur Entspannung gebracht werden. Obwohl Sie nicht genau wissen, wie viele und welche Muskelfasern sich kontrahieren, haben Sie doch aufgrund Ihrer Körperbewußtheit einen allgemeinen Eindruck, welche Muskeln arbeiten und welche nicht arbeiten.

Das Feedback aus Ihren Muskeln und die visuelle Kontrolle des Wurfergebnisses (Treffer oder kein Treffer) informiert Sie darüber, ob die Signale Ihres Gehirns an Ihre Muskeln exakt waren. Ihre Fertigkeiten verbessern sich durch ständig wiederholtes Üben und Lernen auf dem Weg über Versuch und Irrtum. Sie lernen mit der Zeit, welche Signale geeignet und gut und welche ungeeignet und schlecht sind. Im allgemeinen nimmt mit zunehmender Erfahrung Ihre Fähigkeit zu, zwischen guten und weniger guten Reizen und Reaktionen zu unterscheiden.

Wenn Ihr Gehirn Daten sammelt, beginnt es gleichzeitig, diese Information für spätere Zugriffe zu ordnen. Jede motorische Erfahrung hinterläßt eine Spur im Unterbewußtsein, so daß so etwas wie ein „Muskelgedächtnis" entsteht. Auf dieses Muskelgedächtnis wird jedesmal zurückgegriffen, wenn Sie wieder eine ähnliche Erfahrung machen. Motorische Handlungen basieren daher auf vergangenen Bewegungserfahrungen oder einem Muskelgedächtnis. Wenn Sie z.B. im Begriff sind, einen Freiwurf auszuführen, wird innerhalb Ihres Bewegungsgedächtnisses das für das Ausführen eines Freiwurfs geeignete Koordinationsmuster aufgerufen, das sich auf Basis der zahllosen Freiwürfe, die Sie bereits ausgeführt haben, ausgebildet hat. Dieser Prozeß findet jedesmal statt, wenn Sie irgendeine Basketballtechnik praktizieren.

Mit anderen Worten, motorisches Lernen wird von zwei Prinzipien bestimmt. Erstens: je mehr Bewegungserfahrungen Sie machen, desto mehr Bewegungsmuster sind in Ihrem Hirn gespeichert. Zweitens: je besser das Feedback ist, desto ausgeprägter sind die entsprechenden Spuren in Ihrem Hirn. Und je ausgeprägter die Spuren in Ihrem Hirn sind, desto besser ist die betreffende motorische Fertigkeit entwickelt. Die Bewegungshandlungen, die so oft wiederholt werden, daß sie deutliche Spuren in Ihrem Gehirn hinterlassen, werden zu motorischen Gewohnheiten; Sie brauchen über die Ausführung dieser Bewegungshandlungen nicht mehr bewußt nachzudenken — sie sind automatisiert. Insofern steuern also Ihre vergangenen Bewegungshandlungen und -leistungen Ihre körperlichen wie mentalen Reaktionen in der Gegenwart und Zukunft. Die Spielleistung jedes Spielers ist daher abhängig von den physischen (Koordination) und mentalen (Konzentration) Gewohnheiten, die er entwickelt hat.

Kurz gesagt: Spielerisches Können ist das Produkt mentaler und physischer Gewohnheiten bzw. motorischer Muster. Zur Entwicklung von Fertigkeiten gehört ein Feedback, das der Körperbewußtheit entspringt. Ein effektives Feedback aufgrund einer ausgeprägten Körperbewußtheit ist entscheidend für die Entwicklung geeigneter mentaler und physischer Gewohnheiten. Ein kinästhetisches Feedback ist notwendig zur Entwicklung der Koordination, und ein geistig-psychisches Feedback ist notwendig zur Entwicklung der Konzentration. Geistig-psychische Bewußtheit wird im nächsten Kapitel, ,,Die Entwicklung des wichtigsten Sinns'', behandelt.

Körperbewußtheit auf dem Spielfeld

Sie sollten Ihre verbesserte Körperbewußtheit in drei Situationen anwenden — im Training, beim Aufwärmen und während Spielunterbrechungen.

Körperbewußtheit im Training

Während des Trainings können Sie Ihre Körperbewußtheit zur Entwicklung der Wurftechnik, zum Festigen bestimmter Bewegungsabläufe und Täuschungsmanöver sowie zur Entwicklung des Wurfgefühls einsetzen. Bei der Entwicklung von Bewegungstechnik und Täuschungsmanövern sollten Sie Ihre Körperbewußtheit zusammen mit visuellem Feedback einsetzen. Wenn Sie vor einem großen Spiegel üben, erhalten Sie ein unmittelbares visuelles Feedback und können sofort sehen, ob Sie die Bewegung richtig oder falsch ausführen (aus diesem Grund befinden sich z.B. in Ballettstudios große Spiegel an den Wänden). Wenn Sie bei jeder zweiten Wiederholung Ihre Augen kurz schließen und Ihre Aufmerksamkeit auf Ihren Körper richten, erhalten Sie zusätzlich zu dem visuellen Feedback auch noch ein muskuläres Feedback.

Die Entwicklung des richtigen Feelings

Als Ergebnis der Kombination von visuellem und muskulärem Feedback lernen Sie mit der Zeit, mit welchem Empfinden korrekte Bewegungsabläufe einhergehen. Das ist sehr wichtig, denn wenn Sie sich in der Wettspielsituation befinden, in der es keine Spiegel gibt, müssen Sie sich auf Basis Ihrer Körperbewußtheit rein gefühlsmäßig orientieren. Es gibt keine andere Möglichkeit zu kontrollieren, ob Ihre Täuschungsmanöver, Bewegungen und Würfe korrekt sind. Wie Sie in den nächsten Kapiteln erfahren werden, sollten Sie sich im Wettspiel selbst nicht auf Ihre Körperbewußtheit konzentrieren. Die Konzentration auf die Körperbewußtheit im Training hat den Zweck, Bewegungsabläufe zu überlernen. Indem Sie überlernen und motorische Gewohnheiten entwickeln, sind Sie über kurz oder lang imstande zu spielen, ohne sich auf Ihre Körperbewußtheit konzentrieren zu müssen. Ihre Bewegungen werden automatisiert und von Ihrem Unterbewußtsein gesteuert. Ein Überlernen versetzt Sie in die Lage, Ihre Aufmerksamkeit während des Spiels visuellen Signalen zuzuwenden, und diese Informationen sind beim Basketball erfolgsentscheidend.

Wurfgefühl

Körperbewußtheit ist der Schlüssel zur Entwicklung des Wurfgefühls und der Wurfkoordination. Das Wurfgefühl bilden Sie aus, indem Sie darauf achten, welche Muskelempfindungen bei einem guten Wurf auftreten. Wenn Sie Ihre Wurffertigkeit verbessern wollen, müssen Sie Ihre Körperbewußtheit verbessern. Indem Sie sich im Training auf Ihre Körperbewußtheit konzentrieren, werden Sie Ihre Wurfbewegung verfeinern und eine Bewegungsroutine ausbilden. Nur dann sind Sie bereit, zur nächsten Lernphase überzugehen — der Entwicklung der richtigen Wurfkonzentration (siehe dazu Kapitel 5 ,,Mentale Grundlagen der Würfe'').

Körperbewußtheit beim Aufwärmen

Nicht nur das Training, sondern auch das Aufwärmen vor dem Spiel ist eine gute Gelegenheit, die Aufmerksamkeit auf die Körperbewußtheit zu richten. Wenn Sie sich einwerfen, ist es sinnvoll, sich fast ausschließlich auf die muskulären Empfindungen beim Werfen zu konzentrieren. Je lockerer Sie werden und je weiter Sie Ihren Wurfrhythmus entwickeln, desto mehr sollten Sie Ihre Aufmerksamkeit Ihrem visuellen System zuwenden und das mentale Aufwärmen mit der Konzentration auf den Korb beginnen.

Körperbewußtheit während Spielunterbrechungen

Sie können sich auch während Spielpausen auf Ihren Körper konzentrieren. Jedesmal, wenn die Spielhandlung unterbrochen wird (Auszeit, Freiwurf, Sprungball etc.), konzentrieren Sie sich kurz auf Ihre Muskulatur, um eventuelle Spannungen festzustellen. Wenn Sie eine Verspannung feststellen, sollten Sie sogleich die in Kapitel 17 beschriebenen spannungsbeseitigenden Übungen durchführen.

Zusammenfassung

Spielerisches Können ist ein wichtiger erfolgsentscheidender Faktor im Basketball. Eine wesentliche Voraussetzung spielerischen Könnens ist eine scharf ausgeprägte Körperbewußtheit. Eine hoch ausgebildete Körperbewußtheit bewirkt ein muskuläres Feedback, aufgrund dessen der Athlet in der Lage ist, zwischen koordinierten und unkoordinierten Muskelreaktionen zu unterscheiden. Körperbewußtheit ist insofern ein wichtiger Schlüssel zur Entwicklung spieltechnischen Könnens.

Eine Möglichkeit, die Körperbewußtheit zu verbessern, sind Trampolin- und Schwebebalkenübungen. Sie sollten sich jedoch nicht nur bei diesen speziellen Übungen auf Ihre Körperreaktionen konzentrieren, sondern darüber hinaus auch beim Training und Aufwärmen sowie während Spielunterbrechungen.

Kontrollfragen zu Kapitel 3

1. Was ist Körperbewußtheit?
2. Warum ist die Körperbewußtheit für Leistungssportler so wichtig?
3. Was versteht man unter einem Muskelgedächtnis?
4. Was ist eine motorische Gewohnheit?
5. Was ist der Schlüssel zur Entwicklung geeigneter mentaler und physischer Gewohnheiten?
6. Was sind gute Gelegenheiten zur Entwicklung der Körperbewußtheit, mit dem Ziel, das spielerische Können zu verbessern?

KAPITEL 4

DIE ENTWICKLUNG DES WICHTIGSTEN SINNS

Aber was bin ich dann? Ein Ding, das denkt. Was ist ein Ding, das denkt? Es ist ein Ding, das zweifelt, versteht, bestätigt, leugnet, will, verweigert und das darüber hinaus Vorstellungen und Gefühle hat.
Rene Descartes (in Copleston, 1963, S. 104)

Der diesem Buch zugrundeliegende Gedanke ist, daß beim Basketball mentale Aspekte genauso wichtig wie der Körper sind. Warum ist das so? Warum sind Konzentration, Gelassenheit und Selbstvertrauen für das Erreichen sportlicher Spitzenleistungen so wichtig? Die Antwort ist einfach: Jede Bewegung des Körpers wird vom Geist gesteuert. Ob Sie einen Basketball werfen, einen Baseball schlagen oder ganz einfach die Straße entlanggehen, Ihr Geist steuert diese Bewegungen. Die Beziehung zwischen Körper und Geist ist sehr eng, und die Aktivität bzw. Leistung des Körpers ist stets das Ergebnis geistiger Prozesse. Anders gesagt: Im Sport kommt es darauf an, ,,seinen Kopf zu gebrauchen''. Je besser Ihr Geist bei sportlicher Aktivität arbeitet, desto besser wird Ihre Leistung sein.

Wenn die Leistung von Ihrer geistigen Aktivität abhängt, dann ist die Steigerung dieser Leistung weitgehend eine Angelegenheit der Verbesserung Ihrer geistigen Funktionen. Die Frage heißt also jetzt: ,,Wie lernt man, seinen Geist im Wettkampf und Training zu kontrollieren?'' Wiederum ist die Antwort einfach — durch die Kraft der Geistesbewußtheit!

Geistesbewußtheit

Stellen Sie sich vor, wie es wäre, in den Kopf eines Spielers hineinzukriechen, um zu sehen, was innendrin passiert, wenn er eine — oder auch keine — sportliche Leistung bringt. Stellen Sie sich weiterhin vor, Sie hätten eine Videokamera dabei und würden alles, was Sie sehen und hören, aufzeichnen. Denken Sie nur einmal darüber nach, eine wie große Hilfe es für den Spieler sein würde, wenn er die Bilder, die ihm während des Trainings oder Wettkampfs durch den Kopf gegangen sind, auf einem Videoband sehen könnte. Wenn das möglich wäre, wäre dieser Spieler auf dem besten Weg, seine Möglichkeiten auf dem Spielfeld voll auszuschöpfen. Auf dem Videoband könnte der Spieler genau sehen, ob seine Gedanken während des Spiels oder Trainings passend oder unpassend waren. Diese mentale Rückmeldung wäre eine hervorragende Lernhilfe. Mit dieser Hilfe könnte der Athlet seine geistigen und psychischen Funktionen zu seinem größtmöglichen Vorteil steuern.

Nun, ob Sie es glauben oder nicht, genau das können Sie tun. Sie können in Ihren Kopf hineinsehen, indem Sie sich die Kraft Ihrer Geistesbewußtheit zunutze machen. Indem Sie Ihre Geistesbewußtheit entwickeln, können Sie Ihre mentalen Prozesse steuern, und indem Sie Ihre mentalen Prozesse steuern, können Sie Ihre Leistung steuern. So gesehen ist die Geistesbewußtheit in der Tat der wichtigste Sinn.

Ein Blick in Ihren Kopf

Die Untersuchung Ihrer Geistesbewußtheit beginnt mit einer Betrachtung der vielfältigen Gedanken, die während des Trainings oder des Wettkampfs Ihre Aufmerksamkeit wecken können.

Der visuelle Bereich

An erster Stelle ist die große Menge visueller Informationen zu berücksichtigen, der Sie sich ausgesetzt sehen. Ihre Aufmerksamkeit kann sich auf Ihr gesamtes Blickfeld beziehen, und dieses Blickfeld kann eine riesengroße Halle sein, einschließlich der Zuschauer, Sitze, Anzeigetafeln, Spieler, Trainer, Cheerleader, Bälle, Körbe, Bänke, Fernsehkameras usw. Ihr Blickfeld kann aber auch nur den Ball oder den Korbring einbeziehen. Ihre visuelle Aufmerksamkeit kann sich auf die für ein Spiel wesentliche Information oder aber auf eher Unwichtiges wie den Schiedsricher oder einen Balljungen richten.

Körperbewußtheit

Zweitens kann Ihr Geist sich auf Ihre Körperbewußtheit konzentrieren. Auf diese Weise können Sie eventuell vorhandene Muskelverspannungen oder auch eine Muskelentspannung bei sich diagnostizieren. Sie können den Rhythmus oder das Fehlen von Rhythmus innerhalb Ihrer Koordination feststellen; Sie können übersäuerte Muskelpartien erkennen; Sie können fühlen, ob Sie energiegeladen oder müde sind; und Sie können die Lage Ihres Körpers im Raum empfinden. In all diesen Fällen kann Ihre Aufmerksamkeit entweder sehr weit (d.h., Sie empfangen Informationen aus Ihrem gesamten Körper) oder sehr eng sein (d.h., Sie konzentrieren sich auf einen speziellen Körperteil oder ein einzelnes Körperglied).

Mit Hilfe Ihres Geistes können Sie auch feststellen, wie ausgeglichen Sie sind. Wenn Sie in kritischer Weise aus dem Gleichgewicht geraten sind, richtet sich Ihre gesamte Aufmerksamkeit auf Ihr Gleichgewicht, damit es Ihnen gelingt, Ihre Kontrolle zurückzugewinnen.

Geräusche

Drittens kann sich Ihre Aufmerksamkeit auf Geräusche in Ihrer Umgebung richten. Was Sie hören, kann sehr umfassend sein (z.B. Zuschauerlärm) oder auch sehr konzentriert (z.B. der Zuruf ,,Fang!'' eines Mitspielers). Die

Konzentration auf einen Laut kann sehr wichtig sein, z.B. wenn ein Mannschaftskamerad den Beginn einer Spielkombination signalisiert, oder aber unbedeutend, wenn z.B. die Musikkapelle spielt.

Berührung

Viertens kann sich Ihre Aufmerksamkeit auf Berührungen richten. Diese Zentrierung kann ebenfalls weit sein (z.B. der Körperdruck beim Blocken eines Gegenspielers unter dem Brett), oder sehr eng (wenn Sie z.B. im Wurf einen Schlag aufs Handgelenk erhalten). Ihr Berührungsempfinden kann sehr wichtig sein (wenn Sie sich z.B. Ihren Weg durch einen passiven Block „erfühlen''), oder unbedeutend (wenn Sie z.B. spüren, wie Ihr schweißnasses Trikot an Ihrer Brust klebt).

Mentale Filme

Fünftens können Sie die Filme betrachten, die in Ihrem Bewußtsein ablaufen — Erinnerungen an die Vergangenheit oder eine Antizipation der Zukunft. Mentale Filme können positiv sein und das Selbstvertrauen und die Gelassenheit fördern; sie können aber auch negativ sein und Angst sowie Spannungen verursachen.

Innere Stimme

Sechstens können Sie Ihrer eigenen inneren Stimme zuhören. Basketballspieler sprechen häufig mit sich selbst, vor allem, wenn die Dinge auf dem Spielfeld nicht so laufen, wie sie sollten.

Reflektion

Schließlich kann Ihr Geist über sich selbst bzw. seine eigene bewußte Aufmerksamkeit reflektieren. Mit Hilfe dieses mentalen Spiegels können Sie Bewußtheit darüber gewinnen, ob Sie sich auf Ihr visuelles System, Gehör, Berührungsempfinden, Ihre Körperbewußtheit oder Ihre Vorstellung konzentriert haben. Sie können sogar feststellen, ob Sie sich auf Ihre Geistesbewußtheit konzentrieren!

Eine hohe Aufmerksamkeit in jedem dieser Bereiche ist hin und wieder nützlich oder notwendig. Aber eine zu hohe Konzentration auf einige dieser Bereiche lenkt von der zum betreffenden Zeitpunkt zu bewältigenden Aufgabe ab. Der Schlüssel zu Spitzenleistungen ist das Erlernen der Fähigkeit, den richtigen Aufmerksamkeitsschwerpunkt für eine gegebene Spielsituation auszuwählen.

Selektive Aufmerksamkeit

Es gibt viele Dinge, auf die Ihr Geist sich während eines Spiels konzentrieren kann. Sie werden sich jedoch aus einer früheren Passage dieses Buches erinnern, daß in Ihrem Geist ein stets vorhandenes Prinzip waltet. Dieses Prinzip besagt, daß Sie sich zu einem bestimmten Zeitpunkt nur auf einen Ihrer Sinne oder einen Gedanken konzentrieren können, obwohl Sie von allen Ihrer Sinne gleichzeitig Informationen erhalten. Dieses System der selektiven Aufmerksamkeit, das wir Zentrierung nennen, ist der mentale Prozeß, sich in ein Sinnessystem oder einen Gedanken einzuschalten, während man die anderen ausschaltet. Wenn Sie sich z.B. auf das Sehen konzentrieren, sind Sie sich visueller Objekte in Ihrer Umgebung bewußter, gleichzeitig sind Sie jedoch weniger offen für akustische, taktile, gleichgewichtsbezogene Reize sowie Ihre Körperbewußtheit. Sie können sich nicht gleichzeitig auf zwei oder mehr Sinnessysteme konzentrieren. Wenn ein System Ihre Aufmerksamkeit auf sich zieht, treten die anderen Systeme in den Hintergrund Ihres Bewußtseins. Das Beste, was Sie tun können, ist, Ihren Konzentrationsschwerpunkt ständig zu wechseln.

Wenn in einem der Systeme Ihr Aufmerksamkeitsschwerpunkt weit ist, zentrieren Sie weich. Ihr Geist nimmt eine Vielzahl von Dingen gleichzeitig wahr. Ein gutes Beispiel hierfür ist, wenn Sie innerhalb eines 3:2-Schnellangriffs den Ball führen. Ihr Blick ist nicht auf ein spezielles Ziel gerichtet, sondern auf das gesamte vor Ihnen liegende Spielfeld. Ein enger Aufmerksamkeitsschwerpunkt innerhalb eines Sinnessystems wird Feinzentrierung genannt. Ein Beispiel hierfür ist das Richten der Aufmerksamkeit nur auf den Korb beim Wurf. Obwohl sich noch viele andere Gegenstände in Ihrem Gesichtsfeld befinden, nehmen Sie diese nicht wahr. Sie sind sich nur eines Gegenstandes bewußt, in diesem Fall des Korbs. Die Weich- wie auch die Feinzentrierung haben in verschiedenen Situationen eine bestimmte Funktion. Sie müssen lernen, auf welche Form der Zentrierung Sie sich verlassen müssen.

Der Einsatz Ihres mentalen Spiegels

Geistesbewußtheit ist die Zentrierung des Geistes auf sich selbst. Geistesbewußtheit ist also ein „mentaler Spiegel" mit einem ganz konsequent internen Aufmerksamkeitsschwerpunkt. Insofern ist die Geistesbewußtheit ein sehr nützliches Werkzeug zur Entwicklung basketballspezifischer Konzentrationsfähigkeiten. Um jedoch die Geistesbewußtheit einsetzen zu können, müssen Sie sich während des Ausübens einer bestimmten Fertigkeit auf ein mentales Gedächtnis verlassen können, das Ihnen ein Feedback bezüglich Ihrer geistigen Aktivität gibt. Entsprechend dem Prinzip der selektiven Aufmerksamkeit (Zentrierung!) sind Sie sich bei Zentrierung auf Ihre Geistesbewußtheit Ihrer anderen Sinne — Sehen, Hören, Berührung und Körperbewußtheit — weniger bewußt. Dies ist wiederum darauf zurückzuführen, daß sich Ihr Geist nicht auf zwei Dinge gleichzeitig konzentrieren kann. Wenn bestimmte Empfindungen und Bilder in den Mittelpunkt Ihres Bewußtseins rücken, tritt alles andere in den Hintergrund. Wenn Sie also eine Fertigkeit wie z.b. einen Wurf ausüben, der eine sehr spezifische visuelle Information verlangt, sollten Sie sich auf das Sehen konzentrieren und nicht auf Ihre Geistesbewußtheit oder auf irgendeinen anderen Sinn. Sie müssen sich in dieser Situation also auf Ihr mentales Gedächtnis verlassen, das Ihnen ein Feedback bezüglich Ihrer geistigen Aktivität beim Ausüben einer Fertigkeit gibt. Die folgenden Übungen sollen dies verdeutlichen.

Übungen zur Verdeutlichung der Geistesbewußtheit

Führen Sie die folgenden Anweisungen aus. Lesen Sie die Fragen erst, wenn Sie die verlangte Aufgabe beendet haben.

1. Blicken Sie in den Raum, in dem Sie sitzen, und konzentrieren Sie sich etwa 10 Sekunden auf das Sehen.

   Konzentrieren Sie sich beim Sehen in den Raum auf den gesamten Raum (weiche Zentrierung) oder auf einen bestimmten Gegenstand (Feinzentrierung)?

2. Richten Sie Ihre Aufmerksamkeit während der nächsten 10 Sekunden auf Ihr Hören.

   Waren Sie sich eines besonderen Geräuschs bewußt, oder haben Sie sich auf verschiedene Geräusche aus verschiedenen Richtungen konzentriert?

3. Richten Sie Ihre Aufmerksamkeit jetzt auf Ihre Körperbewußtheit. Wenn Sie sitzen sollten, stehen Sie bitte auf. Wenn Sie stehen sollten, setzen Sie sich bitte hin.

   Waren Sie sich während des Stehens oder Sitzens vor allem der Bewegung, der Kontraktion Ihrer Muskeln, Schmerzen oder einer eventuellen Steifheit bewußt?

4. Konzentrieren Sie Ihren Geist während der nächsten 10 Sekunden auf was immer Sie wollen.

   Innerhalb welchen Systems und auf welches Objekt hat sich Ihr Geist konzentriert?

Die Übungen, die Sie soeben ausgeführt haben, schulen die geistige Kontrolle und die Geistesbewußtheit. Beim Ausführen der Übungen praktizierten Sie die Kunst der geistigen Kontrolle oder der Konzentration, beim Beantworten der sich an die Übungen anschließenden Fragen gebrauchten Sie Ihre Geistesbewußtheit. Wie Sie sehen werden, ergänzen diese geistigen Kräfte sich gegenseitig. Sie sind die Schlüssel zu Ihrem Erfolg im Basketball.

Die Anwendung des Geistesbewußtheit auf dem Spielfeld

Sie sollten die gesteigerten Fähigkeiten Ihrer Geistesbewußtheit in drei Situationen anwenden: während des Trainings, Aufwärmens und während Spielunterbrechungen, genauso wie Sie sich in diesen Phasen auf Ihre Körperbewußtheit verlassen.

Geistesbewußtheit in der Praxis

In der Praxis kann die Geistesbewußtheit zur Entwicklung der Wurffertigkeit, der Ballbehandlung, des Rebounds und der defensiven Konzentration dienen. Nehmen Sie sich in freien Momenten zwischen Wiederholungen oder in Pausen zwischen Übungen Zeit, um über Ihren Aufmerksamkeitsschwerpunkt während dieser Übungen nachzudenken. Von Zeit zu Zeit sollte der Trainer bei Mannschaftsübungen und Übungsspielen 5:5 den Übungsablauf stoppen und die Spieler auffordern, kurz über ihren Aufmerksamkeitsschwerpunkt zu reflektieren.

Geistesbewußtheit während des Aufwärmens vor Wettspielen

Das Aufwärmen vor einem Wettspiel ist ebenfalls eine gute Gelegenheit, hin und wieder auf die Geistesbewußtheit zu zentrieren. Wenn Sie während des Aufwärmens mit den Wurfübungen beginnen, sollten Sie nahezu ausschließlich auf Ihre Körperbewußtheit zentrieren. Sobald Sie jedoch lockerer werden und Ihr Wurfrhythmus sich entwickelt, sollten Sie Ihren Aufmerksamkeitsschwerpunkt allmählich auf Ihr visuelles System verlagern und mit dem mentalen Aufwärmen beginnen, indem Sie Ihren Aufmerksamkeitsschwerpunkt auf den Korb beibehalten. Setzen Sie Ihre Geistesbewußtheit während des Ausübens einer Fertigkeit ein, um Ihre mentale Aktivität zu überprüfen und sich auf das bevorstehende Spiel vorzubereiten.

Geistesbewußtheit während eines Spiels

Sie können auch während Spielunterbrechungen auf Ihre Geistesbewußtheit zurückgreifen, um gute motorische Gewohnheiten zu verstärken. Das Einschalten der Geistesbewußtheit sollte während eines Wettspiels nur hin und wieder zu Kontrollzwecken erfolgen. Sie sollten sich während eines Wettspiels nicht über längere Zeit auf Ihre Geistesbewußtheit konzentrieren, weil Ihre auf das Spielfeld gerichtete Aufmerksamkeit darunter leiden könnte.

Aufmerksamkeitsstil

Ob Sie Basketball spielen, in einem Klassenraum sitzen, autofahren oder irgendetwas anderes tun, Ihr Geist wird die ganze Zeit über mit visuellen, akustischen, taktilen, kinästhetischen und gleichgewichtsbezogenen Reizen bombardiert. Darüber hinaus können Sie mit Hilfe Ihres Erinnerungs- und Vorstellungsvermögens eine Vielfalt von Gedanken bei sich hervorrufen. Worauf Sie Ihre Aufmerksamkeit richten, hängt von einem von insgesamt zwei Sachverhalten ab. Zunächst einmal bestimmt in einer neutralen oder stabilen Umgebung Ihr dominanter Gedankenkanal (Seh- und Hörvermögen, Berührungssinn, Körperbewußtheit, Vorstellungsfähigkeit, innere Stimme usw.) Ihren Aufmerksamkeitsschwerpunkt. Wenn jedoch innerhalb Ihrer Umgebung bestimmte Eindrücke intensiver als andere sind und daher Ihre Aufmerksamkeit beanspruchen, wird Ihre Aufmerksamkeit durch die Umgebung bestimmt.

Denken Sie hierüber einen Moment nach. Wenn Sie gerade in einem ruhigen Raum in einem bequemen Sessel sitzen, entspannt, aber energiegeladen, haben Sie sich vermutlich die gesamte Zeit über auf Ihr visuelles System konzentriert und vielleicht den ein oder anderen Gedanken dem, was Sie in diesem Kapitel lesen, gewidmet. Je weniger analytisch Sie sich verhalten haben, desto mehr haben Sie sich visuell auf das Lesen konzentriert. Je stärker analytisch Sie sich verhalten haben, desto häufiger haben Sie im Lesen innegehalten und über vergangene Erfahrungen nachgedacht. In dem einen Fall waren Sie ganz und gar innerhalb Ihres visuellen Sinns eingeschlossen, in dem anderen Fall sind Sie in Ihre Vorstellungswelt abgewichen. In beiden Fällen wurde Ihr Aufmerksamkeitsschwerpunkt von Ihrem persönlichen Aufmerksamkeitsstil bestimmt.

Umgekehrt: Wenn Sie am Küchentisch auf einem harten Stuhl sitzen, das Fernsehen im Zimmer nebenan hören und vor lauter Anspannung Kopfschmerzen haben, richtet sich Ihre Aufmerksamkeit wahrscheinlich auf die miteinander konkurrierenden Ablenkungen und wechselt wahrscheinlich zwischen den diversen Störungen hin und her. Unabhängig von Ihrem dominanten Gedankenkanal wird Ihre Aufmerksamkeit in dieser Situation durch Ihre Umgebung bestimmt. Es ist wichtig, darauf hinzuweisen, daß Ihre Umgebung nicht nur die außerhalb Ihrer Person befindlichen Gegenstände einschließt, sondern auch Ihre eigenen Körpergefühle und Emotionen; Schmerz, Ermüdung und emotionaler Streß sind daher Umgebungsstörungen.

Neben einem dominanten Gedankenkanal verfügen Sie außerdem über mentale Gewohnheiten, die die Weite Ihrer Aufmerksamkeit innerhalb eines Sinnessystems steuern. Sie neigen vielleicht innerhalb Ihres visuellen Systems zur Feinzentrierung, oder Sie neigen zu weicher Zentrierung. Ihre persönliche dominante Aufmerksamkeitsweite kann entweder ein Segen oder ein Fluch sein, je nachdem mit welcher Situation oder Aufgabe Sie es zu tun haben.

Wenn Ihr Aufmerksamkeitsschwerpunkt z.B. dominant visuell und weich ist, d.h. wenn Sie sich normalerweise auf das gesamte Spielfeld konzentrieren, haben Sie wahrscheinlich die Fähigkeit entwickelt, den freistehenden Spieler exakt anzuspielen und in der Abwehr auszuhelfen. Gerade deswegen könnten Sie jedoch Schwierigkeiten bei der Feinzentrierung auf den Korb im Falle eines Wurfs haben. Ihr dominanter mentaler Schwerpunkt hindert Sie an der Konzentration beim Wurf; vermutlich treffen Sie daher nur in einem geringen Prozentsatz der Fälle den Korb, auch wenn Ihre Form und Ihr Bewegungsablauf hervorragend sind. In Situationen, in denen Sie die Gelegenheit haben, durch einen klugen Paß eine Korbwurfsituation einzuleiten, sehen Sie gut aus, während Sie in Situationen, in denen Sie von außen werfen müssen, Schwierigkeiten haben werden. Aber Sie können lernen, Ihren Aufmerksamkeitsschwerpunkt richtig einzustellen.

Effektives Mannschaftsspiel

Für die ganze Mannschaft gelten dieselben mentalen Prinzipien wie für einzelne Spieler. Ein effektives Mannschaftsspiel kann zu einem beträchtlichen Teil auf die mentalen Merkmale der Mannschaft zurückgeführt werden. Es ist z.B. ein mentaler Fehlgriff, einen Spieler als den Angriff einleitenden Aufbauspieler einzusetzen, dessen dominanter mentaler Zustand die Feinzentrierung ist. Ein Spielmacher, der nicht über die Fähigkeit verfügt, sich auf das gesamte Spielfeld zu konzentrieren, wird voraussichtlich sehr viele freistehende Mitspieler übersehen. Aufgrund seiner körperlichen Fähigkeiten mag er durchaus als der ideale Aufbauspieler erscheinen; da jedoch sein enger Aufmerksamkeitsschwerpunkt eher für Würfe als für Spielmacherfunktionen geeignet ist, sollte ihm sinnvollerweise die Funktion eines Werfers aus dem Rückraum zugewiesen werden. Ein weiteres Beispiel: Stellen Sie sich vor, eine Mannschaft hätte zwei Hinterspieler, deren Schwerpunkt die Konzentration auf die Körperbewußtheit ist. Aufgrund der Bewegungsabläufe, die Sie wegen Ihres hochentwickelten kinästhetischen Sinnes entwickelt haben, sind Sie wahrscheinlich gute Durchzieher. Sie sind jedoch voraussichtlich nur mäßige Werfer aus der Fernwurfzone und schlechte Spielmacher, weil ihnen die notwendige weichzentrierte visuelle Bewußtheit fehlt. Gegen Mannschaften, die eine Mann-Mann-Preßverteidigung spielen und bei denen es leicht ist, zur Birne durchzuziehen, hinterlassen diese Hinterspieler wahrscheinlich einen hervorragenden Eindruck.Da sie jedoch nicht werfen können, machen sie gegen Mannschaften, die sinken und ihnen insofern ein Durchziehen unmöglich machen, einen schlechten Eindruck.

Flexibilität der Aufmerksamkeit

Im Basketball wird ein stetig wechselnder Aufmerksamkeitsschwerpunkt verlangt, Ihr Aufmerksamkeitsstil muß also flexibel sein. Wenn Ihre Flexibilität zusammenbricht, kommt es zu Fehlern. Wenn Sie im Hinblick auf Ihre Aufmerksamkeit unflexibel sind, werden Sie nur in den Situationen erfolgreich sein, die zufällig Ihrem persönlichen Stil entsprechen, und Sie werden in Situationen, die nicht Ihrem Aufmerksamkeitsstil entsprechen, nur wenig Erfolg haben. Um Ihre Erfolgschancen zu verbessern, müssen Sie daher visuelle Flexibilität entwickeln. Wiederholen Sie Übungen, wie die in diesem Kapitel beschriebenen Übungen zur geistigen Kontrolle. Sie müssen sich auch Ihres Aufmerksamkeitsstils und Ihrer Konzentration bewußter werden, wenn Sie die verschiedenen Grundlagen des Angriffs, der Verteidigung und des Rebounds üben.

Entwicklung der Konzentration

Die Entwicklung der Konzentration ähnelt der Entwicklung der komplexen koordinativen Fertigkeiten Werfen und Ballbehandlung. Bewußtheit ist der Schlüssel! Die Entwicklung und Verbesserung der Koordination erfordert ein Feedback Ihrer Geistesbewußtheit.

Zwei Arten von Gewohnheiten

Da die Fertigkeiten des Werfens, Passens, Dribbelns und der Ballannahme im eigentlichen Sinn eine Kombination konzentrativer und koordinativer Fertigkeiten sind, müssen zwei unterschiedliche, aber dennoch eng zusammenhängende Arten von Gewohnheiten entwickelt werden, mentale sowie physische Gewohnheiten. Wenn diese Gewohnheiten einmal entwickelt sind, muß erreicht werden, daß sie zusammenarbeiten. Wenn ein Spieler sich z.B. zum Wurf entschließt, löst seine mentale Vorstellung des Wurfs (Reiz) zwei Reaktionen aus — Konzentration (mental) und Koordination (körperlich) (siehe Abbildung 4.1).

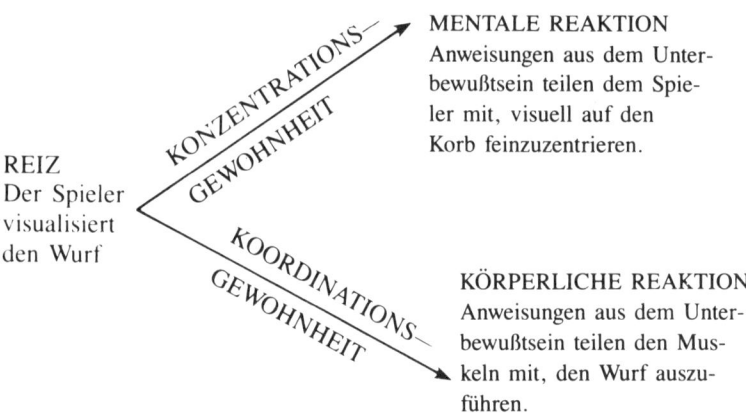

Abbildung 4.1: Das Üben von zwei Arten von Gewohnheiten ist für ein effektives Spiel notwendig.

Zwei Arten von Übung

In Abbildung 4.1 wird die Notwendigkeit zweier Arten des Übens illustriert: Die eine Art des Übens dient der Entwicklung konzentrativer Gewohnheiten, während die andere Art der Entwicklung koordinativer Gewohnheiten dient. Diese beiden Arten des Übens erfordern zwei Arten von Bewußtheit, Geist und Körper. Zu Anfang müssen Sie Ihre koordinativen Gewohnheiten (Form und Technik) verbessern und stärken, indem Sie während des größten Teils Ihrer Übungszeit auf Ihre Körperbewußtheit zentrieren. Sobald Sie den Bewegungsablauf in technischer und biomechanischer Hinsicht beherrschen, müssen Sie Ihre Konzentration durch Einsatz Ihrer Geistesbewußtheit verbessern.

Zusammenfassung

Unter Geistesbewußtheit versteht man die Fähigkeit des Geistes, sich auf sich selbst zu konzentrieren. Ihre Geistesbewußtheit gibt Ihnen ein Feedback bzw. stellt Ihnen ein mentales Gedächtnis zur Verfügung, das Sie darüber informiert, ob Sie sich richtig konzentrieren. Indem Sie Ihre Geistesbewußtheit einsetzen, um in bestimmten Abständen über Ihren geistigen Aufmerksamkeitsschwerpunkt nachzudenken, können Sie geeignete Konzentrationsgewohnheiten entwickeln. Da alle sportlichen Handlungen vom Geist gesteuert werden, können Sie Ihre Leistung verbessern und Ihre Spiele beständiger machen, indem Sie Ihren Geist mit Hilfe Ihrer Geistesbewußtheit kontrollieren. Geistesbewußtheit ist der Schlüssel zum Erfolg und insofern tatsächlich der wichtigste Sinn.

Kontrollfragen zu Kapitel 4

1. Warum behaupten wir, daß Basketball gleichermaßen eine mentale wie körperliche Angelegenheit ist?
2. Was ist der wichtigste Sinn? Warum?
3. Was versteht man unter Geistesbewußtheit?
4. Auf welche Arten von Gedanken kann sich Ihr Geist während eines Wettspiels konzentrieren?
5. Wann sollten Sie Ihre Geistesbewußtheit zur Verbesserung Ihres Spiels einsetzen?
6. Was verstehen wir unter Aufmerksamkeitsstil?
7. Was verstehen wir unter Aufmerksamkeitsflexibilität?
8. Welche Art von Aufmerksamkeitsstil ist für Spitzenleistungen im Basketball nötig?
9. Was ist der Schlüssel zur Entwicklung der Konzentration beim Basketball?

TEIL 2

ZWEITES VIERTEL: MENTALE GRUNDLAGEN BASKETBALLERISCHER FERTIGKEITEN

KAPITEL 5
MENTALE GRUNDLAGEN DER WÜRFE

Basketball ist ein mentales Spiel, und diese Tatsache wird wahrschein-
lich beim Werfen offensichtlicher als bei jeder anderen grundlegenden
Fertigkeit. John Wooden (1966, S. 84)

Ein Ziel dieses Buches besteht darin, Ihnen dabei zu helfen, ein beständiger und guter Werfer zu werden. Wurfbeständigkeit zu entwickeln, ist jedoch keineswegs leicht. Selbst Spitzen-Basketballspielern erscheint der Korb an bestimmten Tagen so groß wie eine Regentonne, an anderen Tagen hingegen so klein wie eine Teetasse.

Obwohl technische Fehler oder andere körperliche Faktoren zu einer Wurfunbeständigkeit führen können, ist der Hauptgrund dieses Mangels die Unfähigkeit, seine Konzentration zu steuern. Dieses Kapitel wird Ihnen bei der Entwicklung und Steuerung Ihrer Wurfkonzentration helfen.

Täglich ein Korb so groß wie eine Regentonne

Um während Wettspielen ständig gute Wurfleistungen zu bringen, müssen Sie sowohl über die richtige Technik als auch über ein hohes Konzentrationsvermögen verfügen.

Sie können die richtige Technik durch ein Training unter Anleitung guter Trainer und durch den Einsatz Ihres kinästhetischen Sinns erwerben (siehe Kapitel 3 ,,Spielerisches Können und Körperbewußtheit''). Nur wenn Sie motorische Koordinationsmuster überlernt haben, d.h. perfekt beherrschen, und einen natürlichen Wurfrhythmus entwickelt haben, können Sie lernen, sich während des Wurfs zu konzentrieren.

Konzentration beim Werfen bedeutet, den Blick auf das Ziel ,,feinzuzentrieren''. Nur wenn Sie feinzentrieren, können Sie die Flugkurve, die der Ball nehmen muß, um in den Korb zu gehen, genau abschätzen. Der Rest ist dann eine Angelegenheit der unbewußten Steuerung Ihres Körpers durch Ihren Geist und Ihre Psyche. Psychisch ,,danebenzuliegen'' oder nur ,,einen schlechten Abend zu haben'', ist auf eine falsche Konzentration oder mangelnde Ent-

52

spannung zurückzuführen. Das hindert Sie daran, dem Ball richtig nachzugehen. Ihre Wurfleistung ist dann beständig, wenn die drei in einem früheren Kapitel behandelten Komponenten von Spitzenleistungen vorhanden sind.

Ungeeignete Aufmerksamkeitszentrierung

Bevor ich auf die für die Entwicklung der geeigneten Wurfkonzentration notwendigen Schritte eingehen werde, möchte ich kurz die möglichen Störfaktoren behandeln, die die Konzentration eines mäßigen Werfers beeinflussen können. Damit Ihnen das Ganze klarer wird, nehmen wir einmal an, Sie seien der Spieler, der einen schlechten Tag hat.

Wenn Sie während des Werfens auf die Bewegungsform und Technik zentrieren, zentrieren Sie im falschen Sinnessystem (Köperbewußtheit). Wenn Sie sich Verspannungen bewußt sein sollten, zentrieren Sie ebenfalls im verkehrten Sinnessystem (Körperbewußtheit). Das gleiche ist der Fall, wenn Sie sich während des Wurfs bewußt sind, berührt oder gefoult zu werden (Berührungssinn). Auch wenn Sie während des Wurfs Schwierigkeiten mit Ihrem Gleichgewicht haben, ist Ihre Zentrierung vermutlich fehlgerichtet (Gleichgewichtsempfinden). Wenn Sie sich der Zuschauer oder eines anderen Spielers, der Ihnen etwas zuruft, bewußt sind, zentrieren Sie ebenfalls im falschen System (Gehör). Wenn Sie sich fragen, ob Ihr Trainer Ihren Wurf gut finden wird, zentrieren Sie auf Ihre Vorstellungskraft statt auf den Wurf. Wenn ein gegnerischer Spieler auf Sie zuläuft, um Ihren Wurf zu blocken, und Sie ihn anstelle des Korbs ansehen, zentrieren Sie zwar im richtigen System (visuelles System), aber auf das falsche Ziel.

Effektive Zentrierung der Aufmerksamkeit

Mit anderen Worten: Alle Ihre Sinnessysteme können beim Wurf Ihre Aufmerksamkeit beanspruchen, aber Sie sollten nur auf ein einziges Segment Ihres visuellen Systems zentrieren. Sie müssen Ihre Aufmerksamkeit voll und ganz auf den Korb richten und auf nichts anderes. Der Korb sollte Sie mental und bewußtseinsmäßig völlig in Anspruch nehmen. Körperlich und emotional müssen Sie entspannt und locker sein.

Visieren Sie Ihr Ziel an

Das erste, was Sie beim Wurf tun müssen, ist, Ihr Ziel anvisieren. Sie müssen Ihr visuelles System so schnell wie möglich auf den Korb feinzentrieren. Wenn Sie Ihr Dribbling abstoppen, müssen Sie Ihren Aufmerksamkeitsschwerpunkt von der Weichzentrierung auf die sich vor Ihnen abspielende Handlung auf die Feinzentrierung auf den Korb umschalten. Wenn Sie einen Paß erhalten, müssen Sie sich so schnell wie möglich von der Feinzentrierung auf den Ball auf die Feinzentrierung auf den Korb umstellen. Es reicht nicht aus, wenn Sie auf das Spielbrett weichzentrieren. Der Wurf ist eine präzise Fertigkeit, die Feinzentrierung verlangt. Bei Brettwürfen ist das Ziel jedoch etwas anders als bei Korbwürfen. Wenn Sie Brettwürfe absolvieren, müssen Sie sich den richtigen Punkt auf dem Brett aussuchen und Ihren Blick auf diesen Punkt fixieren. Sie müssen feinzentrieren.

Mentales Nachfolgen

Beim Wurf müssen Sie dem Ball konzentrationsmäßig genauso nachgehen wie durch die Streckung Ihres Arms. Wenn der Ball Ihre Hand verläßt, müssen Sie weiterhin auf den Korb zentrieren. Sie sollten auf keinen Fall dem Flug des Balles folgen. Sie sollten den Ball vielmehr erst wahrnehmen, wenn er etwa 60 cm vor dem Korbring in Ihr Gesichtsfeld kommt. Indem Sie sich weiterhin auf den Korb konzentrieren, vermeiden Sie einen zu frühen Wechsel Ihres Aufmerksamkeitsschwerpunktes.

Fünf Entwicklungsstufen

Bei der Entwicklung Ihrer Wurfkonzentration sollten Sie fünf Stufen durchlaufen:

1. Mentale Generalprobe (mentale Vorbereitung bzw. mentales Training)
2. Körperliche Generalprobe (Trocken-Wurfübungen)
3. Individuelles Üben mit dem Ball
4. Entwicklung Ihrer Konzentration in Blockspielen
5. Anwendung der mentalen Wurfgrundlagen in der Wettkampfsituation

Stufe 1: Mentale Generalprobe

Wenn Sie eine motorische Fertigkeit erlernen, müssen Sie über ein exaktes mentales Bild der korrekten Bewegungstechnik oder Bewegungsform verfügen, bevor Sie diese Technik erfolgreich durchführen können. In diesem Zusammenhang ist die sogenannte mentale Generalprobe bzw. das mentale Training sehr sinnvoll. Unter mentaler Generalprobe versteht man schlicht das Erzeugen eines mentalen Bilds oder einer Serie mentaler Bilder der richtigen Technik bzw. Bewegung und des zu erreichenden Ziels. Mittels dieser mentalen Bilder instruieren Sie Ihren Körper und Geist über das, was Sie zu erreichen hoffen, und teilen ihm mit, wie die notwendigen Fertigkeiten und Bewegungen auszuführen sind. Je lebendiger und detaillierter das Bild ist, desto besser können Ihr Geist und Körper verstehen, was sie tun müssen.

Die Anwendung der mentalen Generalprobe zur Entwicklung der Wurfkonzentration bedeutet, ein klares Bild sowohl des Wurfziels (das Zentrum des Korbs) als auch des Handlungsziels (Werfen des Balls in den Korb) zu entwerfen. Mentale Generalprobe heißt auch, ein klares Bild davon zu entwickeln, wann Sie sich im Verlauf der Wurfbewegung auf das Wurfziel konzentrieren sollen (feinzentrieren Sie auf den Korb, wenn Sie den Ball über Ihren Kopf führen, also kurz vor dem Abwurf).

54

Beginnen Sie die mentale Generalprobe, indem Sie sich auf das Spielfeld begeben und sich visuell auf das Spielbrett und den Korbring konzentrieren. Entwickeln Sie ein klares mentales Bild vom Korbring und Spielbrett und beginnen Sie dann mit der Feinzentrierung auf den Korb. Nehmen Sie die Vorder- und Rückseite des Rings sowie alle Haken bewußt visuell wahr. Achten Sie hier auf den Wahrnehmungsunterschied. Wenn Sie sich sowohl auf das Spielbrett als auch den Ring konzentrieren, zentrieren Sie weich. Wenn Sie nur auf den Ring und den Mittelpunkt des Korbs blicken, zentrieren Sie fein. Dieser Unterschied in der Wahrnehmung ist entscheidend für Sie, wenn Sie ein guter Werfer werden wollen.

Das Zentrum des Korbs

Da das Ziel des Wurfs darin besteht, den Ball in den Korb zu werfen, müssen Sie lernen, auf den Mittelpunkt des Korbs feinzuzentrieren. Dazu ist ein deutliches mentales Bild des Wurf- und Handlungsziels notwendig. Im Gegensatz zu dem, was viele Trainer und Experten sagen, ist Ihr Wurfziel nicht der Korbring, sei es nun die Front- oder Rückseite. Das wirkliche Ziel ist die Mitte des Korbs. Unter ,,Korb'' verstehe ich den vom Ring umschlossenen Raum. Das exakte Ziel ist der Mittelpunkt dieses Raums. Es ist sehr wichtig, daß Sie lernen, beim Wurf auf den Mittelpunkt des Korbs feinzuzentrieren, anstatt einfach auf das Spielbrett und den Ring weichzuzentrieren. Sie gewinnen zwei Punkte für Ihre Mannschaft, wenn Sie den Ball in den Korb werfen, nicht wenn Sie den Ring oder das Spielbrett treffen.

Schließen Sie Ihre Augen und stellen Sie sich den Ring in allen Details vor. Nun verengen Sie Ihre Aufmerksamkeit auf den Mittelpunkt des Korbs. Öffnen Sie danach Ihre Augen wieder und feinzentrieren Sie auf den Korb. Schließen Sie Ihre Augen erneut, und machen Sie sich ein klares mentales Bild des Korbs und seines Zentrums. Wiederholen Sie diesen Prozeß mehrere Male. Laufen Sie dann auf dem Spielfeld hin und her, blicken Sie aus verschiedenen Winkeln auf den Korb, und entwickeln Sie das gleiche klare, mentale Bild. Wiederholen Sie diese Übung immer wieder, sowohl mit offenen als auch mit geschlossenen Augen, bis Sie ein wirklich lebendiges und klares Bild Ihres Wurfziels (dem Mittelpunkt des Korbs) entwickelt haben.

Programmierung auf den Erfolg

Wenn Sie imstande sind, auf den Mittelpunkt des Korbs feinzuzentrieren, müssen Sie ein lebendiges Bild Ihres Handlungsziels entwickeln — des Werfens des Balls in den Korb. Obwohl dies vielen Menschen als elementar erscheinen mag, trennt die Fähigkeit der Visualisierung des Handlungsziels gute von schlechten Werfern sowie gute von schlechten Würfen ein und desselben Spielers. Gute Werfer erwarten, daß Ihr Wurf in den Korb geht. Für sie ist das

Handlungsziel klar und positiv. Schlechte Werfer hoffen lediglich, daß der Ball in den Korb geht. Das erwartete Ergebnis ist oft nur ein unbewußter Gedanke und bestenfalls undeutlich. Im ungünstigsten Falle rechnet der Spieler mit einem Fehlwurf. Ihr nächster Schritt bei der Entwicklung der Wurfkonzentration ist die Entwicklung eines klaren und positiven Handlungsziels (Werfen des Balls in den Korb) in Ihrem Unterbewußtsein durch bewußte mentale Generalprobe.

Um sich selbst auf den Erfolg zu programmieren, müssen Sie damit beginnen, sich bildlich vorzustellen, wie der Ball in den Korb fällt. Um das lebendige geistige Bild eines Balls zu erzeugen, nehmen Sie einen Basketball, halten Sie ihn vor Ihrem Körper, und versuchen Sie, ihn bewußt in allen Details wahrzunehmen. Schließen Sie dann Ihre Augen, und versuchen Sie, in Ihrer Vorstellung ein Bild des Balls zu erzeugen. Öffnen Sie Ihre Augen wieder, und studieren Sie noch einmal den Ball. Werfen Sie den Ball mit einem geringen Rückwärtsdrall in die Luft, genauso, wie Sie es im Spiel tun würden. Schließen Sie noch einmal Ihre Augen, und versuchen Sie, in Ihrer Vorstellung ein Bild des mit Rückwärtsdrall geworfenen Balls zu erzeugen. Wiederholen Sie diese Übung einige Male, bis Sie je nach Belieben in Ihrer Vorstellung ein lebendiges Bild des Balls erzeugen können. Gewinnen Sie Kontrolle über dieses Bild.

Der nächste Schritt innerhalb der mentalen Generalprobe ist, auf dem Spielfeld hin- und herzugehen, auf den Korb aus verschiedenen Blickwinkeln feinzuzentrieren und sich vorzustellen, wie der Ball aus einer Höhe von etwa 30 cm über dem Ring in den Korb fällt.

Wenn das Bild des Balls zu verblassen beginnt, sehen Sie sich den Ball in Ihrer Hand an, und erzeugen Sie in Ihrer Vorstellung wieder ein lebendiges Bild. Fahren Sie nun fort, sich bildlich vorzustellen, wie der Ball in den Korb fällt.Sobald Sie die Fähigkeit der Feinzentrierung auf den Mittelpunkt des Korbs erworben haben, müssen Sie lernen, diese Fähigkeit mit den Bewegungen Ihres Körpers beim Wurf zu koordinieren. Sie entwickeln diese Fähigkeit am besten durch die körperliche Generalprobe.

Stufe 2: Körperliche Generalprobe

Unter körperlicher Generalprobe versteht man schlicht das Praktizieren eines in diesem Falle basketballspezifischen Bewegungsablaufs mit dem Ziel, ein Gefühl für diesen Bewegungsablauf zu entwickeln. Die meisten Sportler setzen die Methode der körperlichen Generalprobe auf irgendeine Weise ein. Boxer praktizieren das Schattenboxen, Golfer, Baseball- und Tennisspieler absolvieren Übungsschläge. Diese Übungen tragen entscheidend dazu bei, Ihre muskuläre ,,Erinnerung'' an die korrekten Bewegungsabläufe frisch zu halten.

Die körperliche Generalprobe sollte praktiziert werden, bis eine Fertigkeit automatisiert bzw. zur ,,zweiten Natur'' geworden ist. Bei der körperlichen Generalprobe zentrieren Sie im allgemeinen in Ihrem kinästhetischen System. Aufgrund der verbesserten muskulären Bewußtheit beschleunigt dieser Aufmerksamkeitsschwerpunkt das Erlernen komplexer koordinativer Abläufe. Wenn Sie erst einmal den Bewegungsablauf des Wurfs überlernt haben, können Sie die körperliche Generalprobe auch einsetzen, um die mentalen Vorgänge beim Wurf zu entwickeln, bis sie auch diese überlernt haben.

Weil wir gegenwärtig nur damit befaßt sind, die konzentrative Fertigkeit der Feinzentrierung auf den Mittelpunkt des Korbs mit den Bewegungen des Körpers zu koordinieren, und der reale Wurf uns im Moment noch nicht interessiert, können wir die körperliche Generalprobe ohne Ball beginnen. Diese Art von körperlicher Generalprobe wird Trockenwerfen genannt. Das Ziel des Trockenwerfens ist die Beseitigung eventueller Ängste hinsichtlich der Ergebnisse, so daß Sie sich auf die Koordination der mentalen konzentrativen Fertigkeiten mit den Wurfbewegungen konzentrieren können. Trockenwerfen hilft Ihnen, die beim Wurf auftretenden körperlichen Empfindungen besser zu erlernen, weil Sie sich Ihres Körpers bewußter als des Balls sind.

Sie kennen jetzt das Was, Wie und Warum der körperlichen Generalprobe, Sie können also beginnen! Bewegen Sie sich auf dem Spielfeld hin und her, als ob Sie dribbeln oder sich freilaufen würden, um einen Paß zu erhalten, und üben Sie die Wurfbewegung ohne Ball. Wenn Sie beginnen, den nur vorgestellten Ball zum Wurf über Ihren Kopf zu bewegen, müssen Sie auf den Mittelpunkt des Korbs feinzentrieren. Nach dem Abwurf des vorgestellten Balls müssen Sie sich vorstellen, wie er durchs Netz fällt, um Ihre positiven Erwartungen zu verstärken.

Üben Sie diesen Ablauf so lange, bis Ihre visuelle Konzentration so mit Ihren Körperbewegungen koordiniert ist, daß sie automatisch abläuft bzw. zu Ihrer zweiten Natur geworden ist.

Stufe 3: Individuelles Üben mit dem Ball

Der nächste Schritt beim Erlernen der Wurfkonzentration ist das individuelle Üben mit dem Ball. In der störfaktorfreien Trainingssituation haben Sie keinen Anlaß hinsichtlich der Ergebnisse Ihrer Würfe besorgt zu sein. Sie brauchen niemanden mit Ihren Würfen zu beeindrucken. Alles, worauf Sie achten müssen, wenn Sie den Ball über Ihren Kopf zum Wurf führen, ist die Feinkonzentration auf den Mittelpunkt des Korbs. Lernen Sie, sich bewußt zu sein, worauf Sie zentrieren, damit Sie imstande sind, Ihre Aufmerksamkeit richtig auszurichten. Denken Sie immer daran, daß das Bewußtsein der Schlüssel zur Konzentrationskontrolle ist.

Wenn Sie mit dieser Konzentrationstechnik beginnen, werden Sie feststellen, daß Ihre Zentrierung unbeständig ist. Hin und wieder werden Sie in Ihre alten mentalen Gewohnheiten zurückfallen. Fragen Sie sich bei einem Fehlwurf, was Sie beim Wurf gesehen bzw. worauf Sie zentriert haben. Sie haben vermutlich nicht auf den Mittelpunkt des Korbes feinzentriert, und vielleicht wurden Sie auch durch etwas anderes abgelenkt, wie z.B. eine Gleichgewichtsschwankung oder das Bewußtsein einer Körperverspannung. Wenn das passiert, müssen

Sie bei Ihrem nächsten Wurf sicherstellen, daß Sie auf den richtigen Punkt fein-zentrieren. Die Rückbesinnung nach erfolgreichen Würfen auf Ihren Aufmerk-samkeitsschwerpunkt trägt auch zur Verstärkung einer effektiven Feinzentrie-rung bei.

Ein weiterer Ratschlag, den Sie in der Praxis berücksichtigen sollten, ist, daß Sie nach einem Fehlwurf und nachdem Sie gesehen haben, wie der Ball den Ring traf, zu weit, zu kurz oder seitlich am Korb vorbeiflog, dieses Bild aus Ihrem Gedächtnis verbannen und sich sogleich wieder das richtige Wurfziel und Ergebnis visuell vorstellen müssen, nämlich den in den Korb fallenden Ball. Der Grund dafür liegt in Ihrem Kurzzeitgedächtnis. Wenn Sie werfen und in Ihrer Erinnerung noch das Bild des vorangegangen Fehlwurfs haben, werden Ihre Augen unbewußt die Stelle anvisieren, die Sie mit Ihrem vorangegangenen Wurf getroffen haben, nämlich den Korbring und nicht den Mittelpunkt des Korbs. Das mentale Bild des Fehlwurfs fördert ebenfalls eine negative anstelle der positiven Erwartungshaltung, daß der Ball ins Netz fällt. Aus diesem Grund müssen Sie nach jedem Fehlwurf im Training oder Wettkampf das negative Bild (Fehlwurf) aus Ihrem Gedächtnis entfernen und durch das korrekte positive Bild ersetzen. Sie können dies in jeder Spiel- oder Trainingsunterbrechung tun, und schon bald wird eine positive Erwartungshaltung in Spiel und Training für Sie selbstverständlich werden.

Stufe 4: Die Entwicklung Ihrer Konzentration in Blockspielen

Wenn Ihre Wurfkonzentration zu Ihrer zweiten Natur geworden ist, sollten Sie damit anfangen, diese Konzentration in Blockspielen und in Übungsspielen 5:5 anzuwenden. Es kann durchaus sein, daß Sie feststellen, daß Ihre Zentrie-rung nicht beständig ist, wenn Sie damit beginnen, diese Technik in Wettspielsi-tuationen einzusetzen. Informelle Wettspielsituationen in Blockspielen oder 5:5-Übungsspielen erhöhen die Anzahl der Ablenkungen, die Sie überwinden müs-sen, um sich auf den Korb zu konzentrieren. Die wichtigste Ablenkung, die Sie zu ignorieren lernen sollten, ist der Sie bewachende Gegenspieler, vor allem, wenn er versucht, Ihren Wurf zu blocken. Selbst in 5:5-Übungsspielen können jedoch sehr gute, wettkampfgewohnte Spieler durch eine Unsicherheit hinsicht-lich ihrer Leistung irritiert werden. Diese Spieler konzentrieren sich während des Wurfs nicht auf den Korb, sondern denken an ihre früheren Fehlwürfe. Wett-kampfsituationen beeinflussen hin und wieder Ihre Konzentration, und Sie müs-sen sich dessen ganz einfach bewußt sein, wenn es vorkommt. Wenn Sie wäh-rend Spielpausen auf Ihre Geistesbewußtheit zurückgreifen, können Sie Ihre Konzentration leicht wieder umorientieren, so daß Sie sich während des nächsten Spielzugs auf das richtige Ziel — den Mittelpunkt des Korbes — konzentrieren. Wenn Sie während eines Wettspiels hin und wieder Ihre geistige Bewußtheit ein-setzen, können Sie Ihre Konzentration zu Ihrem Vorteil steuern.

Stufe 5: Anwendung der mentalen Wurfgrundlagen im Wettkampf

Der letzte Schritt beim Erlernen der Wurfgrundlagen ist ihr Ausprobieren in Wettkampfsituationen bzw. Meisterschaftsspielen. Im ernsthaften Wettkampf wird der Spieler nicht nur mit wesentlich mehr Ablenkungen konfrontiert (mehr als in Blockspielen), sondern auch die Intensität der Störungen nimmt zu (einschließlich des Zuschauerlärms, der größeren Angst usw.). In dieser streßreicheren Situation werden Sie sich im Hinblick auf Ihr Zentrieren vielleicht wieder etwas unbeständig verhalten; Ihre Konzentration wird sich jedoch rasch verbessern, denn Sie wissen, was Konzentration ist und können (mittels Ihrer Geistesbewußtheit) die Änderungen vornehmen, wenn Sie nicht richtig zentrieren.

Trainerecke

Spezielle Übungen für das Training während der Saison werden hier nicht beschrieben. Sie können Ihre eigenen, auf die besondere Situation Ihrer Spieler zugeschnittenen Übungen entwerfen. Die Wurfübungen sollten jedoch so gestaltet sein, daß der Spieler Änderungen seiner visuellen Wahrnehmung betont. Einige Übungen sollten den Werfer zwingen, seinen Aufmerksamkeitsschwerpunkt von der Feinzentrierung auf den Ball bei dessen Annahme auf die Feinzentrierung auf den Korb beim Wurf zu verlagern. Bei anderen Übungen sollte der Spieler gezwungen sein, seinen Aufmerksamkeitsschwerpunkt von der Weichzentrierung auf das gesamte Spielfeld während des Dribbelns auf die Feinzentrierung auf den Korb beim Wurf zu richten. Wieder andere Übungen sollten absichtliche Störmanöver enthalten, die die Spieler überwinden müssen. Eine beispielhafte Übung könnte z.B. sein, daß der Spieler versuchen muß, den Abwehrspieler zu blocken und dabei weiterhin auf den Mittelpunkt des Korbes konzentriert bleibt.

Zusammenfassung

Jetzt wissen Sie, was Wurfkonzentration bedeutet. Alles, was Sie brauchen, sind der Wunsch und die feste Absicht, die mentalen Wurfgrundlagen zu üben. Denken Sie stets daran, daß es viele Übungsstunden dauern kann, bis Sie die angeführten Fertigkeiten beherrschen. Wenn Sie jedoch die mentalen Grundlagen beherrschen und realisieren, ob Sie sich richtig konzentrieren oder nicht, werden Sie leicht in der Lage sein, Ihre Konzentration den jeweiligen Gegebenheiten anzupassen. Wenn Sie diese Stufe erreicht haben, werden Sie wesentlich beständiger gute Leistungen bringen, da Sie Ihre Konzentration unter Kontrolle haben.

Kontrollfragen zu Kapitel 5

1. Welche beiden Dinge braucht ein Spieler, um konstant gut zu werfen?
2. Geben Sie einige Beispiele schlechter Konzentration beim Wurf.
3. Was ist das Erste, das Sie beim Wurf tun müssen?
4. Warum ist es notwendig, dem Ball mental nachzufolgen?
5. Was sind die fünf Stufen der Entwicklung der Wurfkonzentration?
6. Worauf sollten Sie beim Wurf feinzentrieren?
7. Was ist ,,Trockenwerfen''?
8. Warum sollten Sie nach einem Fehlwurf den Eindruck dieses Fehlwurfs aus Ihrem Gedächtnis verbannen und sich dann visuell vorstellen, wie der Ball in den Korb fällt?
9. Kann die Wettkampfsituation Ihre Konzentration beeinflussen? Wie können Sie verhindern, daß der Wettkampf Ihre Konzentration negativ beeinflußt?

KAPITEL 6
FEHLWURFSERIEN

Mehrere Fehlwürfe hintereinander sind für jeden, der einmal Basketball gespielt hat, etwas Normales. Wenn ein Spieler allerdings in einem Wettspiel mehr Würfe hintereinander als üblich daneben wirft, beginnt er zu verkrampfen. Er fängt an, über seine Technik nachzudenken und macht sich Sorgen hinsichtlich des Wurfergebnisses. Werfen ist eine einfache, natürlich konditionierte Reaktion. ,,Mit Gewalt richtig werfen zu wollen'' macht die sehr einfache Kunst des Werfens unnötig kompliziert. Das Gegenteil eines unbelasteten Bewußtseins ist eine Kopf voller Gedanken. Der gute Werfer sollte sich vor zu übertriebenem Nachdenken hüten wie vor der Pest, vor allem dann, wenn die Würfe nicht in den Korb gehen.

Stan Kellner (1978, S. 76)

Jeder Basketballspieler hat irgendwann einmal einen Fehlwurf nach dem anderen produziert. Die meisten Spieler erleben im Laufe einer Saison mehrfach derartige Serien, die allerdings im allgemeinen nicht sehr gravierend sind. Nur wenige Spieler wissen jedoch, wie sie sich angesichts solcher Mißerfolgsphasen verhalten sollen und was sie tun müssen, um sie abzustellen. Viele Spieler reagieren so, daß das Problem noch schlimmer statt besser wird, weil sie keinen Unterschied zwischen einem bloßen Fehler und einem Mangel machen. Ein Mangel ist ein Defekt innerhalb des mentalen und physischen Wurfentwurfs. Ein Fehler hingegen ist nur ein momentanes Versagen. Spieler, die ihren Wurf (d.h. den mentalen und körperlichen Entwurf) aufgrund eines bloßen Fehlers verändern, verschlechtern häufig ihre Wurfleistung noch mehr. Sie verstehen nicht, daß ihr Problem nicht in ihren zugrundeliegenden Wurfgewohnheiten liegt, sondern auf Faktoren zurückzuführen ist, die mit ihren entwickelten Wurfgewohnheiten kollidieren.

In diesem Kapitel werden wir untersuchen, wie eine Fehlwurfserie beginnt, wie sie sich fortsetzt und schlimmer wird, und wie der Spieler sie bewältigen kann. Indem Sie lernen, mit einer derartigen Mißerfolgsphase umzugehen, werden Sie das Spiel viel weniger frustrierend und viel befriedigender finden.

Wie Fehlwurfserien beginnen

Für jeden Fehlwurf gibt es eine Ursache. Ein Fehlwurf resultiert aus einem Zusammenbruch innerhalb der mentalen oder physischen Handlungsausführung. Von einem derartigen Zusammenbruch können auch korrekte mentale und physische Gewohnheiten betroffen sein. Aus irgendeinem Grund wurden Ihre erfolgreiche Konzentration und motorischen Gewohnheiten durch fehlerhafte Gewohnheiten ersetzt. Diese neu erworbenen Gewohnheiten können vorübergehend sein, d.h. nach einigen Würfen oder nach einer Halbzeit haben Sie sie wieder abgelegt. Sie können jedoch auch einige Spiele oder gar eine ganze Saison lang andauern. Die Faktoren, die diese Änderung der Gewohnheit auslösen, können mentaler oder körperlicher Art sein.

Physische Faktoren

Wenn Sie zu Beginn eines Spiels verkrampft sind, weil Sie sich nicht richtig aufgewärmt haben oder weil Sie zu besorgt und nervös sind, werden Sie nicht über den normalen, fließenden Abwurf verfügen, der für gute Würfe notwendig ist. Aufgrund dessen werden Ihre ersten Würfe wahrscheinlich danebengehen. In der Regel werden Sie lockerer, wenn Sie einige Male das Spielfeld auf und ab laufen. Wenn Sie jedoch hinsichtlich Ihrer Leistung Zweifel aufbauen und beginnen, negativ zu denken, wird Ihre Muskelspannung auf einem hohen Niveau bleiben, und Sie werden sich nicht genug entspannen, um gut zu spielen. Denken Sie stets daran, daß schon kleine Verspannungen Ihre Leistung negativ beeinträchtigen können; Ihre Muskeln brauchen nicht erst regelrecht ,,verknotet" zu sein, damit Sie Ihr Gefühl verlieren.

Manchmal reicht ein erfolgreicher Korbwurf aus, die Anspannungen abzubauen und Selbstvertrauen und Gefühl zurückzugewinnen. Aber manchmal ist das nicht der Fall, vor allem dann, wenn Sie bereits mehrere Fehlwürfe produziert haben.

Es kann sein, daß Sie dann den gelungenen Wurf als pures Glück auffassen, und vielleicht haben Sie damit sogar recht. Ihre Körperspannung verliert sich also auch im weiteren Spielverlauf nicht, und Ihr Abwurf bleibt ebenfalls mangelhaft. Fehlwurfserien können auch auf Ermüdung zurückzuführen sein. Wenn Sie müde sind, reagieren Ihre Muskeln nicht wie im frischen Zustand. Das Resultat ist, daß Sie wahrscheinlich nachlässiger als sonst sind und danebenwerfen. Da dies normalerweise gegen Ende des Spiels auftritt, müßte es Ihnen gelingen, dieses Problem durch Ausruhen und Konditionstraining vor dem nächsten Spiel zu beseitigen. Wenn Sie jedoch Ihr physisches Problem zu einem mentalen Problem werden lassen, wenn Sie plötzlich beginnen, an Ihrer Leistung zu zweifeln und Angst vor Wettspielen aufbauen, dann sind Sie auf dem besten Wege, eine hartnäckige Fehlwurfphase zu entwickeln.

Mentale Faktoren

Zusätzlich zu den körperlichen Faktoren können vier grundlegende mentale Faktoren für Fehlwurfphasen verantwortlich sein. Die wichtigste mentale Ursache einer Fehlwurfphase ist eine mangelhafte visuelle Bewußtheit. Sie müssen ein klares, präzises Ziel vor Augen haben, denn beim Wurf ist Genauigkeit entscheidend. Wenn Sie beim Wurf nicht auf den Mittelpunkt des Korbes feinzentrieren, verfügt Ihr Geist nicht über die präzisen Informationen, die er braucht, um die Aufgabe erfolgreich auszuführen.

Der zweite für eine Fehlwurfphase verantwortliche mentale Faktor ist negatives Denken. Wenn Sie mit Ihren Gedanken in der Vergangenheit oder der Zukunft weilen, beeinträchtigen Sie Ihre visuelle Bewußtheit der Gegenwart, vor allem Ihre Bewußtheit des Korbs. Mit anderen Worten, das Denken stört die Handlung (den Wurf), weil Handeln in der Gegenwart abhängig ist von der Bewußtheit der Gegenwart, nicht der Vergangenheit oder der Zukunft. Das Problem wird noch größer, wenn Sie negativ denken. Das dauernde Nachdenken über vergangene Fehler und die Sorgen hinsichtlich dessen, was passieren könnte, verstärken die körperlichen Spannungen, die ihrerseits die Koordination stören und einen fließenden Abwurf verhindern.

Die dritte Ursache einer Fehlwurfserie ist mangelhaftes mentales Aufwärmen. So wie Sie sich körperlich lockern müssen, so müssen Sie sich auch mental auflockern. Wenn Sie an vergangene oder zukünftige Sorgen anstatt an gegenwärtige Objekte (Korb, Ball etc.) denken, erhält Ihr Körper zu Beginn des Spiels von Ihrem Bewußtsein nur vage Instruktionen. Ihr Erfolg ist dann reine Glücksache.

Der letzte Faktor, der zu Fehlwurfphasen führt, ist defensiver Druck. Wenn Ihr Gegner größer oder schneller als Sie ist oder mit mehr Einsatz spielt, kann Ihr Wurf auf zweierlei Weise beeinflußt werden. Erstens könnten Sie sich dazu verleiten lassen, zu überhastet zu werfen. Je früher und unüberlegter Sie abwerfen, desto schlechter wird Ihr Wurfgefühl. Zweitens zerstört Ihr Gegner Ihre Konzentration, indem er Sie dazu zwingt, Ihre Aufmerksamkeit ihm anstatt dem Mittelpunkt des Korbs zuzuwenden. Egal auf welche Weise Sie reagieren, Ihrem Gegner ist es auf jeden Fall gelungen, Ihre Chancen, den Korb zu treffen, zu minimieren.

Der Sog nach unten

Die Psyche eines Basketballspielers ist etwas sehr Empfindliches. Ein Fehlwurf kann bewirken, daß der Spieler in einen Sog nach unten gerät, der letztlich in einer hartnäckigen Fehlwurfphase endet. Der psychologisch und emotional unreife Athlet vermag kein Ende dieser Fehlwurfphase zu erkennen. Schon bald folgt ein mißlungenes Spiel dem anderen. Da der betroffene Spieler weder die Ursachen noch Lösungsmöglichkeiten seines Problems kennt, bekommt er Angst; Frustration und Verzweiflung schleichen sich ein.

Um diese Kettenreaktion zu verstehen, muß man wissen, daß das Werfen sowohl eine mentale als auch körperliche Angelegenheit ist. Ein Fehlwurf ist auf mangelhafte visuelle Bewußtheit oder eine schlechte Technik zurückzuführen. Entweder sind die visuellen Gewohnheiten und die Technik des Spielers nicht ausreichend entwickelt, oder es sind Störfaktoren vorhanden. Bei diesen Störungen kann es sich um visuelle Ablenkungen, Müdigkeit, Verspannungen oder andere Faktoren handeln. Wenn der Spieler nach einer Reihe von Fehlwürfen in Panik gerät, bilden sich neue Muster aus, die sich mit jedem weiteren Fehlwurf mehr festigen.

Stellen Sie sich z.B. vor, Sie hätten während der vergangenen Wochen sehr gut geworfen. Aber heute abend spielen Sie in einem besonders wichtigen Spiel. Aufgrund der Angst vor dem Ausgang des Spiels und Ihrer Leistung vor den zahlreichen Zuschauern ist Ihre muskuläre Anspannung höher als sonst. Es gelingt Ihnen nicht, diese Spannung während des Aufwärmens abzubauen, und folglich sind Sie auch noch bei Ihrem ersten Wurf verspannt. Diese muskuläre Spannung hindert Sie daran, dem Wurf richtig nachzufolgen. Aufgrund der mangelhaften Nachfolgebewegung geht Ihr Wurf kläglich daneben. Da Ihnen das vor einer großen Zuschauerkulisse passiert, werden Ihre Angst und muskuläre Verspannung noch größer, und Ihr nächster Wurf geht noch weiter daneben. Sie fangen an, mit sich selbst zu sprechen: ,,Los, reiß Dich zusammen! Der nächste Wurf muß reingehen!'' Der Druck nimmt zu. Ihre Anspannung bleibt hoch, und Ihre Angst steigt. Bei Ihrem nächsten Wurf versuchen Sie etwas höher zu werfen, weil Ihre letzten Würfe zu weit waren. Das Ergebnis ist jedoch, daß der Ball zu hoch fliegt.

Jetzt geraten Sie vollends in Panik und haben das Gefühl, die Kontrolle ganz verloren zu haben. ,,Oh Mann! Was ist heute nur los mit mir? Ich treffe ja gar nichts!'' Und so geht es weiter. Ihre Angst geht etwas zurück, wenn Ihnen endlich einmal ein Wurf gelingt, aber beim nächsten Fehlwurf nimmt sie wieder zu. Ihr Selbstvertrauen ist zerstört, und Sie warten nur noch auf das Ende der Halbzeit. In der Umkleidekabine während der Halbzeitpause hören Sie noch nicht einmal, was Ihr Trainer sagt, weil Sie mit Ihren Gedanken ganz bei Ihrem ,,Pech'' sind, und Sie denken: ,,Vielleicht komme ich in der zweiten Halbzeit in Fahrt und kann mein Gesicht doch noch wahren.''

''Eine derartige Kettenreaktion ist nicht selten. Ein Fehler führt zum nächsten. Die alten Gewohnheiten der visuellen Feinzentrierung auf den Mittelpunkt des Korbs und des Werfens mit einer fließenden, lockeren Nachfolgebewegung wurden ersetzt durch negatives Denken (Visualisierung eines Fehlwurfs bereits beim Abwurf) und eine schlechte Technik ohne Nachfolgebewegung. Ihre Fehlwurfserie wird nicht zu Ende gehen, ehe es Ihnen nicht gelingt, diese neuen, nachteiligen Gewohnheiten wieder abzulegen. Die Fehlwurfserie kann ein, zwei Spiele oder auch länger andauern. Ihre Dauer hängt ganz davon ab, wie Sie mit dieser Fehlwurfserie umgehen. Mit einer korrekten körperlichen und geistigen Bewußtheit sind Sie imstande, zu verstehen, warum Sie in diese Mißerfolgsphase geraten sind und wie Sie mit dem Problem umgehen müssen. Ohne diese Bewußtheit sind Sie ein Gefangener Ihrer eigenen schlechten Gewohnheiten, bis Sie rein zufällig Ihre alten effizienten visuellen und technischen Gewohnheiten wiedererlangen.

Wie man eine Fehlwurfserie verhindert oder überwindet

Wenn eine Fehlwurfserie durch die Entwicklung ungünstiger Gewohnheiten ausgelöst wird, dann ist das Verhindern einer Fehlwurfserie genauso einfach wie das Verhindern nachteiliger Gewohnheiten. ,,Aber wie vermeide ich das Entstehen schlechter Gewohnheiten?'' werden Sie fragen. Nichts einfacher als das — Körper- und Geistesbewußtheit sind die einzigen Werkzeuge, die Sie brauchen, um Ihre Bewegungsform und Ihre Konzentration beizubehalten.

Wenn Sie während eines Spiels einmal mehrere Bälle neben den Korb werfen, sollten Sie nicht in Panik geraten. Nehmen Sie sich während einer Pause in der Spielhandlung einmal einen kurzen Moment Zeit, um Ihren Geist und Körper durchzuchecken. Kontrollieren Sie zuerst, ob Sie bei Ihren Würfen über die richtige visuelle Bewußtheit verfügten. Haben Sie auf den Mittelpunkt des Korbs feinzentriert oder waren Sie abgelenkt? Wenn das der Fall sein sollte, absolvieren Sie die in Kapitel 17 ,,Das ABC der Wettkampfbewältigung'', vorgeschlagenen isometrischen Übungen zur Korrektur der Körperspannung. Dann stellen Sie sich einen kurzen Augenblick lang Ihr persönliches Entspannungsbild vor. Durch das Absolvieren dieser beiden Übungen werden Sie in Sekundenschnelle entspannter werden.

Wenn Sie sich bereits mitten in einer Fehlwurfserie befinden, weil Sie keine Vorsichtsmaßregeln getroffen haben, müssen Sie dem Üben der körperlichen und mentalen Grundlagen etwas mehr Zeit widmen. Sie müssen zahlreiche Würfe durchführen und sich dabei auf Ihr kinästhetisches System zentrieren, um Ihre Bewegungsform und -technik zu optimieren. Indem Sie das tun, werden Sie Ihren natürlichen Rhythmus wiederentdecken. Sie müssen auch nach jedem Wurf eine Zeitlang auf Ihre Geistesbewußtheit und insbesondere auf Ihre visuelle Bewußtheit zentrieren. Sinnvoll sind auch einige Trocken-Wurfübungen (also Werfen ohne Ball), um zu verhindern, daß Sie durch die Sorgen über Ihren Fortschritt abgelenkt werden.

Zusammenfassung

Fehlwurfserien kommen häufig vor und können durch den Einsatz von Körper- und Geistesbewußtheit verhindert und überwunden werden. Hilfreich ist auch, wenn man sich in einer derartigen Situation nicht zusätzlich unter Druck setzt. Hüten Sie sich, einem Fehlwurf oder einem schlechten Spiel eine Bedeutung beizumessen, die ihm nicht gebührt. Druck fördert negatives Denken. Negatives Denken führt zu Angst, Konzentrationsverlust, Verkrampfung und muskulären Spannungen. Das Endergebnis sind neu entwickelte, nachteilige Gewohnheiten, die Sie wieder überwinden müssen. Kurz gesagt: Der beste Rat, den man jemandem, der eine Fehlwurfserie vermeiden oder überwinden will, gibt, ist: Sei aufmerksam! Setzen Sie Ihre Fähigkeiten der Geistes- und Körperbewußtheit ein, um Ihr Wurfgefühl zu behalten.

Kontrollfragen zu Kapitel 6

1. Wodurch wird eine Fehlwurfserie verursacht?
2. Was versteht man unter einem ,,Sog nach unten''?
3. Wie kommt es dazu, daß ein Spieler, der plötzlich einen Wurf nach dem anderen danebenwirft, in Panik gerät?
4. Was kann man tun, um eine Fehlwurfserie zu verhindern?
5. Was kann man tun, um eine Fehlwurfserie zu überwinden?

KAPITEL 7
MENTALE GRUNDLAGEN DER FREIWÜRFE

Wenn ein Spieler gefoult wurde, bedarf es einer außerordentlichen Konzentration seinerseits, um nicht zumindest für einen Moment verärgert und frustriert zu reagieren. Der Spieler jedoch, der über ausreichend Disziplin verfügt, und derjenige, der weiß und glaubt, daß VÖLLIGE KONZENTRATION den Unterschied zwischen Erfolg und Versagen an der Freiwurflinie ausmacht, wird nach dem Foul, ohne etwas zu sagen, aufstehen, zur Freiwurflinie gehen und dafür sorgen, DASS DER GEGNER FÜR DAS FOUL BEZAHLEN MUSS!

Bob Reinhart (1981, S. 28)

Nach dem ungehinderten Korbleger ist der Freiwurf aus offensichtlichen Gründen der einfachste Wurf im Basketball. Erstens wird jeder Freiwurf aus der gleichen Entfernung ausgeführt. Zweitens wird der Wurf nicht in der Bewegung ausgeführt; der Spieler kann also Gleichgewicht und Wurfausgangsposition optimal kontrollieren. Drittens kann der Spieler sich Zeit lassen, denn er braucht keine Angst zu haben, daß der Wurf geblockt werden könnte. Und viertens hat der Spieler Zeit, sich zu entspannen, seinen Rhythmus zu finden und sich visuell auf den Korb zu konzentrieren.

Wie man aus einem leichten einen schwierigen Wurf macht

Obwohl es sich beim Freiwurf normalerweise um einen einfachen Wurf handelt, kann er manchmal zum schwierigen Wurf werden aufgrund des Drucks, dem der Werfer sich aussetzt (siehe dazu Kapitel 16 ,,Druck und die emotionalen Elemente des Sports'').

Die zusätzliche Zeit, die der Spieler zur Verfügung hat, um sich auf den Freiwurf vorzubereiten, kann ihm gewissermaßen genauso zum Nachteil wie zum Vorteil gereichen. Wenn Sie anfangen, über das mögliche Resultat des Freiwurfversuchs nachzudenken, bereiten Sie sich sehr viele Probleme. Wenn es Ihnen an Selbstvertrauen mangelt und Sie Angst bezüglich des Resultats haben, erzeugen Sie unnötige Muskelspannungen und zerstören Ihre Konzentration. Ihr Geist ist nicht auf Sehen zentriert, sondern verharrt im dunklen Bereich Ihrer Vorstellung. Das Problem besteht also im Überwinden des Drucks im Umfeld der Aufgabe; die Aufgabe selbst ist gar nicht so schwierig.

Ein anderes Problem, mit dem Sie bei einem Freiwurf konfrontiert werden können, ist die Fehlwurfserie. Hin und wieder kommt es vor, daß sich just in dem Moment, in dem Sie an der Freiwurflinie stehen, eine ungünstige Gewohnheit durchsetzt oder eine gute Gewohnheit gestört wird. Derartige Versager machen die Aufgabe noch schwieriger, da sie einen zusätzlichen psychischen Druck erzeugen und das Selbstvertrauen untergraben. Kurz gesagt: Sie können die im Grunde einfachen Freiwürfe zu einer sehr schwierigen Aufgabe machen.

Wie man dafür sorgt,
daß Freiwürfe eine einfache Angelegenheit bleiben

Freiwürfe gelingen am besten, wenn man einen freien Kopf hat und der Körper entspannt ist. Sie müssen visuell sehr aufmerksam sein, Ihre Muskulatur muß locker und Ihr Bewegungsablauf rhythmisch sein. Gehen Sie bei allen Freiwürfen nach dem folgenden Schema vor:

1. Lockern Sie sich. Spannen Sie Ihre Muskeln kurz an und entspannen Sie sie danach, bevor Sie an die Freiwurflinie treten. Zentrieren Sie Ihre Aufmerksamkeit beim Absolvieren dieser Übung auf Ihren Körper, um störende Gedanken zu verhindern. Atmen Sie tief durch und dann aus, ehe Sie an die Linie treten. Halten Sie Ihre Arme an der Seite, schütteln Sie sie leicht, und zentrieren Sie auf Ihre Körperbewußtheit.

2. Führen Sie sowohl eine körperliche als auch mentale Generalprobe durch. Wenn Sie an der Freiwurflinie stehen, sollten Sie eine kurze körperliche Generalprobe des Wurfs und der Nachfolgebewegung durchführen. Begleiten Sie dies mit einer kurzen routinemäßigen mentalen Generalprobe. Stan Kellner (1978) empfiehlt, es sich zur Gewohnheit werden zu lassen, zwei erfolgreiche Freiwürfe mental zu absolvieren. Dazu braucht man nur wenige Sekunden und verschafft sich ein Erfolgserlebnis.

3. Nehmen Sie eine bequeme Körperposition ein. Nachdem Sie sich vom Schiedsrichter den Ball genommen haben, richten Sie Ihre Füße an der Linie so aus, bis Sie bequem stehen. Beugen Sie die Knie, um die Spannung in Ihren Oberschenkeln zu beseitigen, und prellen Sie den Ball ruhig einige Male, wenn Ihnen danach ist. Zentrieren Sie auf Ihre Körperbewußtheit und ,,machen Sie es sich bequem''.

4. Richten Sie Ihre Aufmerksamkeit auf das Zentrum des Korbes. Konzentrieren Sie sich auf Ihr visuelles System und feinzentrieren Sie auf den Mittelpunkt des Korbes.

5. Stellen Sie sich einen erfolgreichen Wurf bildlich vor. Stellen Sie sich kurz vor dem Wurf vor, wie der Ball in den Korb fliegt. Dadurch erzeugen Sie bei sich ein positives Bild. Sehen Sie einen nur vorgestellten Ball, der in den realen Korb fliegt.

6. Werfen Sie! Sie sind bereit, also holen Sie aus, werfen Sie, und gehen Sie dem Ball nach. Es ist jetzt sehr wichtig, daß Sie nicht denken, sondern handeln!

Wenn Sie bei jedem Ihrer Freiwürfe diese sechs Schritte durchlaufen, werden Sie Ihren Kopf freihalten, Ihr Körper wird entspannt sein, und eine leichte Aufgabe wird unabhängig von der jeweiligen Situation leicht bleiben.

Das Üben von Freiwürfen

Werfen Sie zu Beginn einer jeden Saison so viele Freiwürfe hintereinander wie möglich, wobei Sie auf Ihre Körperbewußtheit zentrieren, um eine gute Bewegungstechnik sowie Entspannung und Rhythmus zu entwickeln. Führen Sie als nächstes mehrere Freiwürfe hintereinander aus, wobei Sie auf Ihre Geistesbewußtheit zurückgreifen, um Ihre Konzentrationsfähigkeit auszubilden. Vor dem ersten Wettspiel und im Verlauf der Saison sollten Sie dazu übergehen, Sätze von je zwei Freiwürfen zu praktizieren, wobei Sie vor jedem einzelnen Freiwurf die beschriebene Routine absolvieren. Wenn diese Routine zur festen Gewohnheit geworden ist, besitzen Sie die beiden Schlüssel für das erfolgreiche Praktizieren von Freiwürfen — einen entspannten Körper und einen freien Kopf.

Trainerecke

Man lernt, Druck zu bewältigen, indem man Drucksituationen erfährt und Entspannungs-/Konzentrationstechniken anwendet. Es ist daher eine gute Idee, den Druck, dem man in Wettspielen begegnet, im Training zu simulieren. Eine Möglichkeit für den Trainer, derartige Situationen im Training zu arrangieren, besteht darin, am Ende der Trainingseinheit die Spieler in zwei Mannschaften aufzuteilen, deren Mitglieder abwechselnd Freiwürfe in ,,Drucksituationen" praktizieren. Beginnen Sie, indem Sie alle Spieler mit Ausnahme eines Freiwurfschützen auffordern, sich an der Grundlinie aufzustellen. Wenn der Spieler wirft, absolviert die gegnerische Mannschaft einen Sprint über das gesamte Spielfeld, hin und zurück. Wenn der Spieler danebenwirft, muß seine eigene Mannschaft laufen. Die Mitglieder der beiden Mannschaften wechseln sich bei den Freiwürfen ab, bis jeder einmal geworfen hat. Es ist auch möglich, die Übung über einen vorher festgesetzten Zeitraum (z.B. 15 Minuten) auszuführen. Der Freiwurfschütze kann auch von den gegnerischen Spielern gestört werden, was den Druck noch erhöht.

Kontrollfragen zu Kapitel 7

1. Warum ist ein Freiwurf ein leichter Wurf?
2. Welche Faktoren können diesen leichten Wurf zu einem schwierigen Wurf machen?
3. Beschreiben Sie eine Routine, die dazu beiträgt, daß Freiwürfe einfache Würfe bleiben.

KAPITEL 8
MENTALE GRUNDLAGEN DER BALLBEHANDLUNG

Es dreht sich alles um den Winkel. Ich ,,lese'' den Winkel, so daß, wenn ich in diese Lücke treffe und den Winkel finde, jemand den Paß annehmen und, ohne den Schrittrhythmus zu unterbrechen, werfen kann. Es ist so ähnlich wie Billard. Sie müssen antizipieren, was passieren wird, den Winkel lesen und dann POW! Es klappt einfach - POW!
Magic Johnson (in Newman, March 5, 1984, S. 5)

Schritte, Doppeldribblings, unkontrollierte, gestohlene oder vermasselte Pässe — Ballverluste! Der freie Mitspieler alleine unter dem Korb, ignoriert und nicht wahrgenommen — eine weitere verpaßte Gelegenheit! Kein Wunder, daß ein Trainer da graue Haare kriegt! Sind Ballverluste und verpaßte Gelegenheiten Fehler des Körpers? Sind sie auf eine falsche Technik zurückzuführen? Denken Sie einmal darüber nach. Ballverluste und verpaßte Gelegenheiten sind selten auf eine schlechte Technik oder Koordination zurückzuführen, vor allem in den höheren Spielklassen. Wenn ein Spieler erst einmal das High-School-Basketballniveau erreicht hat, beherrscht er längst die Koordination und die Techniken des Passens, Annehmens und Dribblings. Dennoch geht selbst auf College-Niveau noch im Durchschnitt jeder fünfte Ball verloren. Das erscheint viel angesichts der Tatsache, daß ein College-Basketballspieler schon unzählige Male in seinem Leben einen Ball gedribbelt, angenommen oder geworfen hat. Körperliche Aspekte sind für diesen Sachverhalt offensichtlich nicht verantwortlich zu machen, die Wurzel des Problems muß also mentaler Natur sein. Im besonderen liegt es an einem Mangel an Konzentration, einer fehlenden Einschätzung oder an zu wenig Gelassenheit.

Sehen und Visualisierung

Basketball ist ein Bewegungsspiel. Es ist ein Spiel mit konstantem Handlungsablauf, wobei die meisten Pässe gespielt werden, wenn sich sowohl der Zuspieler als auch der Fänger bewegen. Es bewegt sich jedoch zumindest einer von beiden. Wenn Sie die Bewegungen der Abwehrspieler, die den Paß zu verhindern versuchen, hinzuaddieren, haben Sie ein Spiel mit sich dauernd ändernden Situationen. Dies bedingt, daß schnelles Einschätzungsvermögen und ein gutes Antizipationsvermögen notwendig sind; diese Fähigkeiten sind sogar entscheidend für eine gute Ballbehandlung. Jeder kann einem freistehenden Spieler einen Paß zuspielen, wenn alle anderen Spieler auf ihrem Platz stehenbleiben. Ein Spieler, der gut mit dem Ball umzugehen versteht, zeichnet sich durch die Fähigkeit aus zu erkennen, wann sein Mitspieler freistehen wird, und er wird ihm den

Ball genau im richtigen Augenblick zuspielen, selbst wenn sich der Mitspieler bewegt. Dazu ist die Fähigkeit der Visualisierung bzw. Antizipation notwendig! Die großen Athleten, vor allem die großen Spielmacher verfügen über ein ausgesprochen hoch entwickeltes Antizipationsvermögen. „Es ist verblüffend, wie Magic Johnson es schafft, einem den Ball im Lauf genau zuzuspielen," sagt James Worthy über Magic Johnson, den besten Spielmacher des amerikanischen Basketballverbandes (NBA) (Newman, March 5, 1984, S. 15).

Visualisierung, die am besten als eine Kombination von Sehen und Vorstellungsvermögen definiert werden kann, ist die Grundlage der Einschätzung und der Antizipation im Sport. Aufgrund seines Visualisierungsvermögens ist der Zuspieler imstande zu entscheiden, wohin er den Ball spielen muß, um einen im Lauf befindlichen Mitspieler genau zu treffen. Der Fänger hat seinerseits aufgrund seines Visualisierungsvermögens zu entscheiden, wie er täuschen und wohin er laufen muß, um im Moment der Paßannahme frei zu stehen. Dem dribbelnden Spieler sagt sein Visualisierungsvermögen, wo er zum Korb hin einschneiden, in welche Richtung er durchziehen, wo er langsamer werden und wo er stoppen und pivotieren muß.

Das „Sich-Einschließen" in das visuelle System

Ein gutes Visualisierungsvermögen bedeutet die Fähigkeit des Geistes, sich sozusagen in das visuelle System einzuschließen. Wenn Ihre Konzentration zu Informationen aus anderen Sinnessystemen abschweift (wie z.B. Gleichgewichtsverlust, große Körperspannung, der Lärm der Zuschauer), nimmt der visuelle Input Ihres Geistes erheblich ab, und es kommt Ihnen so vor, „als ob die Dinge zu schnell abliefen". Wenn Ihr Geist jedoch auf Sehen eingestellt bleibt, und Sie konzentriert und deutlich das ganze Spielfeld übersehen, haben Sie den Eindruck, „als liefe die Zeit langsamer ab", als sähen Sie die Handlung in Zeitlupe. Jeder im Ballbesitz befindliche Spieler, der seine visuelle Konzentration und Gelassenheit beibehält, verdoppelt sein Visualisierungsvermögen. In dieser Situation ist er nicht nur zu einer schnelleren Einschätzung bestimmter Situationen fähig, sondern seine Einschätzung ist auch genauer, so daß er Möglichkeiten wahrnehmen und Fehler beseitigen kann.

Ein gutes Beispiel für eine gestörte visuelle Konzentration ist ein Gleichgewichtsverlust. Wenn ein Gleichgewichtsverlust Ihre Aufmerksamkeit beansprucht, haben Sie in der Regel keine Augen mehr für den freistehenden Mitspieler, und Ihre Antizipationsfähigkeit im Hinblick auf das Timing des Passes ist ebenfalls eingeschränkt. Stattdessen nutzen Sie Ihre visuellen Fähigkeiten, um den drohenden Sturz zu verhindern. Als Folge empfangen Ihre Muskeln sehr viele widersprüchliche Signale, was sich in Ihren Handlungen zum Teil widerspiegelt. Ihre Konzentration ist teilweise auf den Paß und teilweise auf das Wiedererlangen des Gleichgewichts gerichtet. In dieser Extremsituation verfehlt Ihr Paß — falls Sie ihn überhaupt spielen — wahrscheinlich sein Ziel.

Voraussetzungen einer guten Spielübersicht

Eine gute Spielübersicht ist an bestimmte Voraussetzungen geknüpft. Erstens müssen Sie über eine gute Beinarbeit beim Dribbeln, bei der Ballannahme oder beim Paß verfügen, so daß Sie nicht, wie im obigen Beispiel erwähnt, Ihr Gleichgewicht verlieren. John Wooden behauptet, daß eine gute Beinarbeit die Grundlage aller basketballspezifischen Basisfertigkeiten ist. ,,Beinarbeit ist die wichtigste aller Basisfertigkeiten, denn sie ist eine notwendige Voraussetzung des körperlichen Gleichgewichts, und ohne Gleichgewicht läuft nichts.'' (Wooden, 1966, S. 124). Eine gute Beinarbeit muß überlernt werden; das bedeutet, daß sie so zur Gewohnheit werden muß, daß sie im Unterbewußtsein abläuft.

Zweitens müssen Sie die richtige Koordination beim Dribbeln und Passen überlernen, so daß Sie sich bei der Ausführung dieser Fertigkeiten nicht auf Ihre Körperbewußtheit konzentrieren müssen. Wenn Ihr Bewußtsein auf Ihren Körper zentriert ist, ist Ihre Spielfeldbewußtheit logischerweise reduziert.

Drittens müssen Sie lernen, den Ball beim Dribbeln taktil und nicht visuell zu kontrollieren; dieses ,,Fingerspitzengefühl'' muß automatisiert werden. Ein Spieler, der seinen Blick auf den Ball gerichtet hat, kann obendrein nicht auch noch das gesamte Spielfeld überblicken. Wenn Ihre Konzentration auf Ihre den Ball kontrollierende Hand gerichtet ist, geht notwendigerweise ein Teil Ihrer visuellen Aufmerksamkeit für das Spielgeschehen verloren.

Viertens müssen Sie in Topform sein, um Ihre Konzentration beibehalten zu können. Müdigkeit stört Ihre Spielübersicht, indem sie Sie zwingt, sich auf Ihren Körper statt auf den freistehenden Mitspieler zu konzentrieren.

Letztlich müssen Sie imstande sein, Ihre Gelassenheit beizubehalten. Sie müssen Vertrauen in Ihre Fähigkeiten haben, so daß störende Emotionen Ihre Konzentration nicht zerstören können. Ein Spieler, der nicht an sich selbst glaubt, wird feststellen, daß seine Vorstellung (in der Gestalt von Befürchtungen, Ängsten, Ärger und Frustration) seine visuelle Konzentration überlagert. Sie müssen mental entspannt bleiben, indem Sie positiv denken, und körperlich entspannt, indem Sie Entspannungstechniken anwenden.

Spielfeldbewußtheit

Da Basketball ein sehr schnelles Spiel ist mit kontinuierlichen Aktionen, müssen Sie alles, was um Sie herum passiert, bewußt wahrnehmen. Wenn Sie einmal eine Situation erkannt haben, müssen Sie sie zusammenfassen und alle wichtigen Veränderungen bemerken, damit Sie richtig reagieren können. Das bedeutet, daß Ihre Aufmerksamkeit weit sein muß (es sei denn, Sie nehmen gerade den Ball an oder werfen), wobei Sie allem um Sie herum eine gleichmäßige Konzentration zuteil werden lassen — Ihren Mannschaftskameraden, den gegnerischen Abwehrspielern und ihrer relativen Position zueinander. Eine gute Spielfeldbewußtheit ist weitestgehend das Ergebnis visueller Weichzentrierung.

Passen

Die Bedeutung des Passens kann nicht hoch genug eingeschätzt werden. Ohne Passen gäbe es nur wenig gute Korbwürfe, denn die meisten guten Korbwürfe entstehen aus einer Serie von Pässen. Um in einer gegebenen Situation den richtigen Paß zu geben, müssen Sie das gesamte Spielfeld überblicken, damit Sie die Lücken erkennen. Ein guter Paß bedingt, daß Sie erkennen müssen, in welche Richtung der potentielle Empfänger des Passes läuft. Gleichzeitig müssen Sie eventuelle Gegner erkennen, die den Paß abfangen könnten. Sie müssen den Flugwinkel des Passes bestimmen und antizipieren. Gute Pässe verlangen eine visuelle Weichzentrierung. Sie brauchen sich nicht unbedingt auf den Empfänger so feinzuzentrieren (z.B. auf seine Hände oder seine Brust), wie Sie das beim Korbwurf (auf den Mittelpunkt des Korbs) tun. Für das Passen ist keine so hohe Präzision wie beim Korbwurf notwendig; der Korb ist viel kleiner als Ihr Mitspieler, dem Sie den Ball zuspielen. Zu glauben, man müßte visuell feinzentrieren, um „den Faden einzufädeln", ist meistens des Guten zuviel. Des weiteren handelt es sich bei dem Korb um ein stationäres Ziel, während Ihr Mitspieler sich bewegen und insofern einen nicht hundertprozentig genauen Paß doch noch annehmen kann. Schließlich läuft ein Spieler, der weichzentriert, nicht so leicht Gefahr, mit seinem Blick dem Gegner genau zu signalisieren, wohin er seinen Paß spielen wird.

Ballannahme

Die Ballannahme besteht aus zwei Phasen. Die erste Phase ist das Freilaufen. Freilaufen heißt, einen freien Raum zu entdecken, Ihren Gegenspieler mittels eines Täuschungsmanövers zu überlaufen und auf seine eventuellen Abwehrmaßnahmen zu reagieren. Außerdem wird von Ihnen verlangt, daß Sie ein Auge ständig auf den in Ballbesitz befindlichen Mitspieler richten und gleichzeitig Ihre Mannschaftskameraden bewußt wahrnehmen, die versuchen könnten, Ihnen zu helfen, indem sie Sie freiblocken. In dieser Phase müssen Sie visuell weichzentrieren.

Die zweite Phase, die Ballannahme, ist eine Aufgabe, bei der es auf Hand-Auge-Koordination ankommt und bei der ausschließliche Konzentration auf den Ball erforderlich ist. Bei der Ballannahme bleibt Ihnen kaum ein Spielraum für Fehler. Im Moment des Anspiels müssen Sie sich blitzschnell von der Weich- auf die Feinzentrierung umstellen. Wenn Sie den Ball angenommen haben, müssen Sie Ihre Aufmerksamkeit ebenfalls sogleich wieder umzentrieren. Wenn Sie auf den Korb werfen wollen, müssen Sie sich von der Feinzentrierung auf den Ball auf die Feinzentrierung auf den Korb umstellen. Wenn Sie passen wollen oder sich noch nicht entschieden haben, was Sie tun sollen, müssen Sie sich von der Feinzentrierung auf den Ball auf die Weichzentrierung auf das gesamte Spielfeld umstellen, um Ihre Entscheidung treffen zu können.

Dribbling

Ob Sie stehen und den Ball halten oder dribbeln, beim Paß zu einem freistehenden Mitspieler kommt es auf die richtige visuelle Konzentration an. Sie können nicht sehen, was um Sie herum passiert, wenn Sie Ihren Kopf gebeugt halten und auf den Ball blicken. Sie müssen in der Lage sein, beim Dribbeln den Blick vom Ball zu lösen und alles, was um Sie herum passiert, wahrzunehmen. Während des Dribbelns den Blick auf die Spielhandlung um Sie herum weichzuzentrieren, bedeutet, den Ball unbewußt durch Berührung zu kontrollieren. Nur wenn Sie fühlen, daß Sie die Kontrolle über den Ball verlieren, sollten Sie Ihren Blick auf den Ball richten. Immer wenn Sie das Dribbeln üben, sollten Sie Ihren Kopf hoch halten. Praktizieren Sie die Übungen zur Verbesserung der visuellen Kontrolle am Ende dieses Kapitels.

Visuelle Flexibilität

Sie sollten beim Basketball einen ständig engen oder weiten Aufmerksamkeitsschwerpunkt meiden. Manchmal müssen Sie feinzentrieren, und dann müssen Sie wieder weichzentrieren. Da Basketball ein sehr schnelles Spiel ist, bei dem man nur wenig Zeit hat, die Dinge zu durchdenken, ist es wichtig, daß Sie imstande sind, Ihren Aufmerksamkeitsschwerpunkt kurzfristig zu verändern. Sie müssen die Gewohnheit entwickeln, beim Wurf und bei der Ballannahme visuell feinzuzentrieren und in fast allen anderen offensiven Situationen weichzuzentrieren.

Ein gutes Beispiel für die Notwendigkeit visueller Flexibilität ist die Situation, wenn Sie im Rahmen eines 3:2-Schnellangriffs zur Mittellinie dribbeln. Wenn Sie sich der Freiwurflinie nähern, müssen Sie die Situation einschätzen. Sie müssen auf die Handlungen der Abwehrspieler reagieren. Wenn ein Abwehrspieler auf Sie zuläuft, steht gezwungenermaßen einer Ihrer Mitspieler frei. Sie müssen nicht nur diesen Mitspieler erkennen, sondern auch den zweiten Abwehrspieler sowie die Position jedes einzelnen Spielers in Relation zum Korb. Nur wenn Sie die gesamte Situation erfassen, können Sie richtig visualisieren und das der Situation entsprechende Täuschungsmanöver wählen. Gleichzeitig können Sie entscheiden, welche Technik Sie anwenden und wohin Sie den Paß spielen müssen. Das alles erfordert einen weiten Aufmerksamkeitsschwerpunkt. Wenn Sie visuell auf den Sie attackierenden Abwehrspieler zentrieren, ist Ihr Aufmerksamkeitsschwerpunkt zu eng, und Sie sind nicht imstande, den freistehenden Spieler zu erkennen. Wenn Sie sich andererseits nur auf Ihre Mitspieler konzentrieren und den zweiten Abwehrspieler nicht wahrnehmen, könnten Sie einen Paß spielen, der leicht abzufangen ist. Noch einmal, beim Passen kommt es auf Weichzentrierung an.

Denken Sie jedoch daran, daß Sie, wenn Sie sich zum Wurf entscheiden, Ihren Aufmerksamkeitsschwerpunkt sofort verengen und auf Ihr Ziel — den Mittelpunkt des Korbs — feinzentrieren müssen.

Es kann nicht oft genug gesagt werden: Beim Basketball kommt es auf visuelle Flexibilität an. Absolvieren Sie die visuellen Kontrollübungen zur Weich- und Feinzentrierung. Viele Übungen, die von Ihnen verlangen, schnell zwischen Weich- und Feinzentrierung zu wechseln, finden Sie in Kapitel 15 „Übungen zur Verbesserung der Körperbewußtheit" und am Ende dieses Kapitels. Bei vielen Übungen steht auch die Fähigkeit im Mittelpunkt, die Aufmerksamkeit sofort von einem Gegenstand auf den anderen zu verlagern. So kann es z.B. bei einer Übung darauf ankommen, daß Sie bei der Annahme eines Passes oder beim Rebound am Offensivbrett auf den Ball feinzentrieren und dann sogleich beim Wurf auf den Korbring feinzentrieren.

Alle Spieler sollten Ihre Spielfeldbewußtheit und ihre Fähigkeiten der visuellen Feinzentrierung entwickeln, aber für den Spielmacher ist dies eine absolute Notwendigkeit. Der Spielmacher muß nicht nur visuell weichzentrieren, er muß auch mental aktiv sein, sich antizipierend verhalten und nach dem freistehenden Mitspieler suchen. Er darf bei plötzlich entstehenden Paßlücken nicht passiv oder langsam reagieren. Da der Spielmacher der primäre Paßgeber einer Mannschaft ist, ist er für die Mannschaft von entscheidender Bedeutung.

Gute Spielmacher verfügen in der Regel über eine primär weichzentrierte, visuelle Bewußtheit. Diese Art der visuellen Zentrierung hat nicht nur Vor-, sondern auch Nachteile. Der weichzentrierende Spielmacher ist sehr effektiv, wenn es um die Einleitung eines Angriffs geht. Wenn er jedoch nicht gelernt hat, im Moment des Wurfs seinen Aufmerksamkeitsschwerpunkt auf den Mittelpunkt des Korbes feinzuzentrieren, wird er zum Angriff seiner Mannschaft nicht so effektiv beitragen, wie er könnte. Seine Würfe werden auf jeden Fall unter dieser Fehlzentrierung leiden.

Trainerecke

Viele der im folgenden vorgestellten Übungen sind Übungen für die gesamte Mannschaft während der Spielsaison, obwohl einige von ihnen auch von einzelnen Spielern während der Vorbereitungsphase durchgeführt werden können. Bei Ausführung dieser Übungen haben die Spieler Gelegenheit, ihre sich entwickelnden Konzentrationsfähigkeiten anzuwenden.

Dribbelübungen

Der Schlüssel zum effektiven Dribbeln ist die Fähigkeit, den Überblick über das gesamte Spielfeld zu erhalten, während der Ball über die Berührung kontrolliert wird. Die folgenden Übungen dienen der Entwicklung dieser Fertigkeit.

Dribbelübung 1 - Prellen des Balls mit geschlossenen Augen. Da das Dribbeln verbessert wird, wenn Sie den Ball mit Ihren Fingerspitzen kontrollieren, schließen Sie Ihre Augen, und feinzentrieren Sie Ihre Aufmerksamkeit auf die Berührungsempfindlichkeit Ihrer Dribbelhand. Während Sie den Ball prellen, müssen Sie darauf achten, wo Ihre Hand den Ball berührt. Ihre Handfläche sollten nicht mit dem Ball in Kontakt kommen. Prellen Sie den Ball solange, bis Sie spüren, daß nur Ihre Fingerspitzen den Ball berühren. Wechseln Sie Ihre Hände, und prellen Sie abwechselnd stärker und schwächer. Sie müssen fühlen, daß zwischen einem sanften und harten Dribbling ein Unterschied besteht. Diese Übung ist sehr gut zum Erlernen der Ballkontrolle mittels der Fingerspitzen geeignet.

Dribbelübung 2 - Dribbelrhythmus. Halten Sie die Augen wiederum geschlossen, und prellen Sie den Ball vor oder neben Ihrem Körper. Konzentrieren Sie sich jetzt allerdings auf ihren Dribbelarm. Zentrieren Sie Ihre Aufmerksamkeit auf Ihre Körperbewußtheit, und empfinden Sie bewußt den Rhythmus und die Bewegungen Ihres Arms. Variieren Sie die Höhe des Dribblings von 5 cm über dem Boden bis zu Schulterhöhe. Ihre über die Körperbewußtheit erlernte Dribbelkoordination hilft Ihnen dabei, den Ball mittels Ihres Berührungssinns zu kontrollieren, ohne ihn dabei anzusehen. Ihr Blick ist dann frei für freistehende Mitspieler.

Dribbelübung 3 - Dribbling mit variiertem Tempo. Üben Sie sowohl das niedrige Dribbling (zwecks Kontrolle) als auch das hohe Dribbling (zwecks Tempo), wobei Sie sich nacheinander auf das Spielfeld weichzentrieren, auf einen Gegenstand feinzentrieren und Ihren Aufmerksamkeitsschwerpunkt von der Weichzentrierung zur Feinzentrierung und umgekehrt ändern.

Dribbelübung 4 - Dribbelkönig. In einem Bereich, der etwa ein Viertel des Spielfelds umfaßt, muß jeder Spieler versuchen, seinem Mitspieler den Ball aus der Hand zu spielen, während er ebenfalls dribbelt. Der letzte, der übrig bleibt und seinen Ball noch kontrolliert weiterdribbelt, hat gewonnen. Diese Übung verlangt, daß alle Spieler den Ball über ihr Fingerspitzengefühl kontrollieren, ihren Ball mit dem Körper schützen, sich auf das gesamte Spielfeld weichzentrieren, um die Angreifer sehen zu können, und sich auf Feinzentrierung umstellen, wenn Sie einem anderen Spieler den Ball wegspielen wollen.

Dribbelübung 5 - Dribbelkrieg. Bei dieser Übung ist das ,,Schlachtfeld'' halb so groß wie das gesamte Spielfeld. Die Spieler werden in zwei Mannschaften aufgeteilt. Die Mannschaft, der es gelingt, das Dribbling aller Gegenspieler zu unterbrechen, gewinnt.

Paß- und Annahmeübungen

Paß- und Annahmeübungen, bei denen beide Spieler im Stand und ohne Abwehrspieler Werfen und Fangen spielen, sind sinnlos, es sei denn, es handelt sich um Anfänger. Fehlpässe passieren nur, wenn die Wahrnehmung der beteiligten Spieler gestört ist, weil entweder nur der Passer bzw. der Annehmer oder beide sich bewegen. Aus diesem Grund sollten Paß- und Ballannahmeübungen stets in der Bewegung ausgeführt werden. Im Mittelpunkt sollte auch die visuelle Flexibilität stehen. Das bedeutet, daß die Übungen so angelegt sein sollten, daß der Übende weichzentrieren muß, um in den offenen Raum vorstoßen zu können, und plötzlich auf Feinzentrierung umstellen muß, wenn er den Ball annehmen will. Ballannehmende Spieler verlieren den Ball, wenn ihnen diese mentale Umstellung nicht gut gelingt. Zu Ballverlusten kommt es auch, wenn die Wahrnehmung des passenden Spielers eingeschränkt ist, d.h. wenn er nur den ballannehmenden Spieler, aber nicht die Abwehrspieler wahrnimmt. Der Spieler feinzentriert nur auf sein Wurfziel, mit dem Resultat, daß er die gegnerischen Abwehrspieler übersieht, obwohl sie sich in seinem Blickfeld befinden. Die Fähigkeit des Feinzentrierens wird nur verbessert, wenn Paß- und Annahmeübungen unter Einbeziehung von Abwehrspielern durchgeführt werden. Nur dann ist der Passer gezwungen, feinzuzentrieren und schnelle Entscheidungen zu treffen sowie bewegungsmäßig korrekt zu reagieren.

Paß-/Annahmeübung 1 - Achterlauf mit drei Spielern.

Der Achterlauf mit drei Spielern ist eine ausgezeichnete Übung zur Verbesserung der Paß- und Annahmefertigkeit. Die Spieler stellen sich an einer Grundlinie in drei Reihen hintereinander auf. Die Spieler in der mittleren Reihe sind in Ballbesitz und beginnen mit dem Passen. Der erste Spieler jeder Reihe spielt mit den jeweils ersten Spielern der anderen beiden Reihen zusammen. Die Spieler passen sich den Ball gegenseitig zu, während sie über die gesamte Spielfeldlänge Achterlauf praktizieren. Das Achtermuster wird entwickelt, indem der in Ballbesitz befindliche Spieler der mittleren Reihe dem ersten seiner Mitspieler, der zur Mitte hineinschneidet, den Ball zupaßt. Nach dem Paß läuft der Passer hinter dem Ballempfänger zur Außenlinie. Der den Ball annehmende Spieler nimmt nun die Position des Mittelspielers ein und paßt sofort zu dem zweiten Außenspieler, der zur Mittellinie läuft. Die Spieler bewegen sich in diesem Muster fort, bis einer der Spieler nahe genug am Korb ist, um einen Korbleger ausführen zu können. Nach dem Korbleger joggen die drei Spieler wieder zurück zur Grundlinie und beginnen die Übung von neuem. Die Spieler sollten bei den Läufen einmal den Bodenpaß und ein andermal den Brustpaß spielen. Dieser Achterlauf ist in Abbildung 8.1 dargestellt.

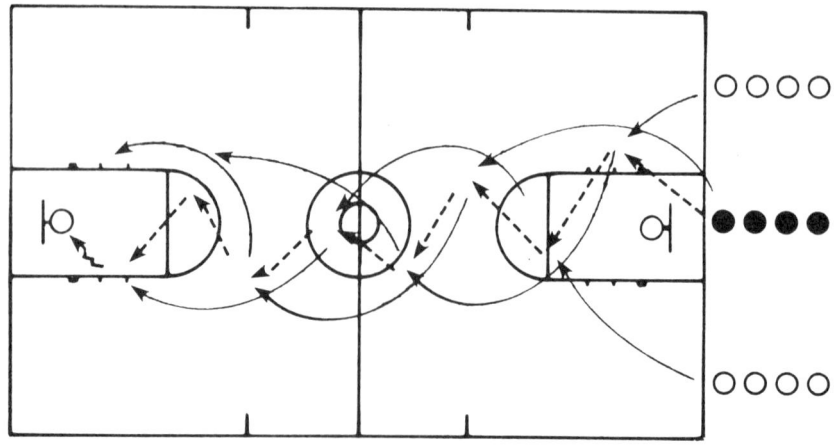

Abbildung 8.1: Paß-/Annahmeübung 1 — Achterlauf mit drei Spielern

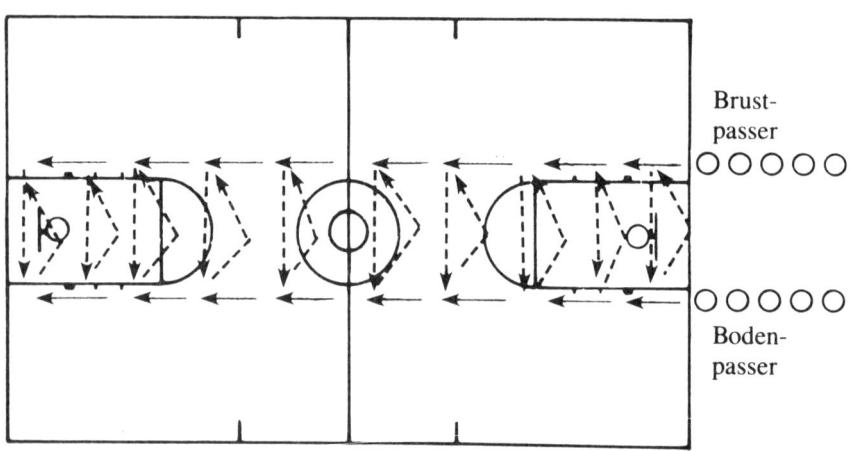

Abbildung 8.2: Paß-/Annahmeübung 2 — Verdoppelte Schwierigkeiten

78

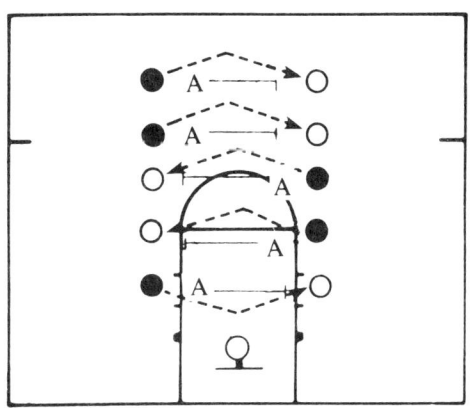

Abbildung 8.3: Paß-/Annahmeübung 3 — ,,Affe in der Mitte''

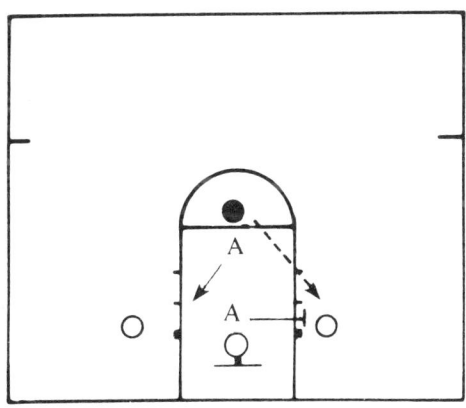

Abbildung 8.4: Paß-/Annahmeübung 4 — ,,Affen in der Mitte''

Paß-/Annahmeübung 2 — Verdoppelte Schwierigkeiten.

Bei dieser Übung (s. Abbildung 8.2) stellen sich die Spieler in zwei Reihen an einer Grundlinie auf, wobei die beiden Reihen rechts und links neben der Freiwurfgasse stehen. Alle Spieler sind in Besitz eines Balls. Jedem Spieler der einen Reihe ist ein Partner der anderen Reihe zugeordnet. Die Übung beginnt, indem ein Spielerpaar die gesamte Länge des Basketballfeldes durchläuft, wobei die beiden Bälle hin und her gepaßt werden. Wenn das erste Spielerpaar die Freiwurflinie erreicht hat, läuft das zweite Paar los. Damit die beiden Bälle nicht miteinander kollidieren, wirft der eine Partner nur Bodenpässe, während der andere nur beidhändige Brustpässe spielt. Ein Paß wird also stets tief gespielt, während der andere hoch gespielt wird. Nachdem alle Spielerpaare an der gegenüberliegenden Grundlinie angelangt sind, legen sie die gleiche Strecke in umgekehrter Richtung noch einmal zurück. Dieses Mal wirft jedoch der Spieler, der beim ersten Mal Bodenpässe ausgeführt hat, beidhändige Brustpässe und umgekehrt. Diese Übung ist ausgezeichnet geeignet zur Entwicklung der Reaktionsfähigkeit und der Fähigkeit, von der Feinzentrierung auf den Ball bei der Annahme schnell auf die leichte Weichzentrierung im Moment des Passes umzuschalten.

Paß-/Annahmeübung 3 — Der „Affe in der Mitte".

Bei dieser Übung stehen zwei Angriffsspieler an den entgegengesetzten Seiten der Freiwurfgasse. Sie dürfen sich nicht bewegen. Der Passer wird von einem Abwehrspieler — dem „Affen in der Mitte" -, der versucht, den Ball abzufangen, bedrängt (s. Abbildung 8.3). Um den Paß spielen zu können, muß der Passer den Abwehrspieler täuschen, um eine freie Lücke zu schaffen. Wenn er den Paß gespielt hat, muß der ballannehmende Spieler mit seinem Rückpaß warten, bis der in der Mitte stehende Spieler über den Freiwurfraum zu ihm gelaufen ist und Druck entfalten kann. In 30-Sekunden-Abständen wechselt ein Angriffsspieler seine Position mit der des „Affen". Diese Übung ist hervorragend für Paßwerfer geeignet, die lernen müssen, mit einer engen 1:1-Manndeckung umzugehen.

Paß-/Annahmeübung 4 — „Affen in der Mitte".

Diese Übung ähnelt der oben beschriebenen, mit der Ausnahme, daß jetzt drei Angriffsspieler gegen zwei „Affen in der Mitte" spielen. Ein Angriffsspieler steht mitten auf der Freiwurflinie, während die anderen beiden Angriffsspieler jeweils einen Schritt neben den Freiwurfraumlinien stehen. Der mittlere, dem Ball nächste Spieler, muß den Paßspieler angreifen und versuchen, den Ball abzulenken. Der andere Spieler in der Mitte muß versuchen, den Paß zu einem der Angreifer abzufangen. Alle 30 Sekunden tauschen zwei Angriffsspieler mit den beiden „Affen" die Plätze. Diese in Abbildung 8.4 dargestellte Übung ist hervorragend geeignet, die Fähigkeit der Angreifer zu schulen, mit Drucksituationen umzugehen und den freistehenden Mitspieler zu erkennen.

Zusammenfassung

Eine gute Ballbehandlung verlangt nicht nur einen biomechanisch und technisch korrekten Bewegungsablauf, sondern auch eine ausgeprägte visuelle Bewußtheit und Flexibilität. Wenn Sie ein guter Spielmacher werden wollen, müssen Sie die mentalen Grundlagen der Ballbehandlung beherrschen.

Kontrollfragen zu Kapitel 8

1. Was versteht man unter Visualisierung?
2. Warum ist Visualisierung bei der Ballbehandlung so wichtig?
3. Was ist der Schlüssel zur Visualisierung?
4. Was sind die Voraussetzungen einer guten Visualisierung?
5. Welche Art von Zentrierung sollte beim Passen angewandt werden?
6. Welche Art von Zentrierung sollte angewandt werden, wenn Sie sich zur Ballannahme freilaufen?
7. Welche Art von Zentrierung sollten Sie bei der Ballannahme einsetzen?
8. Welche Art von Zentrierung ist beim Dribbling richtig?
9. Was versteht man unter visueller Flexibilität? Warum ist visuelle Flexibilität bei der Ballbehandlung so wichtig?

KAPITEL 9
MENTALE GRUNDLAGEN DES ABWEHRSPIELS

*Genauso wichtig wie das eigene Punktemachen ist das Hindern des Geg-
ners am Punktemachen. Alle guten Mannschaften widmen der Verteidigung genausoviel Aufmerksamkeit wie dem Angriffsspiel. ... Beim Abwehrspiel spielt die richtige Einstellung eine entscheidende Rolle. Folglich kann jeder ein guter Abwehrspieler werden, wenn er sich geistig
darauf einstellt.*

Gail Goodrich (1976, S. 25)

Jede Diskussion zum Thema ,,Mentale Grundlagen des Abwehrspiels'' muß
mit 'der Wichtigkeit der Einstellung beginnen. Die Grundlage erfolgreichen
Basketballspiels ist die Einsicht, daß das Abwehrspiel zusammen mit dem Angriffsspiel und dem Rebound zu den drei wichtigsten Elementen des Basketballspiels gehört. Das Hindern des Gegners am Punktemachen ist für das Endergebnis des Spiels genauso wichtig wie das eigene Punktemachen. Sie müssen nicht
nur bereit zum Abwehrspiel sein, sie müssen förmlich darauf brennen.

Trainer glauben im allgemeinen, daß das Abwehrspiel das konstanteste Element des Basketballspiels ist. Wenn Sie körperlich zu einem guten Abwehrspiel
imstande sind, sind Sie in der Lage, jeden Abend ein gutes Abwehrspiel zu demonstrieren, da das Abwehrspiel viel weniger technisches Können verlangt als
das Angriffsspiel. In der Abwehr brauchen Sie keine Kunststückchen mit dem
Ball zu machen; Sie müssen ihn lediglich fangen. Beim Abwehrspiel kommt es
also erstrangig auf Konzentration und Hartnäckigkeit an. Wenn Sie beharrlich
vorgehen und sich konzentrieren, werden Sie wahrscheinlich Erfolg haben.
Wenn Sie das berücksichtigen, werden Sie voraussichtlich auch dann gewinnen,
wenn Ihr Angriff nicht allzu gut ist. Wenn hingegen Ihr Abwehrspiel nicht hart
genug ist, werden Sie das Spiel vermutlich verlieren, wenn Ihr Angriff ebenfalls
mäßig ist. Große Spieler und Mannschaften verlassen sich darauf, daß sie an
schlechten Abenden aufgrund ihrer guten Abwehrfähigkeiten über die Runden
kommen.

Wie man die Initiative übernimmt

In jedem Buch, in dem etwas über Defensiv-Basketball steht, wird auch betont, daß es notwendig ist, aggressiv zu spielen und innerhalb der Abwehr die
Initiative zu ergreifen. Die Betonung dieser Notwendigkeit macht den natürlichen Nachteil des Abwehrspielers deutlich: Der Abwehrspieler muß auf die Bewegungen des Angriffsspielers reagieren. Der Angreifer hat viele Wahlmög-
lichkeiten und weiß in der Regel genau, was er will. Die erstrangige Auf-

gabe (und die einzige Hoffnung) des Abwehrspielers besteht darin, die Wahl-möglichkeiten des Angreifers einzuschränken und ihn in unvorteilhafte Situationen zu bringen. Dies gelingt nur, wenn der Abwehrspieler selbst die Initiative ergreift. Pete Newell, ein großer Basketballtrainer, schreibt:

Die Bedeutung der Initiative für Abwehrspieler muß immer wieder betont werden. Der Spieler im Ballbesitz und der ihn deckende Abwehrspieler befinden sich in einem körperlichen und mentalen Wettstreit. Zu häufig wird Abwehrspielern beigebracht, auf die Bewegungen und Täuschungsmanöver des Angriffsspielers nur zu reagieren. Wenn der Abwehrspieler in diesem Wettstreit die Initiative ergreift und versucht, dem Angreifer seine Bewegungen aufzuzwingen, drängt er den Angreifer in die passive Rolle und kann ihn steuern. In der Regel ist der Spieler, der die Initiative ergreift, immer im Vorteil, da sein Gegenüber nur reagieren kann. ... In gewissem Sinn ist diese Initiative die Gesamtsumme der Faktoren Wachsamkeit, Entschlußkraft, Antizipation und Aggressivität. Initiative ist insofern extrem wichtig. Sie kann den Unterschied ausmachen zwischen ganz guten und guten Abwehrspielern und wirklich großen Verteidigern.

(Newell & Bennington, 1962, S. 255)

Hindern des Angriffsspielers an der Ballannahme

Die Initiative in der Verteidigung zu übernehmen bedeutet, den Angreifer bereits an der Ballannahme zu hindern. Warten Sie nicht, bis der Angreifer den Ball hat, ehe Sie offensiv werden. Die heutigen Spieler sind im Angriff so geschickt, daß es dem Abwehrspieler in einer 1:1-Situation kaum gelingt, den Angreifer an einem erfolgreichen Korbwurf zu hindern. Dennoch warten viele Verteidiger, bis ihr direkter Gegenspieler den Ball erhalten hat, ehe sie ihn angreifen. Hierfür gibt es einige Gründe.

„Kein Ball, kein Problem!"

Der Hauptgrund für die mangelnde Intensität beim Decken eines Spielers, der sich nicht im Ballbesitz befindet, ist vielleicht die Einstellung: „Wenn mein Spieler nicht im Ballbesitz ist, wie soll er dann Punkte erzielen?" Diese Einstellung ist problematisch, weil der Angreifer, falls der Verteidiger nicht alles unternimmt, um ihn an der Ballanahme zu hindern, sicherlich irgendwann den Ball erhält, und das wahrscheinlich in einer für ihn vorteilhaften Position. Der Verteidiger, der sich bis dahin passiv verhalten hat, wird in einer solchen Position sicherlich Schwierigkeiten bekommen.

„Energiesparen."

Zu diesem Grund kommt vielleicht eine andere Einstellung hinzu, nämlich die falsche Annahme: ,,Da mein Gegenspieler nicht im Ballbesitz ist, kann ich mich entspannen und ausruhen, bis er den Ball erhält und ich ihn angreifen muß." Diese ,,Spar-Einstellung" ist ebenfalls problematisch, weil der nicht aggressiv gedeckte Angreifer irgendwann den Ball genau zu dem Zeitpunkt und an der Stelle erhält, wo er es wünscht, und sich dann im Vorteil befindet. Da eine gute Mannschaftsdeckung aggressive Ballorientierung und gegenseitige Hilfe bedeutet, selbst wenn der zu deckende Spieler nicht im Ballbesitz ist, muß der Abwehrspieler sich so verhalten, daß er jederzeit in der Lage ist, seinen Gegenspieler an der Ballannahme zu hindern und seinem Mitspieler zu helfen, wenn dieser sich hat überrumpeln lassen.

Egoistisches Abwehrspiel

Schließlich hindert der Egoismus viele Spieler daran, mit 100prozentigem Einsatz in der Abwehr zu spielen, obwohl sie genau wissen, daß ein gutes Abwehrspiel für den Sieg entscheidend ist. Das Hauptziel des egoistischen Spielers ist nicht der Mannschaftserfolg, sondern selbst Punkte zu erzielen. Der egoistische Spieler neigt daher dazu, sich für den Angriff zu schonen. Ein egoistisches Abwehrspiel ist jedoch auch, wenn der Spieler seine gesamte Energie darauf richtet, seinen direkten Gegenspieler zu stoppen, und insofern nicht bereit ist, seinem Mitspieler zu Hilfe zu kommen, wenn dieser sich in Schwierigkeiten befindet. In beiden Fällen wird der betreffende Spieler wahrscheinlich gute Individualleistungen bringen; er verringert jedoch die Abwehreffektivität seiner gesamten Mannschaft. Jeder Spieler, dessen erstrangiges Ziel nicht darin besteht, alles zu tun, damit seine Mannschaft gewinnt, ist per definitionem ein Verlierer.

Wenn Sie einmal nachdenken, müssen Sie zugeben, daß der von Ihnen gedeckte Spieler nur ein Fünftel der Zeit, in der Sie in der Abwehr spielen, im Ballbesitz ist. Dies deutet bereits daraufhin, daß es in der Abwehr hauptsächlich darauf ankommt zu verhindern, daß der zu deckende Angreifer den Ball erhält und seinen Mitspielern in kritischen Situationen zu helfen. Wie können Sie jetzt noch mit dem Gedanken spielen, nicht Ihr Bestes zu geben, nur weil Ihr unmittelbarer Gegenspieler nicht im Ballbesitz ist? In der Abwehr 100 Prozent Einsatz zu zeigen, bedeutet, daß Sie auch dann Abwehraufgaben erfüllen, wenn Ihr unmittelbarer Gegenspieler nicht im Ballbesitz ist.

Abwehrstrategien

Neben der richtigen Einstellung spielen auch Abwehrstrategien eine entscheidende Rolle. Eine der besten Individual-Abwehrstrategien ist, Ihren Gegenspieler daran zu hindern, seine Lieblingspositionen einzunehmen und seine Schwächen, soweit Sie Ihnen bekannt sind, auszunutzen.

Versperren von Lieblingspositionen

Bevor ich weiter unten auf die Defensiv-Konzentration eingehe, ist es wichtig, einen letzten Punkt zu erwähnen. Die meisten Spieler haben gewisse Vorlieben, was den Ort der Ballannahme und des Wurfs anbelangt. Wenn es Ihnen ermöglicht wird, den Ball genau am richtigen Ort und zum geeigneten Zeitpunkt anzunehmen und Sie obendrein auch noch von Ihrer Lieblingsposition aus werfen können, wächst Ihr Selbstvertrauen, und gewinnen große Zuversicht in Ihr Spiel. Wenn Sie Ihren Gegenspieler daran hindern, den Ball an dem Ort und zu dem Zeitpunkt seiner Wahl anzunehmen, stören Sie sein Selbstvertrauen, und über kurz oder lang wird er frustriert. In der Tat ist nichts für einen Angreifer frustrierender als ein Abwehrspieler, der ihn daran hindert, seine Lieblingsspielpositionen einzunehmen. Keiner spielt gerne gegen eine Mannschaft mit starker Abwehr oder gegen einen einzelnen starken Abwehrspieler, weil es außerordentlich frustrierend ist. Wenn Sie Ihrem Gegenspieler psychologisch überlegen sein wollen, müssen Sie ihn daran hindern, seine Lieblingsposition einzunehmen.

Kenntnis des Gegenspielers.

Es ist für das Abwehrspiel sehr wirksam, wenn Sie Ihren Gegenspieler kennen. Es ist sehr sinnvoll, über die Fähigkeiten und Vorlieben des Gegenspielers Bescheid zu wissen. Dieses Wissen hilft Ihnen, mögliche Bewegungen Ihres Gegenspielers zu antizipieren und die Initiative zu ergreifen. Indem Sie Ihren Gegner sorgfältig studieren und Techniken der mentalen Generalprobe anwenden, können Sie Ihrem Gegenspieler immer einen Schritt voraus sein. (siehe Kapitel 18 ,,Programmierung vor dem Spiel und Analyse nach dem Spiel.'')

Defensiv-Konzentration

Ein gutes Abwehrspiel verlangt eine korrekt gerichtete, konstante Konzentration. Die meiste Zeit über sollte Ihr Geist auf Ihr visuelles System zentriert sein. Sie sollten jedoch auch für akustische und taktile Signale empfänglich sein. Ebenso wichtig ist, daß Sie die richtige Abwehrhaltung und die entsprechende Beinarbeit überlernen. Wenn Sie die Grundlagen des Abwehr-Gleitschritts beherrschen, ist es nicht nötig, daß Sie sich auf Ihr Gleichgewicht und Ihre Körperbewußtheit konzentrieren. Schließlich können Sie verhindern, daß Verspannungen und Müdigkeit Ihre Defensiv-Konzentration stören, indem Sie die geeigneten Konditionierungs- und Entspannungstechniken anwenden (siehe Kapitel 17 ,,Wettkampfbewältigung''). Im verbleibenden Rest dieses Kapitels wird jeder einzelne dieser wichtigen Aspekte der Verteidigung beschrieben.

Visuelle Bewußtheit

Die Art Ihrer visuellen Bewußtheit in der Abwehr variiert mit der jeweiligen Situation in Abhängigkeit davon, ob Ihr Gegenspieler nicht im Ballbesitz ist oder ob Sie Ihren Gegenspieler vor, während oder nach dem Dribbling decken.

Wenn Ihr Gegenspieler nicht im Ballbesitz ist.

Pete Newell behauptet: „Eine gute Spielübersicht bedeutet eine gute Abwehr. Die visuelle Aufmerksamkeit eines Abwehrspielers sollte unter allen Umständen sowohl den Ball als auch den unmittelbaren Gegenspieler einschließen." (Newell & Bennington, 1962, S. 252). Wenn das stimmt, sollten Sie in der Abwehr während der meisten Zeit visuell weichzentrieren, denn vier Fünftel der Zeit ist Ihr Gegenspieler nicht im Ballbesitz. Es ist unvorteilhaft, wenn Ihre visuelle Aufmerksamkeit nur auf Ihren Gegenspieler, Ihren unmittelbaren Spielraum oder den Ball gerichtet ist. Sie schaden auf diese Weise Ihrer Mannschaft, denn Sie werden auf Situationen außerhalb Ihres Aufmerksamkeitsbereichs nur zögernd reagieren. Sie werden wahrscheinlich nicht in der Lage sein, einem Mannschaftskameraden zu helfen, wenn dies nötig werden sollte.

Eine gute Spielübersicht hängt eng mit einem guten Stellungsspiel zusammen. Wenn Sie sowohl Ihren Gegenspieler als auch Ihren Spielbereich und den Ball im Blickfeld haben, stehen Sie vermutlich richtig. Es ist hilfreich für das Beibehalten des richtigen visuellen Aufmerksamkeitsschwerpunkts, wenn Sie in den Phasen, in denen Ihr Gegenspieler nicht im Ballbesitz ist, eine Hand auf den Ball und die andere auf Ihren Gegenspieler richten. Dies ist der Raum, für den Sie sich interessieren sollten. Wenn Sie korrekt visuell weichzentrieren, wird es Ihnen leichter fallen, Pässe abzufangen, verlorene Bälle wiederzuerlangen, Ihren Mannschaftskameraden zu helfen und Gegenspieler zu attackieren, die sich ungedeckt in der Nähe des Korbes aufhalten. Sie müssen jedoch ständig bereit sein, sofort feinzuzentrieren, wenn Sie nach einem freien Ball greifen oder einen Paß abfangen.

Vor dem Dribbling

Wenn Ihr Gegenspieler im Ballbesitz ist und noch nicht gedribbelt hat, sollten Sie Ihren Blick auf seinen Bauch feinzentrieren. Vermeiden Sie es, auf seine Augen, Füße oder auf den Ball feinzuzentrieren; wenn Sie dies tun, könnten Sie leicht auf Täuschungsmanöver hereinfallen. Ein Angriffsspieler kann mit seinem Kopf, seinen Schultern, Füßen oder mit dem Ball Täuschungsmanöver ausführen; ohne den mittleren Teil seines Körpers kann er sich jedoch nirgendwo hinbewegen.

Das Decken des Dribblers

Wenn Ihr Gegner dribbelt, sollten Sie bemüht sein, sich stets so zu stellen, daß Ihr Kopf sich genau zwischen dem Ball und dem Korb befindet. Wenn dies der Fall ist, ist Ihre Stellung zu Ihrem Gegner immer richtig, und Sie sind leichter imstande, ihm den Ball aus der Hand zu spielen.

Nach dem Dribbling

Wenn Ihr Gegner sein Dribbling beendet hat, sollten Sie auf den Ball feinzentrieren und mit Ihren Händen in Richtung Ball Druck ausüben. Indem Sie den Ball mit Ihrem Blick und Ihren Händen verfolgen, haben Sie eine gute Chance, einen Paß abzufangen.

Visuelle Flexibilität

Ein guter Abwehrspieler ist genau wie ein guter Angriffsspieler in der Lage, seinen Aufmerksamkeitsschwerpunkt beliebig zu verändern. Die Art der Konzentration in einer bestimmten Situation hängt davon ab, ob der Gegenspieler dribbelt, den Ball vor oder nach dem Dribbling in den Händen hält oder nicht im Ballbesitz ist. Jede dieser Situationen verlangt einen anderen Aufmerksamkeitsschwerpunkt, der so oft geübt werden muß, bis er automatisiert und zu einem festen mentalen Muster geworden ist.

Antizipation

Druck und Hilfe sind die beiden wichtigsten Faktoren einer guten Abwehrarbeit. Eine hohe Bewegungsschnelligkeit ist eine Voraussetzung für den erstgenannten Faktor, aber nur mentale Schnelligkeit hilft Ihnen, den letztgenannten Faktor zu realisieren. Defensive Hilfe erfordert schnelle Antizipation und Reaktion, da es den Angreifern gelingen kann, einen Vorteil gegenüber der verteidigenden Mannschaft herauszuspielen, indem sie eine Handlung initiieren, während die verteidigende Mannschaft auf die Initiative reagiert. Um dieses Defizit auszugleichen, muß die Abwehr antizipieren. Antizipation ist ein mentaler erster Schritt, der nur durch Visualisierung erreicht werden kann. Um einen Paß abzufangen, einen Wurf zu blocken, zu rempeln oder einen durchziehenden oder schneidenden Spieler auf andere Art und Weise abzuwehren, müssen Sie antizipieren. Dies erfordert visuelle Aufmerksamkeit (siehe Kapitel 12 ,,Schnelligkeit'').

Hören und Berühren

Eine gute Abwehr ist immer auch eine sprechende Abwehr. Sprechen ist jedoch sinnlos, wenn niemand zuhört. Bei einer Mannschaft, deren Spieler in der Abwehr sprechen und zuhören, erhöht sich die Spielübersicht von 180 auf 360°. Sie können natürlich nicht sehen, was hinter Ihrem Rücken passiert, aber Sie sind darüber informiert, wenn ein anderer Spieler es Ihnen sagt. Sie können z.B. einem Schirm entgehen, wenn sie vorher gewarnt werden. Eine gute Kommunikation erhöht auch die Antizipation, die ja, wie bereits oben erwähnt, der erste entscheidende Schritt ist.

Es ist auch klug, sein taktiles Empfinden einzusetzen, um seine defensive Aufmerksamkeit zu steigern. Wenn Sie z.B. einen tiefen Pivot decken, können Sie taktilen Kontakt zu ihm halten. Auf diese Weise können Sie nach wie vor mit Hilfe visuellen Weichzentrierens die Spielübersicht beibehalten. Ein anderes Beispiel ist der Einsatz des taktilen Sinns zur Bewältigung eines blinden Seitenschirms. In dieser Situation können Sie Ihre Hände einsetzen, um den Spieler, der den Schirm setzt, zu orten, so daß gleichzeitig Ihr Blick für den von Ihnen zu deckenden Spieler frei bleibt. Wenn Sie sich umdrehen, um nach dem

Schirm zu sehen, werden Sie Ihren Gegenspieler wahrscheinlich aus den Augen verlieren.

Intensität

Das Abwehrspiel verlangt nicht das gleiche Fertigkeitsniveau oder die gleiche Feinkoordination wie das Angriffsspiel. In der Abwehr kommt es auf vollen körperlichen Einsatz und Aggressivität an. Das richtige Intensitätsniveau in der Abwehr ist daher der nahezu totale Einsatz. Eine derartig hohe Intensität ist notwendig, damit Sie Ihren Spieler defensiv beherrschen (siehe Kapitel 11 ,,Intensität'').

Auf einer Skala mit zehn Stufen, wobei ,,1'' für eine vollkommene Entspannung und ,,10'' für den totalen Einsatz steht, ist ,,9'' die Intensitätsstufe, die Sie erreichen sollten, wenn Sie einen im Ballbesitz befindlichen Spieler decken. In dieser Situation müssen Sie visuell ausschließlich auf Ihren Gegenspieler fixiert sein, und Ihr Adrenalinausstoß sollte hoch sein. Wenn Ihr Gegenspieler nicht im Ballbesitz ist, sollten Sie Ihren Einsatz auf Stufe ,,8'' reduzieren und auf das gesamte Spielfeld weichzentrieren. Aber Sie sollten immer bereit sein, einem Mitspieler zu helfen und sofort wieder auf Stufe ,,9'' zu schalten, wenn dies notwendig werden sollte.

Konditionstraining

Um mit einem solch hohen Einsatz spielen zu können, muß Ihr Konditionszustand sehr gut sein. Sie müssen Spaß daran haben, hart zu arbeiten, und sich planmäßig für den hohen Einsatz in der Abwehrarbeit programmieren. Da die Abwehrarbeit sehr viele seitliche Bewegungen sowie plötzliche, schnelle Antritte und Stops verlangt, müssen Sie bereit sein, spezielle Verteidigungsübungen zur Verbesserung der Schnelligkeit bei seitwärts gerichteten Bewegungen und zur Steigerung der Ausdauer mit hohem Einsatz zu absolvieren.

Das Training außerhalb der Saison

Basketballspieler können Ihre Abwehrkonzentration und -intensität sowohl außerhalb als auch innerhalb der Wettkampfsaison entwickeln. Ein begeisterter Basketballer, der daran interessiert ist, sein Spiel zu verbessern, braucht keinen Trainer, der ihn dazu antreibt, sich zu konzentrieren und hart zu arbeiten. Die Eigenmotivation ist die Pflicht eines jeden Basketballspielers.

Außerhalb der Spielsaison können Sie Ihre Defensiv-Konzentration verbessern, indem Sie 1:1 spielen oder Blockspiele absolvieren. Beim Spiel 1:1 praktizieren und verbessern Sie die verschiedenen Konzentrationsarten, die notwendig sind, Ihren im Ballbesitz befindlichen Gegenspieler abzuwehren. In Blockspielen, gleichgültig, ob es sich um Spiele 2:2 oder 5:5 handelt, können Sie Ihre visuelle Flexibilität verbessern, indem Sie Ihren Aufmerksamkeitsschwerpunkt je nach Spielsituation von der Feinzentrierung auf die Weichzentrierung umstellen.

Trainerecke

In der Verteidigung kommt es hauptsächlich auf Kopf- und Beinarbeit an. Übungen zur Verbesserung des Abwehrspiels müssen dies berücksichtigen. Es sollten einerseits Übungen zum Einsatz kommen, bei denen die Spieler sich auf ihre Körperbewußtheit konzentrieren müssen, um die richtige Körperhaltung, den Gleitschritt und die Beinschnelligkeit zu trainieren; andererseits sollten Übungen absolviert werden, bei denen die Spieler verschiedene Arten der Konzentration anwenden, einschließlich der Weich- und Feinzentrierung. Denken Sie immer daran, daß ein hohes Fertigkeitsniveau Übung verlangt, nicht nur Aufmerksamkeit. Um erfolgreich spielen zu können, müssen die Spieler üben, bis ihre Handlungen zu Gewohnheiten bzw. festen Mustern werden.

Es gibt sieben verschiedene Arten von Übungen, die während der Spielsaison in jeder Trainingseinheit angewandt werden sollten, um den richtigen Aufmerksamkeitsschwerpunkt für alle wichtigen Verteidigungssituationen zu üben und zu verbessern.

Die Körperhaltung des Abwehrspielers: Auf das Gleichgewicht kommt es an

Die Entwicklung von herausragenden Abwehrspielern beginnt mit dem Erlernen der richtigen Körperhaltung. Das Gleichgewicht stellt sich automatisch ein, wenn der Spieler die richtige Körperhaltung einnimmt. Die Spieler müssen lernen, mit welchen kinästhetischen Empfindungen die richtige Körperhaltung verbunden ist. Die grundlegenden Merkmale der richtigen Körperhaltung des Abwehrspielers sehen folgendermaßen aus:

○ Die Füße dürfen nur geringfügig weiter als Schulterbreite auseinander stehen.
○ Das Körpergewicht muß auf die Fußballen verlagert werden.
○ Die Knie müssen gebeugt sein.
○ Das Gesäß muß niedrig gehalten und der Rücken muß gerade sein.
○ Kopf und Kinn müssen aufgerichtet sein.
○ Die Arme müssen ausgebreitet sein, wobei einer tief und der andere hoch gehalten werden muß.

Wenn Ihre Spieler die Abwehrhaltung einnehmen, sollten Sie sie auffordern, ihre Aufmerksamkeit auf ihr Gleichgewicht und auf die mit der richtigen Stellung einhergehenden kinästhetischen Empfindungen zu verlagern.

Die Entwicklung der Beinschnelligkeit

Nachdem die Spieler die richtige Körperhaltung gelernt haben, sollte ihnen beigebracht werden, wie sie ihre Körperbewußtheit einsetzen können, um die mit der korrekten Gleitbewegung verbundenen kinästhetischen Empfindungen zu erlernen. Es kommt darauf an, einen fließenden, natürlichen Bewegungs-rhythmus zu entwickeln. Der Rhythmus sollte jedoch nicht langsam, sondern sehr schnell sein. Nachdem Ihre Spieler also die fließende Gleitbewegung er-lernt haben, müssen Sie sie auffordern, ihre Aufmerksamkeit auf ihre Füße zu richten. Sie müssen ihre Füße zu schnelleren Bewegungen zwingen, indem sie den Rhythmus beschleunigen, ohne ihr Gleichgewicht oder ihre Kontrolle zu verlieren. Erinnern Sie Ihre Spieler während der Gleitübungen daran, auf ihre Fußschnelligkeit und nicht auf eventuelle Ermüdungssymptome zu achten. For-dern Sie sie in den Pausen zwischen den Übungen oder sogar während der Übungen auf, sich vorzustellen, daß ihre Füße sich schneller bewegen. Schon bald werden ihre Füße sich so schnell bewegen, wie es in ihrer Vorstellung der Fall ist. (Siehe Kapitel 14 ‚Suggestion und mentales Training: Übungen für den Lehnstuhl''. Dort erfahren Sie, wie Sie das mentale Training einsetzen können, um Ihre Beinschnelligkeit zu verbessern).

Die Entwicklung des Bewegungsgefühls

Um Ihren Spielern zu helfen, sich eine klare Vorstellung von Beinschnellig-keit zu machen, bitten Sie Ihren größten Spieler, den übrigen Spielern das Glei-ten in der Abwehr zu demonstrieren. Fordern Sie die langsameren Spieler auf, sich vorzustellen, ihre Füße bewegten sich so schnell wie die der anderen Spie-ler. Sie sollten sich vorstellen, ihre Schuhe steckten in ihren eigenen Schuhen, und die schnelle Bewegung ihrer Beine ,,fühlen''.

Übung 1 — Abwehr-Gleitschritt

Vor Beginn der Übung sollte der Trainer die Bedeutung der Körperbewußt-heit betonen und falsche Körperstellungen korrigieren. In Abbildung 9.1 wird gezeigt, wie sich zwölf Spieler in drei Reihen zu je vier Spielern aufstellen, um den Anordnungen des Trainers (links, rechts, vorne, zurück) Genüge zu tun. Die Spieler sollten ihre Aufmerksamkeit auf den Rhythmus des Gleitschritts und ihre Beinschnelligkeit richten. Unter Einsatz ihres Vorstellungsvermögens soll-ten die Spieler Ihre Beine sozusagen ,,schneller denken''.

Übungen, bei denen Druck auf den Ball ausgeübt werden soll

Das Bewachen des im Ballbesitz befindlichen Gegenspielers verlangt eine visuelle Feinzentrierung. Die Spieler müssen sich auf den Ball konzentrieren, wenn ihr Gegenspieler dribbelt oder sein Dribbling beendet hat. Oder sie müs-sen sich auf seine mittlere Körperpartie konzentrieren, wenn er noch zu einem Dribbling ansetzen kann. Da der Abwehrspieler mit drei verschiedenen Situa-tionen konfrontiert werden kann, muß er drei verschiedene Arten von Abwehr-übungen absolvieren. Bei der ersten Art von Übungen muß er auf den Ball fein-zentrieren, während er den Dribbler deckt. Bei einer weiteren Art von Übungen kommt es darauf an, auf den Gegenspieler, der sein Dribbling beendet hat, Druck auszuüben. Bei der dritten Art von Übungen wird von dem Spieler ver-langt, sich auf die mittlere Körperpartie des Gegenspielers, von dem erwartet wird, daß er zum Dribbling ansetzt, zu konzentrieren.

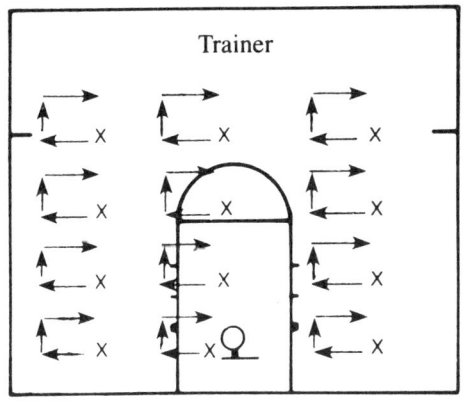

Abbildung 9.1: Übung 1 — Defensiver Gleitschritt

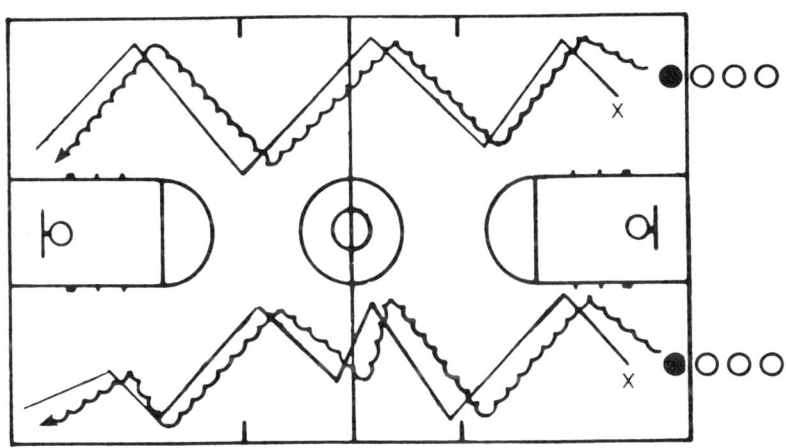

Abbildung 9.2: Übung 2 — Decken des Dribblers

Wenn die Spieler ihre Beinschnelligkeit entwickelt und den defensiven Gleitschritt automatisiert haben, sollten sie ihren Aufmerksamkeitsschwerpunkt von ihrem Körper und ihren Füßen auf ihre anderen Sinne verlagern — Sehen, Hören und Fühlen. Beziehen Sie Übungen in Ihr Trainingsprogramm ein, die alle diese Sinne ansprechen. Da das Sehen am wichtigsten ist, wollen wir damit beginnen.

Übung 2 — Decken des Dribblers

Vor Absolvieren dieser Übung sollte der Trainer noch einmal die Wichtigkeit der Feinzentrierung auf den Ball betonen. Wenn er seine Beinarbeit und den Gleitschritt automatisiert hat, kann der Abwehrspieler sich auf den Ball konzentrieren. Er kann versuchen, seinem Gegenspieler den Ball mit hoch erhobenen Händen aus der Hand zu spielen. Diese Übung kann entweder ausgeführt werden, indem der Dribbler über die gesamte Spielfeldlänge in einem Zick-Zack-Kurs läuft und innerhalb einer 3,60 m breiten Zone seine Richtung ändert, oder indem er von einer der wichtigsten Angriffszonen (Birne, Flügel, Ecke) aus startet und zum Korb hin läuft. Der Abwehrspieler bleibt eng am Dribbler und versucht, ihm den Ball aus der Hand zu spielen (siehe Abbildung 9.2).

Übung 3 — Abwehr vor Beginn des Dribblings

Vor Absolvieren dieser Übung sollte der Trainer die Bedeutung der visuellen Feinzentrierung auf den Bauch des Gegenspielers betonen. Der Angriffsspieler beginnt seine Bewegung in irgendeiner der primären Angriffszonen (Birne, Flügel, Ecke) und spielt 1:1 gegen den Abwehrspieler, indem er vor Beginn seines Dribblings mittels Überstellschritten oder Schaukelschritten täuscht. Der Abwehrspieler muß lernen, den Kopf und die Füße seines Gegenspielers sowie den Ball zu ignorieren und sich stattdessen nur auf den Bauch seines Gegners zu konzentrieren. In Abbildung 9.3 sind Beispiele dieser Übung dargestellt.

Übung 4 — Verteidigung nach dem Dribbling

Diese Übung (siehe Abbildung 9.4) beginnt genauso wie Übung 3, allerdings mit der Ausnahme, daß dem Angreifer nur ein oder zwei Dribblings erlaubt sind. Wenn der Angreifer den Ball in beide Hände nimmt, muß der Verteidiger zur Stelle sein und versuchen, einen Paß zu einem anderen Angriffsspieler zu verhindern.

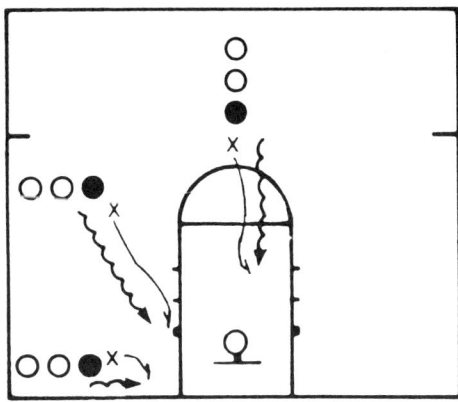

Abbildung 9.3: Übung 3 — Abwehr vor Beginn des Dribblings

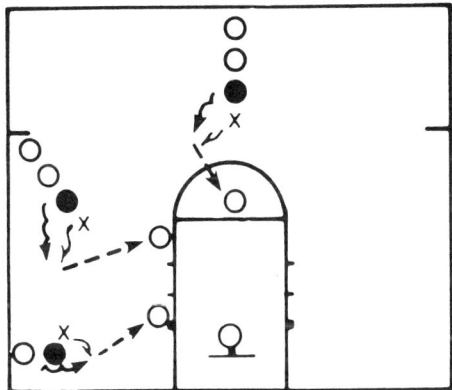

Abbildung 9.4: Übung 4 — Verteidigung nach dem Dribbling

Übungen zum Decken eines Angreifers ohne Ball

Beim Decken eines Angreifers ohne Ball kommt es normalerweise auf visuelle Weichzentrierung an. Jeder Abwehrspieler muß sich seines Gegners und gleichzeitig des Balls visuell bewußt sein. Wenn dies der Fall ist, wird der Abwehrspieler sowohl in der Lage sein, seinen Gegner an der Ballannahme zu hindern als auch einem Mitspieler zu Hilfe zu kommen.

Übung 5 — Abwehr gegen einen Spieler ohne Ball/Verhindern der Ballannahme

Bei dieser Übung sollte der Trainer die Bedeutung der visuellen Weichzentrierung betonen, d.h., der Abwehrspieler muß sich sowohl auf den Ball als auch auf den Angriffsspieler konzentrieren. Der Trainer steht an der Birne und versucht zu einem Angriffsspieler zu passen, der aus der tiefen Pivot-Position zur Ecke oder zum Flügel läuft (siehe Abbildung 9.5). Der Trainer kann auch am Flügel stehen und versuchen, dem Spieler zuzupassen, der aus der tiefen Pivot-Position zur Ecke oder zur Birne hin startet. Die Aufgabe des Abwehrspielers besteht darin, den Ball und den Angriffsspieler visuell wahrzunehmen. Wenn der Abwehrspieler diese Aufgabe erfüllt, müßte er imstande sein, den Paß des Trainers abzufangen. Wenn der Paß unterwegs ist, muß der Abwehrspieler seine Aufmerksamkeit von der Weichzentrierung auf den Ball und den Angriffsspieler auf die Feinzentrierung auf den Ball verlagern, so daß er den Ball ablenken oder abfangen kann.

Übung 6 — Abwehr gegen einen Spieler ohne Ball/Unterstützen eines Mitspielers

Bei dieser Übung sollte der Trainer ebenfalls die Bedeutung der Weichzentrierung auf den Ball und den Angreifer betonen. Zwei Angreifer und zwei Verteidiger stehen rechtwinklig zueinander. Die Übung beginnt damit, daß der im Ballbesitz befindliche Angreifer an einem Flügel steht, während der Angreifer ohne Ball von einer Stelle an der schwachen Seite aus (Flügel oder tiefer Pivot) startet. Der Abwehrspieler muß seinen Gegner an der Ballannahme hindern, muß jedoch auch seinem Mitspieler zu Hilfe kommen, wenn der Angreifer mit dem Ball den Korb ansteuert. Diese Übung ist in Abbildung 9.6 dargestellt.

Neben diesen Übungen helfen den Spielern auch die in Kapitel 4 ,,Die Entwicklung des wichtigsten Sinns'' beschriebenen visuellen Kontrollübungen. Diese Übungen tragen zur Entwicklung der Fähigkeit der visuellen Weichzentrierung bei, die für das Unterstützen des Mitspielers in der Abwehr notwendig ist.

94

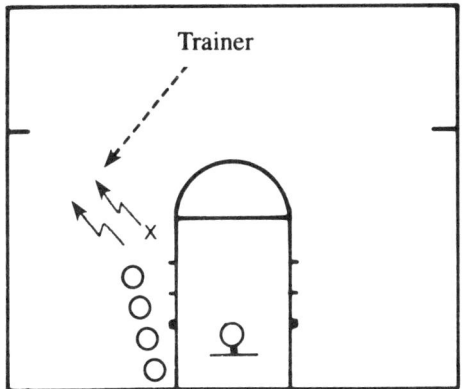

Abbildung 9.5: Übung 5 — Abwehr gegen einen Spieler ohne Ball — Verhindern der Ballannahme

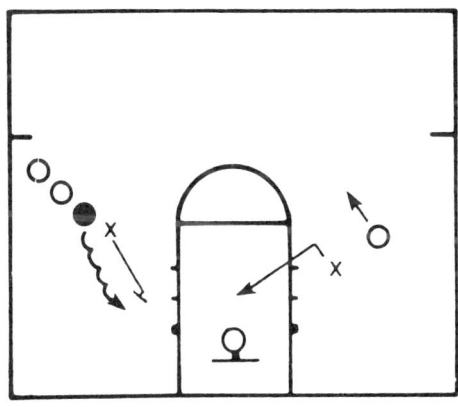

Abbildung 9.6: Übung 6 - Abwehr gegen einen Spieler ohne Ball/Unterstützen eines Mitspielers

Übungen zur Verbesserung der auditiven und taktilen Aufmerksamkeit

Sie sollten in Ihre Trainingseinheiten auch Abwehrübungen integrieren, bei denen die Betonung auf dem Sprechen, Hören und Fühlen liegt. Bei diesen Übungen kommt es erstrangig darauf an, daß der Abwehrspieler bemüht ist, einen Schirm zu vermeiden oder sich durch einen Block hindurchzukämpfen. Der Spieler, der sich durch einen Block hindurchkämpft, muß auf seinen Mannschaftskameraden hören, der ihm zuruft „Block rechts!'' oder „Block links!'' Sie sollten auch einige Übungsspiele 5:5 auf halbem Spielfeld mit dem alleinigen Ziel durchführen lassen, sich hinsichtlich des Abwehrspiels zu verständigen. Eine Übung, die Sie anwenden können, ist in Abbildung 9.7 dargestellt. In dieser Übung, Übung 7, muß der den im Ballbesitz befindlichen Angreifer deckende Abwehrspieler zwar visuell zentriert sein, gleichzeitig muß er jedoch auf seine Mannschaftskameraden achten, die ihn verbal auf einen Block aufmerksam machen könnten. Wenn die zwei Angreifer versuchen, den Block zu stellen, muß der den Ballbesitzer deckende Abwehrspieler diesen Block „erfühlen'' und sich hindurchkämpfen.

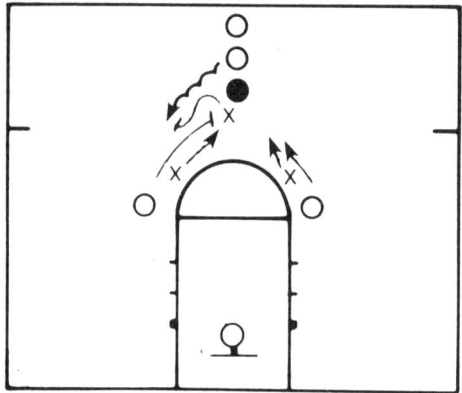

Abbildung 9.7: Übung 7 - Hören und Fühlen

Zusammenfassung

Eine gute Abwehrarbeit beginnt mit der richtigen Einstellung. Zunächst muß man die Bedeutung der Abwehrarbeit verstehen. Basketball bedeutet nicht nur, Körbe zu werfen. Gute Mannschaften und hervorragende Spieler sind davon überzeugt, daß es wichtig ist, im Angriff und in der Abwehr ihr Bestes zu geben. Zweitens verlangt eine gute Abwehr eine aggressive Einstellung und die Bereitschaft, die Initiative zu ergreifen und die Angreifer dazu zu zwingen, Fehler zu begehen. Drittens bedeutet eine gute Abwehrarbeit, zur Handlung selbst dann bereit zu sein, wenn der eigene Gegenspieler nicht im Ballbesitz ist. Sie müssen nicht nur bereit sein, den eigenen Gegenspieler an der Ballannahme zu hindern, sondern auch einem Mannschaftskameraden zu Hilfe zu kommen, wenn der im Ballbesitz befindliche Spieler sich als gefährlicher erweist als der eigene Gegenspieler.

Eine gute Abwehrarbeit ist auch das Ergebnis einer richtigen Konzentration. Ihr Aufmerksamkeitsschwerpunkt sollte in der Abwehr dominant visuell sein und je nach Situation variieren. Die Art Ihrer visuellen Aufmerksamkeit ist davon abhängig, ob Ihr Gegenspieler im Ballbesitz ist, ob Ihr Gegenspieler ein Dribbling noch ansetzen kann, gerade dribbelt oder sein Dribbling beendet hat. Jeder kann ein guter Abwehrspieler werden, wenn er die richtige Einstellung zum Abwehrspiel sowie die richtigen motorischen und konzentrativen Gewohnheiten entwickelt.

Kontrollfragen zu Kapitel 9

1. Warum ist die Einstellung bei der Abwehrarbeit so wichtig?
2. Warum ist es wichtig, in der Abwehr die Initiative zu ergreifen?
3. Warum müssen Sie Ihren Gegenspieler bereits vor der Ballannahme defensiv bedrängen?
4. Worauf sollten Sie zentrieren, wenn Ihr Gegenspieler in Ballbesitz ist, aber noch nicht gedribbelt hat?
5. Worauf sollten Sie zentrieren, wenn Ihr Gegenspieler dribbelt?
6. Worauf sollten Sie zentrieren, wenn Ihr Gegenspieler sein Dribbling beendet hat?
7. Warum sind Antizipation und Visualisierung in der Abwehr so wichtig?
8. Warum ist es wichtig, in der Abwehr verbal zu kommunizieren?
9. Wie können Sie in der Abwehr Ihren taktilen Sinn zu Ihrem Vorteil einsetzen?
10. Warum ist in der Abwehr Aufmerksamkeitsflexibilität wichtig?
11. Warum ist es für Ihr Abwehrspiel gut, wenn Sie Ihren Gegenspieler kennen?

KAPITEL 10

MENTALE GRUNDLAGEN DES REBOUNDINGS

Basketball ist in erster Linie ein geometrisches Spiel — ein Spiel der Linien, Punkte und Strecken — und die horizontalen Strecken sind wichtiger als die vertikalen. Wenn ich gegen einen Spieler spielen würde, der 30 cm kleiner als ich wäre, könnten die vertikalen Strecken wichtig sein, aber im wettkampfmäßigen Basketball sind die meisten wichtigen Strecken horizontaler Art, am Boden entlang oder in Augenhöhe. Die Körpergröße ist nicht so wichtig wie es scheint, selbst beim Rebound. Als ich zu Beginn meiner Karriere Rebounds näher untersuchte, fiel mir auf, daß dreiviertel der Rebounds unter Korbhöhe gegriffen werden — eine Höhe, die alle College-Spieler leicht erreichen können (das gilt auch für Profispiele). Im allgemeinen waren die wichtigen Strecken bei diesen Rebounds horizontaler Art.

Bill Russell (Russell & Branch, 1979, S. 83)

Die Kontrolle der Bretter ist entscheidend für den Spielausgang. Da ein Angriffsrebound der angreifenden Mannschaft durchschnittlich einen Punkt pro Rebound bringt, müssen Sie die Angriffsrebounds Ihres Gegners minimieren, während Sie Ihre eigenen gleichzeitig maximieren. Der eine Rebound, um den Sie sich nicht bemüht haben, kann über Sieg oder Niederlage entscheiden. Sie müssen sich also angewöhnen, um jeden Rebound zu kämpfen. Da man derartige Gewohnheiten nicht ein- und ausschalten kann wie ein Licht, *müssen Sie um jeden Rebound kämpfen!*

Um bei jedem Rebound eine faire Chance zu haben, müssen Sie den wahrscheinlichen Reboundwinkel des Balls kennen. Dieser Winkel hängt davon ab, von welcher Stelle aus der Ball geworfen wurde und an welcher Stelle er auf das Brett oder den Korb trifft. Es ist auch wichtig, die wahrscheinliche Rebounddistanz zu kennen. Im allgemeinen fliegen dreiviertel aller Rebounds nach dem Abprallen vom Ring in die dem Abwurfpunkt entgegengesetzte Seite des Spielfelds. Der Landepunkt ist normalerweise 90 cm bis 1,20 m vom Korb entfernt.

Ein guter Reboundspieler ist ausdauernd, hartnäckig und hat den übermächtigen Ehrgeiz, in Ballbesitz zu gelangen. Sie sollten nie still stehen, sondern jede Sekunde um Ihre Position kämpfen. Es ist ein Kampf bis zum Letzten. Auf einer Intensitätsskala, die von ,,1'' bis ,,10'' reicht, wobei ,,1'' vollkommene Entspannung und ,,10'' maximale Intensität bedeutet, sollte Ihre Rebound-Intensität bei ,,9'' liegen. Mit einer so hohen Intensität unter dem Brett zu agieren, fordert jedoch seinen Preis. Um Ihre Konzentration und Ihren hohen Energieeinsatz aufrechterhalten zu können, müssen Sie in außerordentlich guter Form sein. Wenn

Sie sich in einer derart guten Form befinden, werden Sie im allesentscheidenden vierten Viertel, wenn Ihr Gegner müde ist, in der Lage sein, die Bretter zu beherrschen.

Zwei Aufgaben

Beim Rebound haben Sie zwei wesentliche Aufgaben: den vom Brett abprallenden Ball abzufangen und Ihren Gegner daran zu hindern, das gleiche zu tun. Beide Aufgaben fallen leichter, wenn Sie die Innenposition einnehmen. Natürlich sind die körperlichen Faktoren Körpergröße, Kraft und Sprungkraft sehr wichtig. Genauso wichtig sind jedoch die mentalen Faktoren Einstellung und Konzentration. Diese Faktoren sind für die Schnelligkeit entscheidend, und auf Schnelligkeit kommt es an, wenn Sie die Innenposition einnehmen wollen. Die Schnelligkeit bei der Positionseinnahme ist gleichermaßen von körperlichen wie von mentalen Faktoren abhängig. Schnelle Reaktion und schnelles Handeln sind wichtig. Im Sprung überlegen zu sein, ist vor allem ein Ergebnis von Wachsamkeit, Weichzentrierung auf die gesamte Spielhandlung und der sofortigen Reaktion auf einen Wurfversuch.

Um unter den Brettern im Sprung Ihrem Gegner überlegen zu sein, müssen Sie von zwei Annahmen ausgehen:
1. Jeder Wurf geht daneben und verlangt den Reboundeinsatz in Ihrem Bewegungsbereich. Warten Sie nicht, um zu sehen, ob der Wurf auch wirklich danebengeht!
2. Ihr Gegner wird versuchen, den Rebound abzufangen.

Aus diesen beiden Annahmen folgt, daß Sie Ihre Aufmerksamkeit auf zwei Dinge gleichzeitig richten müssen — den Ball und Ihren Gegenspieler.

Verteidigungsrebound

Obwohl niemand die Wichtigkeit des Rebounds leugnet, sind einige Personen unterschiedlicher Ansicht darüber, was die beste Methode ist, den vom Brett abprallenden Ball anzunehmen. Es gibt im Grunde zwei Haupttheorien zum Verteidigungsrebound.

Eine dieser Theorien betont das Aussperren jedes Angriffsspielers vom Brett, indem man den Angriffsspieler kontaktiert und dann versucht, den Ball zu bekommen. Die zweite Theorie stellt das Spielen des Balles und nicht das Aussperren des Gegners in den Mittelpunkt. Beide Methoden verlangen sowohl das Spielen des Balles als auch das Aussperren des Gegners, der Unterschied besteht nur in der Wertung dieser beiden Ziele.

Methode 1: Aussperren

Das grundlegende Ziel des Aussperrens besteht darin, den Gegner an der Annahme des Rebounds zu hindern. Damit diese Methode effektiv ist, muß jeder Abwehrspieler sich auf den von ihm zu deckenden Angriffsspieler konzentrieren. Wenn ein Abwehrspieler versagt, bricht das gesamte System zusammen. Daher muß sich jeder Abwehrspieler mehr auf seinen Gegner als auf den Ball konzentrieren.

Um effektiv auszusperren und Ihre vorteilhafte Position beizubehalten, müssen Sie sich mit einem Schritt zu Ihrem Gegenspieler hinbewegen, pivotieren und ihn auf Abstand halten.

Das bedeutet, daß Sie sich visuell auf Ihren Gegenspieler konzentrieren müssen (visuelle Feinzentrierung), sobald ein Wurf in Richtung Korb erfolgt. Warten Sie nicht, bis der Ball vom Ring abprallt. Sperren Sie Ihren Gegner aus, sobald der Ball in der Luft ist. Wenn Sie ,,in'' Ihren Gegenspieler pivotieren, müssen Sie Ihren Aufmerksamkeitsschwerpunkt auf Fühlen richten. Indem Sie sich berührungsmäßig auf Ihren Gegenspieler konzentrieren, müßten Sie imstande sein, seine Bewegungen zu ,,lesen'' und seine Bewegungen mitzuvollziehen, ohne Ihren Bodenvorteil zu verlieren. Gleichzeitig müssen Sie visuell wachsam sein, auch wenn Sie sich nicht auf den Ball konzentrieren. Wenn der Ball in Ihre Nähe kommt, müssen Sie Ihren Aufmerksamkeitsschwerpunkt ändern, d.h. visuell auf den Ball feinzentrieren und versuchen, ihn abzufangen! Da Sie den Flug des Balls von der Hand des Werfers bis zum Ring nicht verfolgt haben, werden Sie den Ball nicht so schnell erreichen, wie es der Fall wäre, wenn Sie ihn selbst geworfen hätten. Wenn Sie sich jedoch darauf konzentriert haben, Ihren Gegenspieler auszusperren, werden Sie ihn daran gehindert haben, sich selbst den Rebound zu sichern.

Kurz gesagt: Bei einem Wurf in Richtung Korb müssen Sie sich sofort drehen, sich Ihrem Gegenspieler mit einem Schritt nähern und Ihre gesamte visuelle Aufmerksamkeit auf ihn zentrieren. Beim Pivotieren müssen Sie Ihre Stellung zu Ihrem Gegenspieler beibehalten, indem Sie Ihre Aufmerksamkeit zu zwei Dritteln auf ihn richten (durch Berührung). Gleichzeitig müssen Sie den Ball orten, indem Sie Ihre Aufmerksamkeit zu einem Drittel auf ihn zentrieren (visuelle Weichzentrierung). Wenn der Ball in Ihren Bereich kommt, müssen Sie Ihre gesamte Aufmerksamkeit auf den Ball richten und versucht, in seinen Besitz zu gelangen.

Methode 2: Spielen des Balls

Einige Trainer, wie z.B. John Wooden, sind der Meinung, daß es besser ist, wenn Abwehrspieler den Ball spielen, anstatt sich erstrangig auf ihren Gegenspieler zu konzentrieren. Bei dieser Methode kreuzt der Abwehrspieler den Weg seines Gegenspielers, wenn sich die Spieler nach einem Wurf dem Korb zuwenden, und versucht dann, *in Ballbesitz zu kommen.*

Bei dieser Strategie müssen Sie visuell feinzentrieren, wobei Sie für den Bruchteil der Sekunde, die Sie benötigen, um sich Ihrem Gegenspieler in den Weg zu stellen, Ihre Aufmerksamkeit zur Hälfte auf den Ball und zur Hälfte auf Ihren Gegenspieler richten. Wenn Sie vor Ihren Gegenspieler getreten sind, müssen Sie sich visuell auf den Ball feinzentrieren und versuchen, den Flugwinkel des abprallenden Balles so genau einzuschätzen, daß Sie ihn im höchsten Punkt Ihres Sprungs fangen können. Bei dieser Methode kommt es vor allem auf die Schnelligkeit an, mit der Sie versuchen, in Ballbesitz zu gelangen — *wer zögert, hat verloren!*

Angriffsrebound

Beim Angriffsrebound müssen Sie versuchen, Ihren Gegenspieler auszumanövrieren, wobei Sie visuell auf den Ball feinzentrieren. Wenn möglich, sollten Sie versuchen, einen Kontakt mit Ihrem Gegenspieler zu vermeiden, denn die meisten Verteidiger behalten Ihre Stellung bei, indem sie sich durch Berührung orientieren. Verhalten Sie sich so, daß Ihr Gegenspieler sich darauf konzentrieren muß, Sie zu finden, während Sie versuchen, in Ballbesitz zu gelangen.

Den Werfer kennenlernen

Versuchen Sie, den Werfer kennenzulernen. Moses Malone, einer der besten Offensivreboundspieler, wendet ein System an, das auf seiner Kenntnis der Würfe seiner Mannschaftskameraden basiert.

Bei den Mannschaftskameraden, die weiche, hohe, bogenförmige Würfe bevorzugen, stellt er sich auf die der Abwurfstelle entgegengesetzte Seite des Korbs, denn er weiß aus Erfahrung, daß die Mehrzahl dieser Rebounds in diese Richtung abprallt.

Bei seinen Mannschaftskameraden mit niedrigen Würfen stellt er sich an die Seite des Korbs, von der aus die Würfe erfolgen, denn ein fehlgegangener flacher Wurf prallt normalerweise von der Vorderseite des Korbrings zum Werfer zurück (White, 3. Februar 1979). Studieren Sie die Würfe Ihrer Mannschaftskameraden, und richten Sie Ihre Handlungen danach aus.

Moses

Der beste Weg, die Geheimnisse eines erfolgreichen Reboundspiels zusammenzufassen, ist vielleicht, einen Blick auf einen der besten Reboundspieler der Gegenwart zu werfen.

Dwight Jones, der einmal der Rückraum-Center von Moses Malone in Houston war, weiß folgendes über diesen hervorragenden Spieler zu berichten:

Ich glaube, ich weiß, warum Moses ein so guter Reboundspieler geworden ist. Er ist so gut, weil er seinen Blick immer auf den Ball gerichtet hat. Man kann ihn stoßen, schieben, schlagen, man kann wirklich alles mit ihm machen, aber man kann ihn nicht dazu bringen, seinen Blick vom Ball zu lösen. Er ist ein Musterbeispiel an Konzentration.

(White, 1979, S. 3)

Trainerecke

Welche Art von Reboundübungen Sie in der Praxis anwenden, hängt im wesentlichen davon ab, ob Sie es vorziehen, auszusperren oder den Ball zu spielen. Die im folgenden vorgestellten Übungen sind daher klassifiziert in Aussperrübungen und in Übungen, bei denen der Ball gespielt wird.

Aussperrübungen

Wenn Sie die Aussperrmethode bevorzugen, müssen Sie damit beginnen, Ihren Spielern die richtige Technik des Aussperrens beizubringen. In dieser Anfangsphase müssen die Spieler lernen, sich auf ihre Körperbewußtheit zu konzentrieren, bis der Bewegungsablauf ,,Schritt-und-Pivotieren'' automatisch abläuft. Wenn die Spieler diese Technik einmal beherrschen, müssen die Spieler Übungen ausführen, bei denen es darauf ankommt, ihre Aufmerksamkeit auf den Gegner über die Berührung zu richten. Der nächste Schritt besteht darin, daß man die Spieler Paare bilden (jeweils ein Angreifer und ein Verteidiger) und in einer kontrollierten 5:5-Situation auf dem Spielfeld Aufstellung nehmen läßt, wobei eine weitere Person (Trainer oder Spieler) von verschiedenen Stellen aus Würfe ausführt. Die Spieler müssen in dieser Phase daran erinnert werden, ihre Aufmerksamkeit zu zwei Dritteln auf ihren Gegenspieler (Berührung) und zu einem Drittel auf den Ball zu richten. In dieser Phase sollte bereits ,,ernsthaft'' gespielt werden, d.h., die Angreifer müssen wirklich versuchen, in Ballbesitz zu gelangen.

Aussperren — Technikübung. Bei dieser Übung stellen die Spieler sich an einer Seitenlinie auf und werden aufgefordert, die Schritt-und-Pivotier-Bewegung des Aussperrens auszuführen. Bei dieser Basisübung werden die Spieler instruiert, sich auf ihre Körperbewußtheit zu konzentrieren, damit sie die Technik schneller beherrschen.

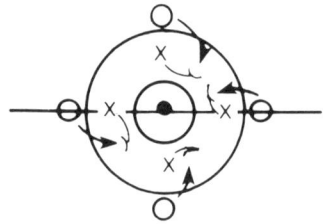

Abbildung 10.1: Aussperren — Mittelkreisübung

Aussperren — Mittelkreisübung. Bei dieser Übung (siehe Abbildung 10.1) lernen die Spieler, ihre Innenposition beizubehalten und ihre Aufmerksamkeit gleichzeitig auf die Berührung zu richten. Die Übung beginnt, indem sich vier Spielerpaare in gleichem Abstand zueinander auf dem Mittelkreis plazieren. Ein Basketball wird in die Mitte des Kreises gelegt. Auf das Kommando des Trainers sperren die vier innenstehenden Spieler ihre Gegenspieler aus und versuchen, das Aussperrmanöver fünf Sekunden zu halten oder solange, bis es einem Angriffsspieler gelingt, durchzubrechen und sich in Ballbesitz zu bringen. Die außenstehenden Spieler müssen versuchen, dem Aussperrmanöver zu entgehen und in Ballbesitz zu gelangen. Nach jeder Wiederholung tauschen die Spieler ihre Positionen.

Aussperren — Muschelübung. Bei dieser Übung stellen sich fünf Spielerpaare vor einem Korb in Form einer Muschel auf, wobei die fünf Angreifer außen und die Verteidiger innen stehen. Wenn der Trainer wirft, versuchen die fünf Abwehrspieler die Angreifer auszusperren, die sich um den Rebound bemühen (siehe Abbildung 10.2). Bei dieser Übung werden die Abwehrspieler daran erinnert, sich völlig auf ihre Gegenspieler zu konzentrieren, bis das Aussperrmanöver eingeleitet ist, und sich dann zu zwei Dritteln über die Berührung auf ihre Gegenspieler und zu einem Drittel auf den Ball zu konzentrieren. Angreifer und Verteidiger tauschen nach jedem Wurf ihre Positionen.

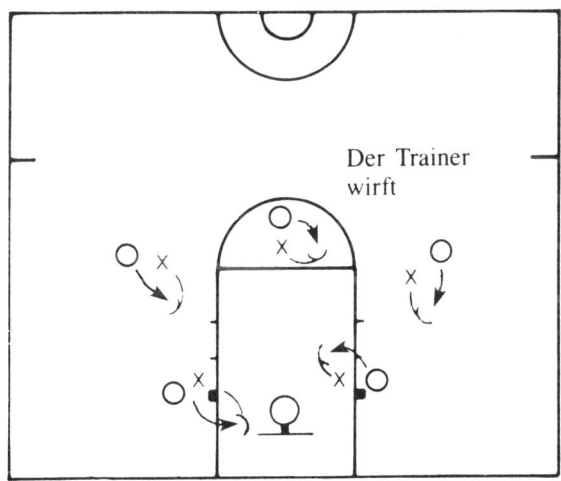

Abbildung 10.2: Aussperren — Muschelübung

Übungen zum Spielen des Balls

Wenn Sie die Methode bevorzugen, bei der der Ball gespielt wird, werden Sie wahrscheinlich einige Zeit mit Rebound-Timing-Übungen verbringen wollen, bevor Sie zu den kontrollierten 5:5-Übungen übergehen. Unter Timing-Übungen verstehe ich Übungen, bei denen die Spieler genau auf die Weite und die Flugkurve verschiedener Würfe und die daraus resultierenden Reboundwinkel und -weiten achten. Die Spieler müssen jedoch nicht nur den ungefähren Reboundbereich verschiedener Würfe kennenlernen, sondern sie müssen auch üben, ihren Sprung so zu timen, daß sie den Rebound im höchsten Punkt ihrer Sprungkurve fangen. Bei der kontrollierten 5:5- oder Muschelübung müssen Sie üben, sich einleitend vor den Angriffsspieler zu stellen, bevor Sie versuchen, in Ballbesitz zu gelangen. Da der Erfolg bei dieser Strategie auch entscheidend von Ihrem Sprungvermögen abhängt, sollten Sie regelmäßig Übungen zur Verbesserung Ihre Sprungkraft durchführen.

Reboundübung an der Wand. Das Ziel dieser Übung besteht darin, das Timing der Spieler zu verbessern — d.h. Ihre Fähigkeit, den Ball im höchsten Punkt ihrer Sprungkurve zu fangen. Diese Übung ist gleichzeitig hervorragend zur Verbesserung der Kondition geeignet. Bei dieser Übung stehen alle Spieler rund um das Basketballspielfeld verteilt etwa 1 m vor den Außenwänden der Halle. Jeder Spieler hat einen Ball. Die Spieler werfen den Ball etwa 3 bis 3,60 m hoch gegen die Wand und versuchen, den zurückspringenden Ball im höchsten Punkt ihrer Sprungkurve zu fangen. Diese Übung wird ohne Pause etwa 2 bis 3 Minuten durchgeführt. Eine einfache Variation dieser Übung besteht darin, den von der Wand zurückspringenden Ball zurückzutippen. Diese Übung kann auch am Korbbrett ausgeführt werden.

Spielen des Balls — Muschelübung. Diese Übung ist identisch mit der Aussperr-Muschelübung, mit der Ausnahme, daß die Abwehrspieler nicht wirklich aussperren. Stattdessen führen sie einfach einen Schritt in Richtung Angriffsspieler aus, so daß sie vor diesen zu stehen kommen, und versuchen dann, in Ballbesitz zu gelangen.

Angriffsreboundübungen

Angriffsreboundübungen können gleichzeitig mit den kontrollierten 5:5-Verteidigungsreboundübungen durchgeführt werden. Die Angriffsreboundspieler müssen daran erinnert werden zu versuchen, den Abwehrspieler auszumanövrieren, um ihre Position einnehmen zu können, oder zumindest den Abwehrspieler zu stören, wenn er versucht auszusperren. Die oben beschriebenen Timing- und Konditionsübungen sind auch zur Entwicklung der Verteidigungsreboundspieler gut geeignet. Wurfübungen, bei denen ein Spieler den Rebound ausführt, während der andere wirft, haben doppelten Wert, wenn der Rebounder aufgefordert wird, den Rebound im höchsten Punkt seiner Sprungkurve entweder anzunehmen oder zurückzutippen.

Unabhängig von der Methode, die Sie bevorzugen, müssen Sie Ihre Spieler Reboundübungen ausführen lassen, bis diese Technik automatisiert ist. Da es beim Rebound entscheidend auf Schnelligkeit ankommt, dürfen die Spieler nicht herumstehen und nachdenken. Sofortige Reaktionen sind ein Muß.

Zusammenfassung

Hinsichtlich des Verteidigungsrebounds werden zwei verschiedene Ansichten vertreten. Bei der einen Ansicht steht das Spielen des Balls im Mittelpunkt, während die andere Auffassung das Aussperren des Gegenspielers betont. Unabhängig von Ihrer persönlichen Reboundstrategie kommt es darauf an, daß Sie die Innenposition einnehmen und diese beibehalten. Das gleiche Prinzip gilt beim Angriffsrebound. Obwohl die körperlichen Merkmale Körpergröße, Kraft und Sprungkraft sehr bedeutend sind, sind die mentalen Faktoren Einstellung und Konzentration genauso wichtig. Diese mentalen Faktoren sind der Schlüssel zur Schnelligkeit, die ihrerseits für das Einnehmen der Innenposition entscheidend ist. Die beim Rebound verlangte Art der Konzentration schwankt je nachdem, ob Sie im Angriff oder in der Abwehr spielen und ob Sie das Aussperren oder Spielen des Balls bevorzugen. Schließlich ist wichtig, daß Sie — unabhängig von der Methode, für die Ihre Mannschaft sich entscheidet — hart arbeiten, so daß der Rebound zu einer festen Gewohnheit wird.

Kontrollfragen zu Kapitel 10

1. Von welchen zwei Annahmen müssen Sie ausgehen, damit Sie bei erfolgtem Wurf Ihrem Gegenspieler im Sprung überlegen sind?
2. Beschreiben Sie die Art der Konzentration, die Sie benötigen, um an den Brettern auszusperren.
3. Beschreiben Sie die Konzentration, die Sie benötigen, um den vom Brett abspringenden Ball zu spielen.
4. Wo werden die meisten Rebounds angenommen?
5. Wo müssen Sie stehen, um einen flachen Wurf zu rebounden?
6. Wo müssen Sie stehen, um einen hohen, bogenförmigen Wurf zu rebounden?

KAPITEL 11

INTENSITÄT

*Vielleicht steht das, was Sie jetzt hören, im Gegensatz zu dem, was Ih-
nen möglicherweise irgendwann einmal gesagt wurde: Eine hohe Spielaktivität kann mangelndes Talent nicht wettmachen. Eine hohe
Spielaktivität ist ein wichtiges Element des Talents. Sie ist die kontrol-
lierte, dauernde Bewegung des Präzisionsathleten. John Havlicek ist
z.b. eine Personifikation hoher Spielaktivität.*

Don Linehan (1976, S. 47)

Basketball ist ein Spiel mit ständig variierendem Konzentrations- und Intensitätsniveau. Einige Elemente des Spiels, wie z.b. das Abwehrspiel und Rebounding, verlangen nahezu maximalen Einsatz, während das Angriffsspiel
dem Spieler einen geringeren Einsatz abfordert. Damit Sie Ihre beste Spielleistung bringen, müssen Sie nicht nur Ihre Aufmerksamkeit steuern, sondern Sie
müssen auch den für jede entstehende Situation richtigen Einsatz wählen. Das
bedeutet, daß Sie wissen müssen, welche Intensität für jede Situation am besten
ist und mit welchem Intensitätsgrad Sie gerade spielen. Nur dann können Sie
Ihre Intensität steuern. Sie müssen willens und in der Lage sein, einen maximalen Einsatz zu zeigen, wenn es nötig ist, und Ihren Intensitätseinsatz herunterzu-
schrauben, wenn er für eine bestimmte Situation — z.b. beim Wurf —
unangebracht ist.

Eine Intensitätsskala

Der beste Weg, das Konzept der optimalen Intensität zu illustrieren, ist
vielleicht das Aufstellen einer Intensitätsskala wie in Tabelle 11.1. In dieser Tabelle steht die ,,1'' für völlige Entspannung, wie z.b. im Schlaf oder während
der Meditation. Die ,,10'' steht für eine maximale Intensität, begleitet durch
milde Symptome des Kampf-oder Flucht-Syndroms. ,,9,5'' ist die Intensität eines Spielers, der sich zu stark einsetzt. Die ,,9'' steht für einen Spieler, der sich
zwar voll einsetzt, der aber nicht gegen sich selbst kämpft. Eine ,,8'' bedeutet
einen 80prozentigen Einsatz usw.

Dieser Tabelle zufolge verlangt eine Aufgabe, bei der es eher auf Feinkoordination ankommt, wie z.b. das Werfen, einen niedrigeren Intensitätsgrad als
das Abwehrspiel. Der Grund hierfür liegt auf der Hand. Beim Wurf eines Basketballs müssen Sie Ihren Wurfarm zunächst um 90° im Ellenbogengelenk beugen. Sie tun dies, indem Sie Ihren Bizeps kontrahieren und Ihren Trizeps
entspannen. Wenn Sie den Ball auf diese Weise in die Abwurfposition gebracht

haben, strecken Sie Ihren Arm zum Korb hin, indem Sie Ihren Bizeps entspannen und Ihren Trizeps kontrahieren. Wenn Sie diesen Bewegungsablauf zu krampfhaft ausführen oder übererregt und verspannt sind, überkontrahieren Sie Ihren Trizeps und entspannen Ihren Bizeps nicht. Die Konsequenz ist, daß Ihr Bewegungsmuster ineffizient wird. Dies kommt darin zum Ausdruck, daß Sie Ihren Arm in einer waagerechten Linie nach vorne ausstrecken und nicht nach oben hin. Sie neigen auch dazu, Ihren Arm nach dem Abwurf zurückzuziehen, statt dem Ball nachzufolgen. Dies hat zur Folge, daß Ihr Wurf flach wird und keinen Rückwärtsdrall aufweist. Wenn Sie ein Ziel nicht locker, sondern verspannt angehen, kämpfen Sie gegen sich selbst an; Ihren agonistischen und antagonistischen Muskelgruppen mangelt es an der für Bewegungsaufgaben wie Werfen, Passen und Annehmen nötigen Feinkoordination. Andererseits ist eine hohe Intensität sehr sinnvoll bei relativ unkomplizierten Fertigkeiten wie dem Abwehrspiel und dem Rebounden. Bei diesen Bewegungsabläufen sind Kraft und Aggressivität sehr viel wichtiger als Feinkoordination. Kurz gesagt: Ihr Intensitätsniveau schwankt in Abhängigkeit von der basketballspezifischen Fertigkeit, die sie gerade ausführen.

Tabelle 11.1: Intensitätsskala

Intensitätsstufe	Erläuterung
10	Maximaler Einsatz, begleitet von leichten Symptomen des Kampf-oder-Flucht-Syndroms
9,5	Zu übertriebener, ungesteuerter Einsatz, aber nicht unbedingt zu verkrampft
9	Fast maximaler Einsatz, hartes, aber nicht verspanntes Spiel (Rebound, druckreiches Abwehrspiel, Zurückziehen in die Abwehr)
8	80prozentiger Einsatz (Durchbruch innen an einem Abwehrspieler vorbei, Schneiden, defensives Helfen)
7	70prozentiger Einsatz (Ballannahme, Passen in der Bewegung, Durchziehen in Richtung Korb)
6	60prozentiger Einsatz
5	50prozentiger Einsatz
4	Geringer körperlicher Einsatz (Freiwürfe)
3	30prozentiger Einsatz
2	20prozentiger Einsatz
1	Völlige Entspannung (Schlaf oder Meditation)

Offensivintensität

Die Offensivintensität variiert je nach vorliegender Aufgabe. Dennoch gilt eine Grundregel: Aufgrund der Ballfertigkeiten, die im Angriff verlangt werden, sei es nun Passen, Dribbeln oder Werfen, muß Ihr Intensitätsniveau wesentlich niedriger sein als im Abwehrspiel und beim Spiel unter den Brettern. Die Feinkoordination, die bei diesen Fertigkeiten verlangt wird, läßt Entspannung zu einem Muß werden. Wenn Sie mit einem Intensitätsgrad von ,,9'' oder ,,10'' spielen, leiden Ihre Ballkontrolle und Ihre Nachfolgebewegung beim Wurf. Im allgemeinen sind die in Tabelle 11.2 aufgeführten Intensitätsstufen am besten geeignet:

Tabelle 11.2: Wirksame Intensitätsstufen für das Offensivspiel

Intensitätsstufe	Erläuterung
9,5 - 10	Als Angriffsspieler sollten Sie nie mit einer Intensität von ,,9,5'' oder ,,10'' spielen. Wenn Sie zu verspannt sind, führen Sie die Entspannungsübungen in Kapitel 17 aus: ,,Die Grundlagen der Wettkampfbewältigung''.
9	Füllen der Schnelldurchbruchsgassen und Angriffsrebound
8	Durchbruch innen am Gegner vorbei, Schneiden ohne Ball
7	Ballannahme, Werfen in der Bewegung, Durchziehen in Richtung Korb
6	Freiwürfe (absolvieren Sie vor dem Werfen Entspannungsübungen)

Intensität des Abwehrspiels

Der Angriffsspieler hat gegenüber dem Abwehrspieler einen deutlichen Vorteil, denn er kann seine Handlungen planen. Der Abwehrspieler kann nur auf die Initiativen des Angriffsspielers reagieren. Dieser Vorteil des Angriffsspielers wird teilweise dadurch ausgeglichen, daß der Angriffsspieler aufgrund der von ihm verlangten scharfen Schneidemanöver und der Ballfertigkeiten am besten mit dem Intensitätsgrad ,,7'' (bzw. mit 70 % seines Maximaleinsatzes) operiert. Dennoch besitzt der Angriffsspieler in einer 1:1-Situation Vorteile.

Um den Nachteil des bloßen Reagierens auf die Initiativen des Angriffsspielers auszugleichen, muß der Abwehrspieler mit einer Intensität von ,,9'' gegen den in Ballbesitz befindlichen Angreifer spielen. Selbst wenn der Abwehrspieler gegen einen in Ballbesitz befindlichen Spieler spielt, der nicht die Absicht hat, einen Korbwurf durchzuführen, muß er ihn mit der Intensität ,,9'' bedrängen, um seine Spielübersicht zu stören. Abwehrspieler, die nicht gegen einen in Ballbesitz befindlichen Spieler spielen, müssen bereit sein, ihren Mannschaftskameraden mit einer Intensität von ,,8'' zu helfen. Es ist richtig, daß Abwehrspieler mit einer höheren Intensität spielen, denn sie führen im Gegensatz zu den Angriffsspielern keine Bewegungen aus, die eine hohe Feinkoordination verlangen; sie brauchen nicht so kontrolliert zu spielen wie Angreifer. Kurz gesagt, Abwehrspieler müssen mit einer Intensität von ,,9'' spielen, um

○ den Nachteil des bloßen Reagieren-Könnens zu kompensieren;
○ die Spielübersicht des Angreifers so viel wie möglich zu stören;
○ den Angreifer zu zwingen, selbst mit einer Intensität von ,,8'' oder ,,9'' zu spielen, so daß die Chance wächst, daß er seine Bewegungspräzision nicht beibehalten kann und Fehler macht.

Reboundintensität

Für den Rebound ist mehr als bloße Körpergröße und -kraft nötig; man muß hartnäckig und beharrlich sein und muß über den festen Willen verfügen, in Ballbesitz zu gelangen. Sie dürfen niemals stillstehen, und Sie müssen Ihre gesamte Energie auf den Kampf um Ihre Position richten. Unter den Brettern sollten Sie eine Intensität entfalten, die nur geringfügig unter dem Maximum liegt, denn Sie kämpfen um den Ball. Wenn Sie nicht bereit sind, die nötige Energie aufzubringen, werden Sie wahrscheinlich nur die wenigen Rebounds ergattern, die ohnehin in Ihren Schoß fallen.

Konditionstraining

Basketball ist ein außerordentlich anstrengendes Spiel, dessen Merkmale dauernde Bewegung, plötzliche Stops und Antritte, schnelle Richtungs- und Tempowechsel, Sprünge, Abwehrgleitschrittbewegungen und Rempeleien unter den Brettern sind. Ihr konditioneller Zustand muß hervorragend sein, wenn Sie die Intensität aushalten wollen, durch die sich exzellente Spieler auszeichnen. Sie können von Glück sagen, wenn Sie einen Trainer haben, der Sie hart rannimmt, um Sie in eine erstklassige Form zu bringen. Die meisten Athleten können sich selbst nicht so weit treiben. Die Athleten, die sich in Topform befinden, können, wenn es verlangt wird, mit einer Intensität von ,,9'' spielen, während diejenigen, deren Form nicht so gut ist, in der 2., entscheidenden Spielhälfte nur noch mit einer Intensität von ,,7'' oder ,,8'' spielen können. Sie müssen stets daran denken, daß Sie mittels der in Kapitel 17 vorgestellten Entspannungsübungen einen eventuellen Zustand der Übererregung reduzieren können. Sie können jedoch im Verlaufe eines Spiels nichts tun, um Müdigkeit oder mangelnde Energie auszugleichen. Es bleibt Ihnen also nichts anderes übrig, als sich im Training in den Formzustand zu bringen, der für ein Basketballspiel auf Wettkampfebene nötig ist.

Trainerecke

Basketball mit einem optimalen Intensitätsniveau zu spielen, sollte eine mentale und moralische, aber keine emotionale Angelegenheit sein. Der Trainer, der seine Spieler vor einem Spiel mit aufputschenden Gesprächen emotional in Stimmung bringen will, richtet mehr Schaden an, als er Gutes tut. Ein aufgeputschter Spieler operiert in einem Zustand der Übererregung ein oder zwei Stufen höher als gut ist. Diese Übererregung und zusätzliche Spannung resultieren in mangelhafter Wurftechnik (keine Nachfolgebewegung), Ballverlusten (Fehlpässe) und übermäßig aggressivem Abwehrspiel (Handschlag am Werfer). Trainer, die ihre Spieler aufputschen statt motivieren, werden darüber hinaus bald feststellen, daß ihre Redensarten die Spieler kalt lassen. Es könnte auch sein, daß Spieler, die vor einem großen Spiel übermäßig aufgeputscht wurden, bei einem unbedeutenderen Spiel überhaupt nicht mehr motiviert sind. Diese Spieler werden erst eine gewisse Spielintensität zeigen, wenn es bereits zu spät ist. Über weite Spielstrecken wird ihre Intensität zu niedrig sein, was sich in einer nachlässigen Deckung und einem lahmen Angriff niederschlägt.

Ein Trainer sollte seine Spieler nicht bei der emotionalen Seite packen, sondern er muß bemüht sein, angemessene Einstellungen und Bewegungsgewohnheiten zu entwickeln. Sie tun dies, indem sie ihre Spieler dazu erziehen, in jedem Spiel ihr Bestes zu geben. Wenn es dem Trainer gelingt, bei seinen Spielern gute Bewegungsgewohnheiten auszubilden sowie sie dazu zu bringen, ihre Spielintensität der jeweiligen Situation optimal anzupassen, wird er über kurz oder lang eine Mannschaft haben, die sowohl im Training als auch im Spiel stets die notwendige optimale Leistung bringt. Die Spieler müssen lernen, daß sie ihre emotionale Energie nicht wie eine Lampe ein- und ausschalten können. Sie müssen im Training dazu bereit sein, geeignete Intensitätsgewohnheiten auf Basis der richtigen Einstellung (Streben nach Perfektion) und nicht auf emotionaler Basis auszubilden.

Kurz gesagt, Mannschaften die mental und moralisch richtig eingestimmt sind, werden eine situationsunabhängige beständige Leistung bringen im Gegensatz zu den Spielern, die einmal mehr und einmal weniger emotional aufgeputscht in den Wettkampf gehen.

Zusammenfassung

Basketball wird am besten mit verschiedenen Intensitäten gespielt, je nachdem, wie Situation und Aufgabenstellung sind. Sie müssen über die für die unterschiedlichen Spielsituationen — Angriff, Abwehr, Rebound — bestgeeigneten Intensitäten Bescheid wissen, und Sie müssen bereit sein, Spielgewohnheiten zu entwickeln, die mit diesen Intensitätsebenen im Einklang stehen. Sie müssen selbst in der Lage sein, Ihre Intensitäten im Verlaufe eines Spiels zu kontrollieren und, wenn nötig, der jeweiligen Situation anzupassen.

Denken Sie auch immer daran, daß Willenskraft alleine nicht ausreicht, um eine hohe Intensität während eines gesamten Spiels aufrechterhalten zu können. Die körperlichen Anforderungen des Basketballspiels bedingen, daß Sie in Topform sein müssen. Ihre Form muß so gut sein, daß Sie während des gesamten Spiels eine hohe Intensität aufrechterhalten und eventuelle Ermüdungserscheinungen ignorieren können. Konzentration, Gelassenheit und Selbstvertrauen helfen Ihnen weiterhin beim Kampf gegen Ermüdungserscheinungen.

Kontrollfragen zu Kapitel 11

1. Beschreiben Sie kurz die Intensitätsskala.
2. Mit welchem Intensitätsgrad sollten Sie beim Rebound, in der Preßdeckung und beim Rückzug in die Abwehr spielen?
3. Mit welchem Intensitätsgrad sollten Sie beim Durchbruch innen an einem Abwehrspieler vorbei, beim Schneiden und beim Aushelfen in der Abwehr spielen?
4. Welcher Intensitätsgrad ist am besten für Ballannahme, Passen in der Bewegung und das Durchziehen zum Korb geeignet?
5. Wieso ist es gefährlich, wenn ein Trainer seine Mannschaft vor einem Spiel mit Worten aufputscht?
6. Warum sollte die Spielintensität auf Einstellung und Spielgewohnheiten basieren und nicht auf Emotionen?

KAPITEL 12

SCHNELLIGKEIT

Ich habe bereits mehrfach darauf hingewiesen, daß Basketball ein menta-
les Spiel ist, und Schnelligkeit ist vermutlich, der größte körperliche Vor-
teil, den ein Spieler haben kann. Diese Eigenschaften gehen sicherlich
Hand in Hand, denn es bedarf mentaler Wachsamkeit, um seine Schnel-
ligkeit zum richtigen Zeitpunkt einzusetzen. ... Schnelle Entscheidungen
und Handlungen sind offensichtliche Kennzeichen erstklassiger Spieler.
Basketball ist ein Spiel, bei dem automatisierte Handlungen und Reaktio-
nen eine große Bedeutung haben, und Spieler, die nicht sofort auf be-
stimmte Situationen reagieren können, sind nur zweitklassig, denn sie
verpassen notgedrungen sehr viele gute Gelegenheiten.

John Wooden (1966, S. 131)

Obwohl Basketball ein Spiel ist, das sich über das gesamte Spielfeld er-
streckt und bei dem die Spieler mehrere Male hintereinander über die gesamte
Länge des Spielfeldes sprinten müssen, finden die meisten wichtigen Handlungen erst statt, wenn sich die Mannschaften auf einer Seite des Spielfeldes offensiv bzw. defensiv formiert haben. Zu diesem Zeitpunkt müssen Sie entweder
als Angriffsspieler versuchen, Ihrem Gegner zu entkommen, oder Sie müssen
als Abwehrspieler bei Ihrem Gegner bleiben. Um sich im Angriff freispielen
zu können, bedarf es schneller Antritte und Stops und keines Sprints über die
gesamte Spielfeldlänge. Basketball ist erstrangig ein Spiel der wenigen Schritte.
Innerhalb von zwei, drei oder vier Schritten muß es dem Angriffspartner gelingen, seinem Gegner einen Schritt abzunehmen, um frei zum Wurf zu kommen.
Daher ist Schnelligkeit und nicht Geschwindigkeit der entscheidende Faktor.

Schnelligkeit ist eher eine mentale als körperliche Eigenschaft

Dem Gegner gegenüber einen Ein-Schritt-Vorteil herauszuarbeiten, ist eher
eine mentale als körperliche Angelegenheit! Kraft, Koordination und Ausdauer
sind wichtig, aber visuelle Bewußtheit, Reaktionsvermögen und Antizipation
sind noch wichtiger. Diese Schlüsselfaktoren sind in Ihrem Geist und nicht in
Ihren Muskeln angesiedelt.

112

„Muskelschnelligkeit"

Starke, lange Beine befördern Sie mit drei Schritten schneller und weiter vorwärts als schwache, kurze Beine. In höheren Leistungsbereichen sind die körperlichen Unterschiede zwischen den einzelnen Spielern jedoch nicht mehr allzu groß. Im Profi-Basketball sind sie so gut wie nicht mehr vorhanden. Selbst auf High-School-Niveau sind die koordinativen und biomechanischen Unterschiede zwischen den Spielern sehr gering. Die Ausdauer, die Sie in die Lage versetzt, auch am Ende des Spiels noch schnell zu sein, ist letztlich eine Sache des Konditionstrainings. Da die Ausdauer durch hartes, über den Ermüdungspunkt hinausgehendes Training verbessert wird, ist sie eher ein Ergebnis von Willensstärke als von Kraft.

Mentale Schnelligkeit

Jede Bewegung des Körpers ist das Ergebnis eines in drei Schritten ablaufenden geistigen Prozesses. Bevor Sie sich in einer bestimmten Situation richtig bewegen können, muß Ihr Geist über die Information verfügen, die für eine fundierte Entscheidung und eine angemessene Steuerung des Körpers nötig ist.

Bewußtheit. Die notwendigen Informationen werden mittels Ihrer Sinne (Sehen, Hören, Fühlen usw.) aufgenommen und Ihrem Geist übermittelt. Da Sie von all Ihren Sinnen gleichzeitig Informationen erhalten, müssen Sie lernen, Ihre Aufmerksamkeit auf die wichtigste Information zu zentrieren. Im Basketball ist diese Information meist visueller Art. Wenn Ihr Geist z.B. auf die wichtigen Schlüssel zentriert ist (freistehender Spieler) und nicht auf äußere Ablenkungen (Zuschauer), werden Sie *genau im Moment der Spielentwicklung* zum richtigen Spielzug fähig sein (z.B. ein Paß). Wenn Sie jedoch andererseits damit beschäftigt sind, einen soeben mißlungenen Spielzug noch einmal geistig zu rekapitulieren (Ablenkung), oder sich auf Ihre eventuelle Müdigkeit konzentrieren (falsche Schlüssel), werden Sie *langsame* oder vielleicht sogar falsche Entscheidungen treffen. Das wichtigste Prinzip mentaler Schnelligkeit besteht darin, *sich ständig auf die wichtigsten Schlüssel zu konzentrieren*.

Schnelle Reaktionen. Wenn Sie sich erst einmal der wichtigen Schlüssel einer Situation bewußt geworden sind, müssen Sie sofort eine auf den Fakten beruhende Entscheidung treffen. Sollen Sie werfen, durchziehen, passen, sich vor Ihren Gegner stellen oder wechseln? Sie können diese Entscheidungen nur automatisch treffen, wenn sie „vorprogrammiert" sind. In anderen Worten: Sie müssen bereits wissen, was Sie in einer bestimmten Situation zu tun haben, wenn diese Situation sich entwickelt. Für Spitzenleistungen ist es von entscheidender Bedeutung, daß Sie Reaktionen überlernen, so daß Sie sie schnell und unterbewußt aufgrund von Automatisationsprozessen abrufen können.

Der einzige Weg, eine Reaktion zu überlernen, ist das wiederholte Ausführen des beabsichtigten Verhaltens. Sie können dies tun, indem Sie sich entweder auf das Spielfeld begeben, und das betreffende Verhalten in Form von Übungen tatsächlich ausführen, oder indem Sie sich die betreffende Handlung visuell vorstellen (mentale Generalprobe bzw. mentales Training). Trainer können die Entwicklung mentaler Schnelligkeit vereinfachen, indem Sie einfache Spielstrategien und -systeme entwickeln; aber nur Sie, der Spieler, können kontrollieren, wie gut Sie die Mannschaftsphilosophie, die Spielsysteme und die Spielstrategie überlernt haben.

Antizipation. Antizipation ist die Kunst der Visualisierung einer Spielsituation oder eines Spielzugs und Ihrer Reaktion darauf, bevor sie in der Realität stattfindet. Antizipation ist sehr vorteilhaft, denn sie verhilft Ihnen zu schnelleren Reaktionen und bewirkt, daß Sie einen Schritt schneller als Ihr Gegner sind. Dieser mentale Ein-Schritt-Vorteil ist nur durch die Kombination von angemessener visueller Bewußtheit und Visualisierung zu erreichen.

Das Risiko, daß Antizipation gefährlich sein kann (wenn Sie sich irren, können sich die eigentlichen Vorteile ins Gegenteil verkehren), müssen Sie in Kauf nehmen, um im Angriff einen Ein-Schritt-Vorteil zu haben oder in der Abwehr einen Ein-Schritt-Vorteil Ihres Gegners wettzumachen. Sie können das Risiko natürlich verringern, indem Sie die Spielgewohnheiten Ihrer Mannschaftskameraden und die Strategien und Gewohnheiten Ihrer Gegner kennenlernen. Studieren Sie also das Spiel Ihrer Mannschaftskameraden und Ihrer Gegner! Es zahlt sich in Form von mentaler Schnelligkeit aus!

Gleichgewicht

Vor der Zusammenfassung dieses Kapitels sollen noch einige Anmerkungen zur Beziehung zwischen Gleichgewicht und Schnelligkeit gemacht werden, besonders vor dem Hintergrund körperlich großer Spieler. Daß Post- oder Zenterspieler oft langsamer als Aufbauspieler und Verteidiger sind, liegt u.a. daran, daß große Spieler häufig ihr Gleichgewichtsvermögen nicht ausreichend geschult haben, um bereit sein, auf dem Spielfeld volles Tempo zu gehen. Sie neigen zur Zurückhaltung, damit sie ihre Körperkontrolle nicht verlieren. Diese Einstellung ist falsch, denn körperliches Gleichgewicht ist leicht zu entwickeln. Ich empfehle Spielern, die ganz besonders auf die Entwicklung des Gleichgewichtsvermögens und der Koordination angewiesen sind, die im 15. Kapitel „Übungen zur Verbesserung der Sinne und der Bewußtheit" beschriebenen Übungen am Schwebebalken und auf dem Trampolin auszuführen.

Zusammenfassung

Basketball ist ein Spiel, bei dem es auf Schnelligkeit ankommt. Um sich so freilaufen zu können, daß Sie entweder einen Korbwurf durchführen oder einen Paß in einer vorteilhaften Position annehmen könne, müssen Sie schnell genug sein, um zumindest einen Ein-Schritt-Vorteil gegenüber Ihrem Deckungsspieler herauszuspielen. In der Abwehr hindern Sie durch Ihre Schnelligkeit Ihren Gegner daran, sich Ihnen gegenüber einen Ein-Schritt-Vorteil zu verschaffen. Schnelligkeit ist eher eine mentale als körperliche Angelegenheit, weil der notwendige Ein-Schritt-Vorteil normalerweise bereits mit dem ersten Schritt herausgespielt wird. Dieser entscheidende erste Schritt gelingt, wenn Ihre Aufmerksamkeit und Antizipation hoch sind und wenn Sie sofort reagieren.

Kontrollfragen zu Kapitel 12

1. Warum ist Schnelligkeit beim Basketball so wichtig?
2. Warum ist das Herausspielen des Ein-Schritt-Vorteils eher eine mentale als körperliche Angelegenheit?
3. Was ist der Schlüssel mentaler Schnelligkeit?
4. Was ist der Schlüssel schneller Reaktionen?
5. Warum ist Antizipation so wichtig?

TEIL 3

HALBZEITPAUSE

KAPITEL 13

DER GEIST IM SPORT UND KRAFTTRAINING

Das Heben von Gewichten ist vor allem eine Angelegenheit des Geistes. Solange Sie sich geistig auf ein Ziel konzentrieren können, können Sie dieses Ziel auch erreichen ... Ich stellte mir bildlich vor, ein bestimmtes Ziel erreicht zu haben. Die letztlich zum Erreichen des betreffenden Ziels nötige Anstrengung ist im Grunde nur noch ein Anhängsel, eine Erinnerung an das geistige Bild, auf das Sie sich konzentrieren. Arnold Schwarzenegger (Ostrander & Schroeder, 1979, S. 147)

Szene: WNBA-Fernsehstudio in New York. Gastgeber Mike Rofone interviewt Jay Mikes in der Halbzeitpause des Samstagnachmittagsspiels der Woche.

Mike: Guten Tag. Mein Name ist Mike Rofone und es ist Zeit für eine weitere Halbzeit-Sondersendung. Heute wollen wir uns über einen Aspekt des Basketballtrainings unterhalten, der in letzter Zeit bei Trainern und Spielern besonders an Bedeutung gewonnen hat — Gewichttraining. Aber bevor Sie aufstehen und zum Kühlschrank eilen, weil Sie glauben, bereits alles über dieses Thema zu wissen, lassen Sie mich Ihnen sagen, daß Sie auf dem Holzweg sind. Gewichttraining ist nämlich nicht nur Bankdrücken, Arm-Curls und Muskeltraining, wie Sie vielleicht glauben.

Heute begrüßen wir Jay Mikes, den Autor eines bekannten Buchs über mentale Aspekte des Basketballspiel als Gast in unserem Studio. Jay wird uns einige Informationen über die mentalen Aspekte des Sports und ganz besonders des Krafttrainings geben. Ich begrüße Sie ganz herzlich, Jay Mikes.

Jay: Guten Tag, ich freue mich, hier zu sein.

Mike: Jay, sagen Sie uns bitte zuerst einmal, warum Krafttraining im Basketball so wichtig ist. Ich kenne einige Trainer, die Gewichttraining für ihre Sportler ablehnen. Warum ist diese Haltung Ihrer Meinung nach falsch?

Jay: Krafttraining ist aus zwei Gründen wichtig, Mike. Zunächst einmal ist wissenschaftlich nachgewiesen, daß Krafttraining Schnellkraft und Schnelligkeit verbessert, ohne daß technische Fertigkeiten negativ beeinflußt werden. In der Vergangenheit war man der falschen Auffassung, daß Sportler durch Kraft-training zwar ihre Muskulatur trainieren, aber ihre Beweglichkeit sowie ihr technisches Geschick verlieren. Jetzt wissen wir, daß diese Meinung unbegrün-det ist. Zweitens verändert sich das Selbstbild eines Sportlers, wenn er ein Krafttraining durchführt. Das Selbstvertrauen des Sportlers in seine körperli-chen Fähigkeiten wächst. Als Folge davon wird er unter dem Brett und in der Abwehr aggressiver.

Mike: Das leuchtet mir ein. Aber erklären Sie uns doch bitte einmal, welche Rolle geistige Aspekte beim Gewichttraining und Bodybuilding spielen. Ist die mentale Komponente wirklich so entscheidend?

Jay: Der Fortschritt eines jeden Sportlers, sei es nun ein Bodybuilder oder ein Basketballspieler, hängt völlig vom Gebrauch seines Geistes ab. Die meisten Menschen sind sich der Funktionen des Geistes nicht bewußt und sind infolge-dessen nicht imstande, ihr Training zu ihrem größten Nutzen einzusetzen.

Mike: Können Sie uns dies ein bißchen genauer erklären und uns vielleicht ei-nen Einblick in die Funktionen des Geistes vermitteln?

Jay: Sicherlich. Einfach gesagt arbeitet der menschliche Geist auf zwei Ebenen — einer bewußten und einer unbewußten Ebene. Der bewußte Geist umfaßt — wie der Name bereits sagt — die geistigen Vorgänge, derer wir uns bewußt sind, also das, was wir im Moment gerade denken. Der unbewußte Geist umfaßt andererseits die mentalen Prozesse, die ständig ablaufen, ohne daß wir uns ihrer bewußt sind. Diese Prozesse steuern jedoch die meisten unserer geistigen und körperlichen Handlungen. Lassen Sie mich das genauer erklären.

Mike: Ich bitte darum.

Jay: Es gibt vier Arten von bewußten Gedanken. Beim ersten Typ handelt es sich um eine reine Sinnesbewußtheit. Unter Sinnesbewußtheit ist lediglich die Konzentration der bewußten Aufmerksamkeit auf die Empfindungen, die uns durch unsere Sinnesorgane übermittelt werden, zu verstehen: Sehen, Hören, Fühlen, Schmecken, und Körperbewußtheit. Das gesamte Lernen im Kleinkind-alter beruht auf Sinnesbewußtheit.

Die zahllosen sinnlichen Eindrücke, die wir aufnehmen, werden von unse-rem Geist in Gestalt von Mustern organisiert und in den Erinnerungs-Datenbanken unseres Unterbewußtseins gespeichert. Diese Eindrücke werden später mit Hilfe der Kraft der Vorstellung oder der Fähigkeit, Bilder und Ein-drücke vergangener sinnlicher Erfahrungen ins Bewußtsein zurückzuholen, wieder abgerufen. Die Vorstellung ist also die zweite Art bewußter Gedanken.

Die dritte Art bewußter Gedanken, die typisch menschlich ist, ist die Ver-balisierung. Verbalisierung ist die ,,innere Stimme'' unseres Geistes.

Die vierte Art bewußter Gedanken ist die sogenannte Geistesbewußtheit, worunter ich schlicht die Bewußtheit unserer bewußten Bewußtheit verstehe.

Mike: Wie wird der bewußte Geist im Sport eingesetzt?

117

Jay: Der bewußte Geist hat im Sport zwei grundlegende Zwecke. Der erste Zweck besteht darin, uns die Wettkampfsituation bewußt werden zu lassen, worauf ich gleich näher eingehen werde. Der zweite Zweck besteht in der Auswahl von Zielen. Mittels der Vorstellungskraft wählt der bewußte Geist unsere Ziele aus, womit ein Prozeß der Kanalisierung unserer Energien in Richtung des Erreichens eines Ziels eingeleitet wird.

Mike: Wie ist der unterbewußte Geist in dieses System einzuordnen?

Jay: Das läßt sich meines Erachtens am besten erklären, indem man das Unterbewußtsein mit einem Computer vergleicht. Das Unterbewußtsein besteht aus zwei Bereichen. Der erste Teil funktioniert wie der Datenträger eines Computers und speichert all unsere Erfahrungen, einschließlich der mittels unserer Sinne aufgenommenen Wahrnehmungen sowie unserer Schlußfolgerungen und Urteile hinsichtlich der von uns wahrgenommenen Dinge. Dies schließt all unsere sinnlichen Eindrücke auf dem Basketballfeld und die Urteile, die wir über diese Eindrücke treffen — wie z.B. ,,Ich bin ein schlechter Schütze'' oder ,,Ich bin ein guter Abwehrspieler'' — ein. Der Datenträger wird einem ständigen Updating unterzogen, denn unsere Erfahrungen nehmen zu, und unsere Schlußfolgerungen ändern sich im Laufe der Zeit. Der Einfluß dieses Datenspeichers auf die Leistungsfähigkeit ist entscheidend. Hierauf werde ich gleich genauer eingehen.

Der zweite wichtige Bestandteil des Unterbewußtseins ist die Programmdiskette. Auf der Programmdiskette sind die mentalen Methoden zum Erreichen von Zielen gespeichert. Diese Diskette ist für automatisierte Fertigkeiten wie z.B. auf einer banalen Ebene Gehen, Schreiben, Kauen, oder auf einer basketballspezifischen Ebene Dribbeln oder Werfen, verantwortlich.

Die Programme für diese verschiedenen Fertigkeiten werden aufgrund von Erfahrung auf dem Weg über Versuch und Irrtum formuliert. Die Programmdiskette ist sehr stark von der Information auf der Datendiskette abhängig. Was wir normalerweise Denken nennen, ist die Interaktion zwischen diesen beiden Disketten.

Mike: Ich verstehe. Aber wie interagieren diese beiden Arten von Geist im Sport?

Jay: Um das zu erklären, muß ich wieder auf das Computerbeispiel zurückgreifen. Die gedanklichen Prozesse beim Sportler bestehen aus drei Phasen - Input, Verarbeitung und Output. Wir nennen diese drei Phasen schlicht Bewußtheit (Input), Denken (Verarbeitung) und Handlung (Output).

Ein Sportler muß zunächst über den korrekten Input verfügen, um in einer bestimmten Situation den richtigen Spielzug anwenden zu können. Hierbei spielt der bewußte Geist eine wichtige Rolle. Die Sinnessysteme Sehen, Hören, Berührung, Körperbewußtheit und Gleichgewicht vermitteln dem Sportler die Informationen, die in sein einem Computer vergleichbaren Gehirn eingefüttert werden. Allgemein gilt die Regel, daß der Output bzw. die Leistung nicht

Informationen interpretieren und analysieren. Erfahrene Spieler, die über einen großen Datenschatz verfügen, kennen die beste Reaktion auf eine bestimmte Situation; die Verarbeitungsphase läuft bei ihnen automatisch ab. Ein erfahrener Spieler braucht über eine bestimmte Reaktion nicht bewußt nachzudenken. Im Gegenteil, bewußtes Nachdenken ist sogar von Nachteil, denn es kostet Zeit, und Zeit ist ein Luxus, über den Sportler nur selten verfügen.

Ein Beispiel: Der im Ballbesitz befindliche Spieler dribbelt den Ball bei einem 3:2-Schnellangriff zur Freiwurflinie und wird dort von einem Abwehrspieler gestoppt. Der im Ballbesitz befindliche Spieler sicht, daß sein Mannschaftskamerad auf dem linken Flügel bewacht ist, während der andere Mannschaftskamerad auf dem rechten Flügel freisteht und zum Korb schneidet. Die Entscheidung, den Ball dem Mitspieler auf dem rechten Flügel zuzupassen und zwar so, daß dieser den Ball im Lauf annehmen kann, würde durch bewußtes Nachdenken nur verzögert werden. Magic Johnson beschreibt dieses Phänomen korrekt, wenn er sagt: ,,Es passiert einfach … pow!'' (Newman, 1984, S. 15). Diese Art von Entscheidungen werden im Unterbewußtsein gefällt.

Mike: Sie behaupten also, daß sich die erste Phase, Aufmerksamkeit/Bewußtheit, auf der bewußten Ebene abspielt, während die zweite Phase, Verarbeitung oder Denken, im Unterbewußtsein abläuft. Ist das richtig?

Jay: Ja.

Mike: Aus dem, was Sie sagen, folgt, daß das Unterbewußtsein im Sport eine relativ große Rolle spielt.

Jay: Genau. Aber das ist noch nicht alles. Wenn die Entscheidung für eine körperliche Bewegung gefallen ist, sendet die Programmdiskette elektrische Impulse durch das Nervensystem zu den betreffenden Körperpartien. Diese Nervenimpulse steuern die für die Bewegungen notwendigen Muskelkontraktionen und den Energieverbrauch, so daß das energetische Gleichgewicht des Körpers aufrechterhalten bleibt. Sportler denken nicht bewußt daran, ihre Bewegungen in einer bestimmten Reihenfolge auszuführen. Die Programmdiskette sorgt hierfür auf einer unterbewußten Ebene. Die Leistung eines Sportlers hängt wesentlich von dem im Unterbewußtsein eingerichteten Programm ab.

Mike: Mittlerweile glaube ich, daß im Sport das Unterbewußtsein eine größere Rolle als das Bewußtsein spielt. Ist das richtig?

Jay: Ja, aber das ist noch nicht alles. Das Unterbewußtsein steuert nicht nur den Körper, sondern auch das Bewußtsein, indem es dieses dazu veranlaßt,sich auf einen der vier bewußten Gedankenprozesse zu konzentrieren. Mit anderen Worten: Das Unterbewußtsein steuert die Konzentration des Sportlers. Wiederum werden die besten Ergebnisse durch festangelegte Konzentrationsprogramme oder -muster erreicht, wobei die Muster in diesem Fall nicht körperlicher, sondern mentaler Art sind.

Mike: Das ist interessant. Bis heute wußte ich nicht, daß das Unterbewußtsein so wichtig ist.

Jay: Es ist sehr wichtig, Mike. Um unseren Zuschauern die ganze Angelegenheit etwas zu verdeutlichen, habe ich ein Diagramm mitgebracht (siehe Abbildung 13.1). Anhand dieses Diagramms fällt es leicht, die Rolle des Geistes im Sport zu verstehen. Um Mißverständnissen vorzubeugen: Diese Abbildung stellt nicht dar, wo im Gehirn das Bewußtsein und Unterbewußtsein genau lokalisiert sind. Dieses Diagramm ist lediglich ein Schema der mentalen Vorgänge bei einem Sportler.

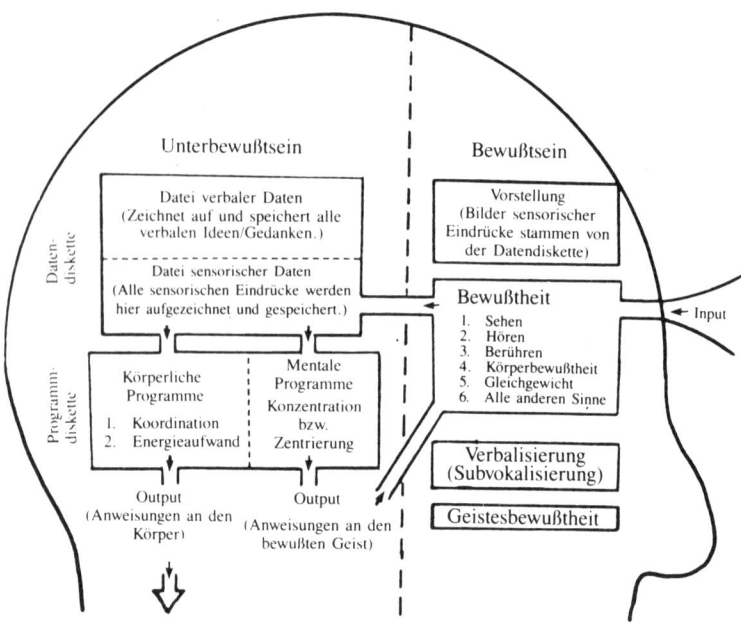

Abbildung 13.1: Unterbewußte und bewußte mentale Prozesse

Mike: Gestatten Sie mir eine Frage. Als Kind träumte ich davon, ein Profisportler zu werden. Ich setzte meinen bewußten Geist ein, wenn ich davon träumte, das „größte" Ziel zu erreichen. Woran lag es, daß dies nicht klappte? War etwas mit meinem Unterbewußtsein nicht in Ordnung?

Jay: Nein, Mike, mit Ihrem Unterbewußtsein war alles in Ordnung, es war lediglich falsch programmiert. Daß Ihr Traum letztlich nicht in Erfüllung gegangen ist, lag sicherlich auch an anderen Faktoren, wie z.B. dem Training, das Sie absolvierten, oder Ihren körperlichen Voraussetzungen.

Mike: Ich habe den Eindruck, daß das Bewußtsein mit sportlichem Erfolg wenig zu tun hat.

Jay: In gewissem Sinne haben Sie recht. Aber noch einmal, der Prozeß beginnt mit der Auswahl klarer Ziele und der Kanalisierung Ihrer gesamten Energie auf das Bemühen, diese Ziele zu erreichen. Die Auswahl klarer Ziele und die Entwicklung eines deutlichen Bilds Ihrer Ziele mit Hilfe Ihrer Vorstellung sind Produkte des bewußten Geistes.

Mike: Sie behaupten also, daß ein Basketballspieler, der seine spielerischen Fertigkeiten verbessern will, damit anfangen muß, seinen bewußten Geist zur Auswahl und Definition seines Ziels einzusetzen.

Jay: Ja. Ein schlecht definiertes Ziel führt zu schlechten Ergebnissen. Ein klares, deutliches Bild Ihres angestrebten Ziels vermittelt Ihrem Unterbewußtsein die Informationen, die es benötigt, um das betreffende Ziel zu erreichen. Um das Beispiel des Krafttrainings noch einmal aufzugreifen, ein Baketballspieler, der sich keine klare Vorstellung von der muskulären Entwicklung, die er zu erreichen sucht, geschaffen hat, wird vermutlich keinen großen Erfolg bei der Entwicklung seiner Kraft und Muskelmasse haben.

Mike: Wie soll ein Sportler vorgehen, wenn er ein klares Ziel entwickeln will?

Jay: Die Entwicklung eines klaren Ziels bedeutet, daß man sein Ziel immer wieder formuliert. Dieser Vorgang ist mehr als bloßes Träumen oder Wünschen. Sie müssen sich ein exaktes Bild davon schaffen, wie Ihre Bewegungen aussehen sollen. Tun Sie dies für jeden einzelnen Bereich Ihres Körpers. Arbeiten Sie solange, bis Sie ein ganz klares mentales Bild des Körpers haben, den Sie erreichen wollen. Wenn Sie Ihr mentales Bild auf diese Weise definiert haben, müssen Sie sich oft gedanklich damit beschäftigen.

Mike: Was muß ein Sportler tun, um sein Ziel zu erreichen?

Jay: Das Erreichen eines Ziels hängt davon ab, wie realistisch dieses Ziel ist, wie weit Sie von Ihrem Ziel entfernt sind und wie groß Ihre Motivation im Hinblick auf das Erreichen dieses Ziels ist. Die wichtigsten Aufgaben des Sportlers sind daher die Zielsetzung und der Glaube an das Erreichen dieses Ziels. Sie müssen sich ganz auf das betreffende Ziel konzentrieren und oft daran denken, um das Ziel in Ihrem Unterbewußtsein zu bekräftigen.

Mike: Mit anderen Worten, der Glaube versetzt Berge.

Jay: Das ist richtig, sofern das Ziel Ihren körperlichen Möglichkeiten und Ihrer Kontrolle entspricht.

Mike: Gut, offensichtlich ist also das Setzen von Zielen sehr wichtig. Aber das passiert, bevor man sich auf die Trainingsbank legt. Können Sie uns sagen, womit man sich mental während des Krafttrainings beschäftigen sollte?

Jay: Der geistige Zustand, über den man während des Absolvierens von Trainingsübungen verfügen muß, wird „Konzentrationsdämmerung" genannt, womit die Interaktion von Körper und Geist gemeint ist (Ross, 1978).

Mike: Können Sie diesen geistigen Zustand beschreiben?

Jay: Konzentrationsdämmerung ist ein Zustand, bei dem sich eine intensive Körperbewußtheit mit der magischen Kraft der Vorstellung verbindet. Jede Wiederholung befördert Sie in eine neue Welt von Bildern. Die einzigen Grenzen dieser neuen Dimension sind die Bilder selbst und ein Warnschild, auf dem steht: *„Warnung! Mit Müdigkeit, Unbehagen und Übelkeit ist bei weiterem fortfahren zu rechnen!"*

Gleichzeitig mit dem Unbehagen, das mit jeder Wiederholung zunimmt, werden die Bilder immer lebendiger. Sie sehen in Ihrem Geist Szenen aus vergangenen entscheidenden Spielen. Sie sehen beängstigende Bilder Ihrer Gegner. Noch mehr Wiederholungen ... und Sie sehen sich im Geiste selbst. Weitere Wiederholungen, und aufgrund Ihrer Disziplin vergessen Sie Ihr Unbehagen, Ihre Müdigkeit und sogar Ihre Übelkeit. Ihre Disziplin versetzt Sie in die Lage, sich auf das Bild des Ziels, das Sie zu erreichen versuchen, zu konzentrieren. Diese Disziplin, der Zustand der Konzentrationsdämmerung, ermöglicht Ihnen, die Unbehagensbarriere mit wilder Entschlossenheit zu überwinden. Indem Sie sich auf lebendige geistige Bilder Ihres Ziels konzentrieren, erreichen Sie eine neue, Ihnen bislang unbekannte Kraftdimension, die jenseits Ihres normalen Einsatzes liegt.

Mike: Meinen Sie mit Unbehagen auch Schmerzen? Sollte ein Sportler versuchen, die Schmerzmauer zu durchbrechen?

Jay. Nein, auf keinen Fall! Sportler müssen einsehen, daß der Schmerz etwas bedeutet. Schmerzen signalisieren eine Verletzung. Man sollte daher Schmerzen nicht ignorieren. Sie müssen mit der Aktivität aufhören, um eine schwerwiegendere Verletzung zu vermeiden. Man sollte versuchen, die Unbehagensbarriere zu durchbrechen, aber nicht die Schmerzgrenze.

Mike: Ist Konzentrationsdämmerung ein geistiger Zustand, den jeder erreichen kann?

Jay: Anfänger benötigen nur kurze Zeit, um den Zustand der Konzentrationsdämmerung zu erlernen. Wenn Sie den Zustand der Konzentrationsdämmerung einmal beherrschen, werden Unbehagen und Müdigkeit zu einem Schild, auf dem steht: *„Mach weiter!"* Weiterzumachen bedeutet, den Kampf mit einem Gegner zu gewinnen, der einem den härtesten Widerstand entgegensetzen kann — Sie selbst. Können Sie diese Person besiegen? Wenn Sie es wollen — das heißt, wenn Sie den Mut dazu aufbringen —, werden Sie Müdigkeit, Unbehagen und Übelkeit vergessen und weiterkämpfen, nicht nur hin und wieder, sondern in jeder Trainingseinheit.

Mike: Was passiert, wenn man seine Konzentration verliert?

122

Jay: Wenn Sie irgendwann vor Erreichen des Punktes, an dem das Gefühl des Unbehagens einsetzt, Ihre Konzentration verlieren, müssen Sie versuchen, sie wiederzuerlangen, oder Ihr Training wird keinen Erfolg zeigen. Bodybuilder, die auf Ihre körperlichen und mentalen Eindrücke nicht achten, profitieren sehr wenig von ihrem Training.

Mike: Gut, Sie haben mich überzeugt, daß der Geist wichtiger als der Körper ist, aber wie weit kann ein Sportler gehen? Gibt es Grenzen? Ein Problem, mit dem die meisten Gewichtheber zu tun haben, ist das Erreichen eines Leistungsplateaus. Es sieht so aus, als habe der Sportler seine Grenze erreicht. Wie kommt man über diesen Punkt hinweg?

Jay: Vielleicht kann ich auf diese Frage eine Antwort geben, indem ich eine wahre Geschichte erzähle. Eine lange Zeit waren 500 Pfund eine magische Grenze für Gewichtheber, vergleichbar mit der 4-Minuten-Meile für Mittelstreckenläufer. Dann machte der große russische Gewichtheber Wassilij Alexejew auf seinem Weg zur Goldmedaille bei den Olympischen Spielen 1976 in Montreal eine interessante Erfahrung. Alexejew und andere Gewichtheber hoben Gewichte, die knapp unter der 500-Pfund-Grenze lagen. Vor einem Versuch sagte der Trainer zu Alexejew, daß er seinen eigenen Weltrekord einstellen würde: 499,9 Pfund. Alexejew schaffte es. Dann wurde die Hantel gewogen, und es stellte sich heraus, daß ihr korrektes Gewicht 501,5 Pfund betrug. Einige Jahre später, bei den Olympischen Spielen, hob Alexejew 564 Pfund.

Mike: Das ist unglaublich, aber vielleicht sind wir auch gerade erst dabei, unsere wahren Möglichkeiten zu erkennen. Die Rolle des Geistes im Sport ist in der Tat ein faszinierendes Thema. Leider ist unsere Sendezeit zu Ende. Vielen Dank für Ihren Besuch. Auf Wiedersehen in der nächsten Woche.

Kontrollfragen zu Kapitel 13

1. Was ist der Zweck des bewußten Geistes?
2. Was ist der Zweck des Unterbewußtseins?
3. Was versteht man unter einer Datendiskette?
4. Was versteht man unter einer Programmdiskette? Warum ist die Entwicklung von Gewohnheiten im Basketball so wichtig?
4. Warum ist die Auswahl von Zielen wichtig?
5. Beschreiben Sie den Zustand der Konzentrationsdämmerung.

TEIL 4

DRITTES VIERTEL: MENTALE PRAXIS

KAPITEL 14

SUGGESTION UND MENTALES TRAINING: ÜBUNGEN FÜR DEN LEHNSTUHL

Wann immer der Dialog abbricht, bricht die Welt zusammen, und unbekannte Facetten unseres Selbst brechen an die Oberfläche, als wären sie zuvor von unseren Worten in Schach gehalten worden. Sie sind so wie Sie sind, weil Sie sich selbst einreden, so zu sein.
Carlos Castaneda (1974, S. 40)

Sie können Ihre Aufmerksamkeit auf eines von vier Dingen richten — Empfindungen irgendeines Ihrer Sinne, Bilder aus Vergangenheit oder Zukunft, verbale Botschaften Ihrer eigenen inneren Stimme, oder Reflektionen über Ihren eigenen Geist (Geistesbewußtheit). Dieses Buch hat bis jetzt vor allem vom ersten dieser gedanklichen Prozesse gehandelt, und es wurde gezeigt, wie Ihre Bewußtheit der Gegenwart Ihre Leistungen auf dem Spielfeld beeinflußt. Konzentration ist jedoch nicht der einzige mentale Aspekt des sportlichen Wettkampfs. Ihre unterbewußten Gedanken und Gefühle beeinflussen ebenfalls Ihre Leistungen. In diesem Kapitel werden Sie lernen, wie Sie Ihre übrigen mentalen Prozesse der Imagination und der Subverbalisation bzw. Subvokalisation (innere Stimme) anwenden können, um die Kräfte Ihres Unterbewußtseins freizusetzen und die Ihre Möglichkeiten einschränkenden, negativen Gedanken zu überwinden. Sie werden zwei mentale Trainingsmethoden kennenlernen, die Sie im Bett oder in Ihrem bequemsten Stuhl durchführen können. Diese Trainingsmethoden können und werden Ihnen dabei helfen, Ihr Leistungspotential auszuschöpfen.

Wer wendet das mentale Training an?

Jeder Sportler bedient sich in gewissem Ausmaß der Suggestion und des mentalen Trainings (bzw. der mentalen Generalprobe). Das liegt daran, daß die Instruktionen Ihres Geists an Ihren Körper in Form von Subverbalisation (nicht laut gesprochene Worte) oder Imagination (Denken in Bildern) stattfinden. Singer (1972) behauptet, daß das Reden mit sich selbst ein sinnvolles Hilfsmittel zum Erlernen motorischer Fertigkeiten sei. Die meisten Sportler wenden irgendeine Form der Verbalisation beim Fertigkeitserwerb an.

Obwohl Sie beim Erlernen von motorischen Fertigkeiten Ihre subverbalen Gedankenprozesse einsetzen, sei der Einsatz der Subverbalisation im eigentlichen Wettkampf sehr begrenzt. Untersuchungen haben gezeigt, daß Sportler in Wettkampfsituationen eher in Bildern als in Worten denken (Nideffer, 1976). Wenn Sie auf dem Spielfeld viel Zeit dafür verwenden, sich darauf zu konzentrieren, was Sie sich selbst sagen, zerstören Sie sowohl Ihre Konzentration als auch Ihre Gelassenheit und Ihr Selbstvertrauen. In der Regel sprechen Basketballspieler am meisten mit sich selbst, wenn die Dinge nicht so laufen, wie sie sollten. In derartigen Situationen überwiegen Kommentare wie z.B.: ,,Oh Mann, ich brauche eine Pause!''; ,,Heute abend treffe ich auch gar nichts!''; oder: ,,Wenn dieser Idiot mich noch einmal drückt, kriegt er meinen Ellenbogen in den Magen!''

Immer wenn die Subvokalisation negativ ist, zerstört sie Ihre Gelassenheit und Ihr Selbstvertrauen. Immer wenn Sie in Situationen der zeitlichen Bedrängnis zur Subvokalisation greifen, stören Sie Ihre Konzentration. Das liegt wiederum daran, daß Sie sich nicht gleichzeitig auf Ihren internen Dialog und Ihre Sinnesempfindungen konzentrieren können. Selbst wenn Ihre Subverbalisation positiv ist, kann Ihre Konzentration von Wichtigerem abgelenkt werden. Während des Wettspiels sollten Sie Ihren Blick (und Ihre Aufmerksamkeit) dem Spielgeschehen zuwenden und sich nicht auf Ihren inneren Dialog konzentrieren.

Kurz gesagt: Ohne die mentalen Prozesse der Subverbalisation und der Imagination können Sie keine sportlichen Fertigkeiten erlernen. Während des Wettspiels sollten Sie sich jedoch vorrangig auf das Sehen und Ihre Körperbewußtheit und nicht auf Ihre innere Stimme konzentrieren. Der Unterschied zwischen erfolgreichen und weniger erfolgreichen Sportlern basiert weitgehend auf ihrem unterschiedlichen Einsatz der Verbalisation, Imagination und Konzentration. Jeder bedient sich dieser drei geistigen Prozesse; was jedoch zählt, ist, wie und wann man sie einsetzt.

Mentales Training in Amerika

Amerikanische Sportler fangen gerade damit an, psychologische Trainingsmethoden einzusetzen. Athleten anderer Nationen sind den Amerikanern in dieser Hinsicht weit überlegen. Die Sowjetrussen experimentieren bereits seit den vierziger Jahren mit mentalem Training. DDR-Athleten setzen in ihren Sportprogrammen ebenfalls seit langem das mentale Training ein. Ostrander und Schröder (1979) behaupten, daß das psychologische Training vermutlich ein Grund für das gute Abschneiden der Sowjetrussen und der DDR-Athleten bei Olympischen Spielen ist.

In den Vereinigten Staaten setzen vor allem Turner, Schwimmer, Wasserspringer und Eisläufer mentales Training ein. Vor kurzem haben ebenfalls Football-, Baseball- und Basketballspieler mit mentalem Training begonnen. So führen z.b. die Football- und Basketballmannschaft der Universität von Illinois mentales Training durch. In seinem Buch *Second Wind* (Russell & Branch, 1979) beschreibt Bill Russell, wie er sich mittels mentalem Training von einem mittelmäßigen High-School-Basketballspieler zu einem College-Nationalspieler entwickelte.

Die intensivere Anwendung von mentalem Training und Suggestionstechniken kann auf den Einfluß der im letzten Jahrzehnt erschienenen Literatur zum mentalen Training zurückgeführt werden. Viele dieser Bücher sind im Literaturverzeichnis am Ende dieses Buches aufgeführt, und laufend erscheinen neue Publikationen zu diesem Thema. In den nächsten Abschnitten werden die Methoden des mentalen Trainings und der Suggestion beschrieben.

Mentales Training

Unter mentalem Training versteht man den Einsatz der Vorstellung, um sich die Empfindungen und Gefühle beim tatsächlichen Ausüben eines bestimmten Bewegungsablaufs ins Gedächtnis zu rufen. Der Zweck dieses Verfahrens besteht darin, sein Fertigkeitsniveau, seine Koordination, sein Vertrauen sowie seine Gelassenheit und Konzentration zu verbessern. Mentales Training ist jedoch mehr als einfache Tagträumerei. Der Sportler tut mehr, als sich einen mentalen Film seiner selbst in Aktion anzusehen. Mentales Training bedeutet im Gegensatz zum einfachen Vorstellen das aktive Studium eines vorgestellten Bewegungsablaufs. Man kann sich eine Bewegung vorstellen, ohne sie unbedingt inhaltlich zu analysieren. Mentales Training ist auch mehr als lediglich bildhaftes Vorstellen; beim mentalen Training sollten alle Sinne des Körpers einbezogen werden, so daß die betreffende Bewegung nicht nur gesehen, sondern auch gefühlt wird. Intensives mentales Training bedeutet, daß der Sportler den Lärm der Zuschauer nachempfindet (Geräusche), die Farben der Trikots vor Augen hat (Sehen), sich daran erinnert, wie der Ball sich anfühlt (Tastsinn), den Bewegungsrhythmus fühlt (kinästhetisches Empfinden) und den Schmerz sowie die Ermüdung spürt (Körperbewußtheit).

Suggestion

So, wie beim mentalen Training die Kraft der Vorstellung eingesetzt wird, um körperliche und mentale Fertigkeiten sowie Eigenschaften zu entwickeln, so wird bei der Suggestion die Subverbalisation (Denken in Worten) eingesetzt, um die Konzentration, das Selbstvertrauen, die Gelassenheit und das Selbstbild zu verbessern. Bei der Suggestion geben Sie sich selbst wiederholte subvokale Befehle, während Sie entspannt im Bett liegen oder in einem Sessel sitzen. Sie beginnen mit kurzen Phrasen, um Ihren Körper zu entspannen und Ihr Bewußtsein von störenden Gedanken zu befreien. Nachdem Sie einen Zustand der Entspannung erreicht haben, wiederholen Sie subvokale Phrasen, die dazu dienen, Ihr Selbstbild aufzubauen, Ihre Konzentration zu verbessern und Ihre Technik zu verfeinern.

Mentales Training und Selbstbild

Das Selbstbild eines Sportlers kann zu einem der wichtigsten begrenzenden Faktoren seiner Leistung werden. Ein Sportler mit einem negativen Selbstbild und einer negativen Einstellung wird eine schwache Leistung bringen. In Stan Kellners Klassiker *Taking It to the Limit* erklärt der Autor vier wichtige Gesetze des Geistes:

1. Das Selbstbild bestimmt die Leistung.
2. Wenn Sie Ihr Selbstbild verbessern, wird auch Ihre Leistung besser.
3. Der Geist erkennt nicht immer den Unterschied zwischen einer tatsächlichen und einer vorgestellten Erfahrung.
4. Jeder Spieler verfügt über einen Erfolgsmechanismus — sein Unterbewußtsein. (1978, S. 17).

Mit anderen Worten: Jeder Sportler bringt auf dem Spielfeld die Leistung, die auf seinen im Unterbewußtsein gespeicherten Selbstbild-,,Videokassetten'' festgelegt ist. Wenn diese Videokassetten aufgrund vergangener schlechter Leistungen negativ sind, wird wahrscheinlich auch seine aktuelle Leistung davon in Mitleidenschaft gezogen werden. Die Vergangenheit bestimmt über die Gegenwart, weil der Körper schlicht die Hinweise umsetzt, die ihm das Unterbewußtsein gibt (in diesem Fall ein negatives Bild des eigenen Leistungsvermögens). Kurz gesagt, bessere Leistungen bedingen ein positives Selbstbild.

Negative Subvokalisation

Was Sie über sich selbst und Ihre Leistung denken, wird weitestgehend durch das geformt, was Sie sich selbst vor, während und nach einem Wettspiel einreden. Sie haben nicht die Kraft der positiven Suggestion genutzt, um Ihre Konzentration, Ihr Selbstvertrauen, Ihre Gelassenheit und Ihre Intensität zu verbessern, sondern haben Ihr Selbstbild stattdessen mit negativen Gedanken bombardiert. Die negativen Gedanken hinsichtlich Ihrer eigenen Person zerstören die Konzentration und das Selbstvertrauen, machen ängstlich, erhöhen die muskuläre Anspannung und führen dazu, daß Sie nicht mit vollem Einsatz spielen. Um Ihr volles Leistungsvermögen auszuschöpfen, müssen Sie sich die negative Subvokalisation, die Ihre Leistungen einschränkt, abgewöhnen.

„Relatives", negatives Denken

Das Selbstbild eines Sportlers, das „relativ" schlecht ist, kann sich auch nachteilig auf die Leistung auswirken. So kann z.b. ein Division I All-Conference-Collegespieler ein sehr gutes Selbstbild haben, wenn er an Conference-Spielen teilnimmt. Der gleiche Spieler kann jedoch ein relativ negatives Selbstbild haben, wenn er gegen andere All-Conference- und All-American-Spieler spielen muß mit dem Ziel, sich für die US-Olympiamannschaft zu qualifizieren. Dieser Sportler weiß, daß er ein guter Spieler ist, er ist sich jedoch nicht sicher, ob er so gut wie die anderen herausragenden Spieler ist. Die Konsequenz dieser Unsicherheit ist, daß das Selbstvertrauen dieses Athleten ins Schwanken gerät. Unsicherheit und mangelndes Selbstvertrauen führen oft dazu, daß sehr gute Sportler unter ihren Leistungsmöglichkeiten bleiben. Der „relative" Mangel an Selbstvertrauen beeinträchtigt die Gelassenheit des betreffenden Sportlers und beeinträchtigt in der Folge auch seine Konzentration und seine Bewegungsausführung. Dies macht deutlich, daß auch ein Spitzenspieler durch ein negatives Selbstbild beeinträchtigt werden kann.

Der Wert des mentalen Trainings bei der Verbesserung des Selbstbilds

Der Wert des mentalen Trainings und der Suggestion besteht darin, daß der Sportler mit ihrer Hilfe sein negatives Selbstbild in ein positives verwandeln kann. Ein Sportler, der nicht sehr erfolgreich ist und daher ein negatives Selbstbild hat, kann sich mit Hilfe der Vorstellungskraft und der Subverbalisation positive Erfahrungen und damit ein positives Selbstbild verschaffen. Das Wunderbare am mentalen Training und an der Suggestion ist, daß der Geist nicht immer zwischen wirklichen Erfahrungen und einer lebhaft vorgestellten Erfahrung unterscheidet.

Eine Übung der Vorstellung. Damit Ihnen dieses Prinzip deutlich wird, führen Sie folgende mentale Übung aus:

Schließen Sie Ihre Augen. Stellen Sie sich vor, Sie hielten eine Zitrone in Ihrer rechten Hand. Sie können die Kühle und die wächserne Oberfläche der Schale genau spüren. Versuchen Sie, die Zitrone ein wenig zusammenzudrücken. Fühlen Sie ihre Festigkeit? Riechen Sie an der Zitrone. Nun schneiden Sie die Zitrone mental mit einem Messer in zwei Hälften, beißen Sie tief hinein und schmecken Sie Ihren bitteren, sauren Geschmack. Wenn Sie Ihre Vorstellung richtig eingesetzt haben, müßten Sie spätestens jetzt einen verstärkten Speichelfluß bei sich feststellen.

Das berühmte Freiwurfexperiment. Trotz der Effektivität des Zitronenbeispiels sagen Sie sich vielleicht noch immer: „Was haben Zitronen mit Basketball zu tun?" Die Antwort hierauf wird durch ein berühmtes Experiment gegeben. In einer Untersuchung zum Einfluß mentalen Trainings auf die sportliche Leistung wurde eine Gruppe von Collegestudenten in drei Untergruppen unterteilt. Keiner der Studenten war ein Basketballspieler. Am Anfang des Experiments wurden alle Studenten hinsichtlich ihrer Freiwurffähigkeit getestet. Während der nächsten 20 Tage trainierte Gruppe I 20 Minuten pro Tag Freiwürfe. Gruppe II war eine Kontrollgruppe, und ihre Mitglieder trainierten weder praktisch noch mental. Die Mitglieder der Gruppe III wurden aufgefordert, 20 Minuten täglich mental Freiwürfe zu trainieren; Sie versuchten also, mit Hilfe ihres Vorstellungsvermögens eine technische Fertigkeit zu verbessern. Es war ihnen verboten, praktisch zu trainieren. Am Ende des Experiments fand wiederum ein Leistungstest statt. Das Ergebnis war überraschend. Die Kontrollgruppe, die nicht trainiert hatte, zeigte keine Leistungsverbesserung. Die Studenten der Gruppe I, die 20 Minuten pro Tag wirkliche Freiwürfe praktiziert hatten, hatten ihre Leistung um 24 % verbessert. Gruppe III, deren Mitglieder nur mental trainiert hatten, hatte sich um 23 % verbessert! Mit anderen Worten: Die Studenten, die mentale Trainingsmethoden eingesetzt hatten, hatten sich fast genausoviel verbessert wie diejenigen, die wirkliche Freiwürfe ausgeführt hatten (Clark, 1960). Um Mißverständnissen vorzubeugen: Natürlich läßt sich praktisches Training nicht ersetzen, aber es ist eine gute Idee, körperliches Training durch mentales Training zu ergänzen. Obwohl die Wirksamkeit des mentalen Trainings verblüffend ist, ist die wirklich gute Nachricht die, daß Ihre vorgestellten Erfahrungen immer erfolgreich sein können. Diese erfolgreichen Erfahrungen können Ihr negatives Selbstbild in ein positives verwandeln. Positives mentales Training und Suggestion können auf vielerlei Weise eingesetzt werden, um spezifische Fertigkeiten, Bewegungen, Techniken, die Konzentration, Gelassenheit oder die Intensität zu verbessern — all das, während Sie sich gemütlich in Ihrem Lieblingssessel entspannen.

Zur Anwendung von Suggestion und mentalem Training

Suggestion und mentales Training können fast zu jeder Zeit und an jedem Ort eingesetzt werden. Sie können sie vor einem Spiel zur Vorbereitung auf den Wettkampf einsetzen. Sie können sie während Spielunterbrechungen anwenden, um einen positiven Bewußtseinszustand aufrechtzuerhalten. Nach dem Spiel können Sie diese Methoden einsetzen, um die während des Spiels gemachten Erfahrungen positiv umzusetzen. Sie können zu Hause vor und nach dem praktischen Training zusätzlich mental oder suggestiv trainieren, um das Lernen zu beschleunigen. Während der spielfreien Zeit können Sie ebenfalls mit Hilfe dieser Methoden Ihre sportliche Entwicklung forcieren. Die vielleicht beste Zeit, um Suggestion und Mentales Training zu betreiben, ist jedoch die Zeit vor dem abendlichen Einschlafen. Zu dieser Zeit ist Ihr Unterbewußtsein für die Kraft der Vorstellung und der Suggestion am empfänglichsten.

Wie man übt

Die Übungen des mentalen Trainings und der Suggestion sind einfach durchzuführen. Jede dieser Übungen ist ein aus vier Stufen bestehender Prozeß, wobei der Unterschied zwischen mentalem Training und Suggestion alleine im 4. Schritt liegt. Beim mentalen Training bedeutet Schritt 4 die Ausnutzung der Vorstellungskraft. Bei der Suggestion bedeutet dieser Schritt die Ausnutzung der Suggestivkraft.

Schritt 1: Setzen eines Ziels. Bei beiden Methoden des psychologischen Trainings ist der 1. Schritt die Wahl eines Ziels. Wollen Sie eine bestimmte Fertigkeit verbessern? Wollen Sie, daß Ihre Konzentration schärfer und flexibler wird? Wollen Sie während des Spiels gelassener werden? Wollen Sie Ihr Selbstvertrauen und Ihr Selbstbild verbessern? Die Wahl liegt bei Ihnen. Die Basis dieser Wahl kann sowohl Ihre eigene Selbstanalyse oder die Empfehlung Ihres Trainers sein. Wichtig ist, daß Sie vor Beginn Ihrer ,,Lehnstuhl-Übungen'' über ein klares, realistisches, aber dennoch anspruchsvolles Leistungsziel verfügen.

Schritt 2: Aufsuchen eines ruhigen Ortes. Der zweite Schritt besteht darin, daß Sie sich einen ruhigen Ort, frei von Ablenkungen suchen. Dieser Ort kann Ihr Bett sein, in dem Sie bequem liegen, oder es kann sich um Ihren Lieblingssessel handeln. Es ist egal, welche von beiden Möglichkeiten Sie wählen, sofern Sie wissen, daß Sie sich an diesem Ort 20 bis 30 Minuten entspannen können.

Schritt 3: Entspannung. Nachdem Sie es sich am Ort Ihrer Wahl bequem gemacht haben, sollten Sie eine gewisse Anzahl isometrischer Muskelkontraktionen durchführen, das bedeutet, daß Sie Ihre wichtigsten Muskelgruppen von Kopf bis Fuß im Wechsel anspannen und entspannen, mit dem Ziel, Ihren gesamten Körper zu entspannen. Schließen Sie danach Ihre Augen, und führen Sie folgende Atemübung durch: Zählen Sie langsam von 1001 bis 1004, atmen Sie tief ein, und füllen Sie Ihre Lungen mit soviel Luft wie möglich. Dann halten Sie den Atem an, während Sie im Geist wiederum von 1001 bis 1004 zählen, und atmen Sie danach aus (während Sie erneut im Geist von 1001 bis 1004 zählen). Wiederholen Sie diese Übung insgesamt achtmal. Stellen Sie sich bei jedem Ausatmen vor, die Spannung würde aus Ihrer Muskulatur entweichen. Nach Absolvieren dieser Übung sollten Sie sich wirklich entspannt fühlen.

Schritt 4: Mentales Training. In diesem letzten Schritt des mentalen Trainings setzen Sie Ihre Vorstellungskraft ein, um Ihr gewähltes Ziel zu erreichen. Sie müssen an lebhafte Sinnesbilder denken, die mit Ihrem Ziel zusammenhängen. Je realistischer und lebensechter diese vorgestellten Bilder sind, desto effektiver sind die Übungen. Setzen Sie so viele Sinne wie möglich ein, und versuchen Sie die Vorstellungen so detailliert wie möglich zu gestalten.

Greifen Sie bei Ihrem mentalen Training auf zwei Perspektiven zurück: Beginnen Sie das mentale Training aus der Perspektive des Zuschauers; das bedeutet, daß Sie sich von außen bei der Realisierung Ihres ausgewählten Bewegungsziels sehen sollten, so wie ein Zuschauer Ihre Leistung sehen würde. Nachdem Sie diese Perspektive mehrere Male hintereinander eingenommen haben, sollten Sie Ihr Bewegungsziel aus einer internen Perspektive betrachten, d.h., Sie müssen sich selbst als Agierenden vorstellen. Diese Perspektive bedeutet, daß Ihre visuellen Bilder nicht länger von außen nach innen, sondern vielmehr von innen nach außen gerichtet sind. Als Agierender müssen Sie auch fühlen, wie Sie selbst die gewählte Bewegung realisieren. Versuchen Sie erneut, bei der Vorstellung so viele Sinne wie möglich einzubeziehen.

Wenn Sie Schwierigkeiten haben sollten, sich selbst bei der Ausübung der gewählten Bewegung aus der Zuschauerperspektive zu betrachten, müssen Sie sich einen Ihnen bekannten erfolgreichen Spieler vorstellen. Wenn Sie z.B. Ihre Pivotbewegungen verbessern wollen, sollten Sie sich Kareem Abdul Jabbar vorstellen, der dafür bekannt ist, aus einer Vielzahl von Pivotbewegungen heraus Punkte zu erzielen. Dann sollten Sie sich aus der Perspektive des Agierenden vorstellen, Sie selbst seien Kareem bei der Ausübung vielfältiger fließender Bewegungen. Im Anschluß hieran müssen Sie sich selbst aus der Zuschauerperspektive bei der Ausübung von Kareems Bewegungen sehen. Zu guter Letzt sollten Sie aus der Perspektive des Agierenden über Ihre Schulter zu Kareem hinsehen und Ihr Selbstvertrauen sowie Ihre Körperempfindungen fühlen, während Sie mit Hilfe Ihrer neu angeeigneten Bewegungen gegen Kareem Punkte erzielen!

Schritt 4: Suggestion. Bei der Suggestion wiederholen Sie einfach Instruktionen oder positive Phrasen mittels Subvokalisation. Die folgenden von Ostrander und Schröder (1979) vorgeschlagenen Regeln sollten bei Anwendung dieser Methode beachtet werden:

1. Die verwendeten Phrasen sollten kurz und spezifisch sein.
2. Verwenden Sie die 1. Person singular und die Gegenwart. Ihr Unterbewußtsein nimmt Ihre Instruktionen wörtlich.
3. Konstruieren Sie positive Phrasen. Wenn Sie z.B. sagen ''Ich sehe keinen weißen Elefanten'', rufen Sie sich gerade dieses Bild ins Gedächtnis.
4. Sie sollten Ihren Phrasen Bedeutung verleihen und Sie konzentriert sprechen.
5. Sprechen Sie auf nette Weise mit sich selbst.
6. Wiederholen Sie die Phrasen oft.

Im folgenden finden Sie einige Beispiele von Phrasen, auf die diese Regeln zutreffen:
- O Ich dribble nach Gefühl.
- O Beim Dribbeln überblicke ich das gesamte Spielfeld.
- O Beim Wurf feinzentriere ich auf den Korb.
- O Bei der Ballannahme fixiere ich den Blick auf den Ball, bis dieser sich in meinen Händen befindet.
- O Bei Freiwürfen bin ich ruhig und konzentriert.

Wenn Sie Suggestion einsetzen, ist es sinnvoll, drei oder vier spezifische Behauptungen über sich selbst niederzuschreiben, die einen allgemeinen Bezug haben. Z.B.:

○ Ich bin in der Abwehr aggressiv.
○ Wenn mein Gegner nicht im Ballbesitz ist, verhalte ich mich wachsam und hilfsbereit.
○ In der Abwehr ist meine Beinarbeit schnell.
○ In der Abwehr verständige ich mich verbal mit meinen Mitspielern.

Wiederholen Sie diese Phrasen immer wieder, und wenden Sie nach jeder Phrase Techniken des mentalen Trainings an, um sich selbst bei der Ausübung jedes Bewegungsziels vorzustellen. Auf diese Weise verwenden Sie einen mentalen Prozeß (Vorstellung), um den anderen zu verstärken (Verbalisation).

Tonbänder zum mentalen Training und zur Suggestion

Wenn Sie lieber Instruktionen zuhören, als sie sich selbst vorzusprechen, können Sie Ihre eigenen mentalen Trainings- und Suggestionstonbänder anfertigen, auf denen die oben beschriebenen Schritte nachvollzogen werden. Diese Tonbänder können entweder auf Ihre Vorstellungskraft oder auf Ihre verbalen Gedankenprozesse bei Anwendung der Suggestion abzielen. Um Ihnen zu zeigen, wie diese Tonbänder aussehen, und um Ihnen dabei zu helfen, eine völlige Entspannung zu erreichen, habe ich ein Skript für Ihr erstes Band zusammengestellt. Dieses Skript enthält nur Aktivitäten des 3. Schritts und zieht keine Schritt-4-Aktivitäten nach sich. Da Sie diesen Instruktionen eher zuhören, als sie verbal zu wiederholen, sind sie in der 2. Person singular geschrieben. Jedes Ihrer Bänder sollte mit den folgenden Schritt-3-Instruktionen beginnen. Sprechen Sie langsam und deutlich, wenn Sie ein derartiges Band herstellen.

Beginnen Sie, indem Sie sich in einen bequemen Sessel setzen.

Ihr Körper und Ihr Kopf befinden sich in einer geraden, aufgerichteten Lage.

Ihre Schultern sind nach hinten gedrückt; Ihre Füße stehen flach auf dem Boden.

Atmen Sie ein: eintausendeins, eintausendzwei, eintausenddrei, eintausendvier.

Halten Sie den Atem an: eintausendeins, eintausendzwei, eintausenddrei, eintausendvier.

Atmen Sie aus: eintausendeins, eintausendzwei, eintausenddrei, eintausendvier.

(Wiederholen Sie diese Atemübungen achtmal.)

132

Halten Sie Ihre Augen geschlossen.

Machen Sie es sich bequem, entspannen Sie sich.

Achten Sie nicht auf äußere Ablenkungen, wenn Sie meiner Stimme zuhören.

Meine Stimme dringt langsam in Ihr Unterbewußtsein.

Entspannen Sie jeden einzelnen Muskel Ihres Körpers.

Ihre Füße sind entspannt. Sie sind warm.

Ihre Waden sind entspannt. So entspannt, so schlaff.

Ihre Oberschenkel sind ganz locker und schwer.

Sie sind warm, schlaff. So entspannt, so bequem.

Alle Muskeln in Ihren Beinen und Füßen sind völlig entspannt.

Entpannen Sie Ihre Gesäß- und Hüftmuskeln.

Sie sind warm und locker.

Das angenehme Gefühl von Wärme und Entspannung breitet sich über Ihren Oberkörper aus.

Sie fühlen sich so entspannt, so bequem.

Ihre Augen sind geschlossen. Versuchen Sie nicht, sie zu öffnen.

Sie sind völlig entspannt.

Ihre Füße, Beine und Ihr Oberkörper sind völlig entspannt und locker.

Das Gefühl der Wärme und der Lockerheit kriecht nun in Ihre Arme und Hände.

Ihre Arme und Hände sind völlig entspannt und schlaff.

Ihre Arme sind so schwer.

Versuchen Sie nicht, sie zu bewegen.

Sie fühlen jetzt ein warmes, angenehmes Gefühl der Entspannung, das sich über Ihren Nacken in Ihren Kopf ausbreitet.

Ihr Nacken und Ihr Kopf sind völlig entspannt.

Ihr Gesicht ist entspannt und ruhig.

Sie zeigen keinen Gesichtsausdruck.

Ihr gesamter Körper ist jetzt völlig entspannt und schlaff.

Jeder Muskel, jeder Nerv, alle Teile Ihres Körpers.

Sie befinden sich in einem warmen, angenehmen Zustand.

Ihre Schwere weicht nun, und Sie werden sehr leicht, so leicht wie eine Feder.

Sie haben nun das Gefühl, auf einer Wolke dahinzugleiten, sanft zu ruhen.

Während Sie bequem und ruhig daliegen, hören Sie auf meine Stimme und konzentrieren Sie sich auf meine Anweisungen.

Denken Sie an nichts als an das, was ich Ihnen sage.

Meine Anweisungen dringen in Ihr Unterbewußtsein.

Atmen Sie tief ein. Entspannen Sie sich.

Sie fallen immer tiefer in einen Zustand angenehmer Entspannung.

In diesem Zustand der angenehmen Entspannung wird Ihr Unterbewußt-sein immer empfänglicher für meine Instruktionen.

Sie sind völlig entspannt und offen für meine Instruktionen.

An diesem Punkt fügen Sie die zu Punkt 4 gehörenden Instruktionen hinzu. Die Befehle, die Sie sich geben, hängen von den Zielen ab, die Sie sich in Schritt 1 setzen. Beispielhafte Schritt-4-Instruktionen finden Sie unten. Das diesen Beispielen zugrundeliegende Ziel ist ein besseres Abwehrspiel. Die hier gegebenen Instruktionen sind eine Kombination von Vorstellungs- und Verbalisierungsprogrammierung. Wenn Sie diese Instruktionen auf Band sprechen, müssen Sie sich ausreichend Zeit geben, um jeden Schlüssel, den Sie sich geben, zu sehen und zu fühlen.

Beginnen Sie, indem Sie sich selbst beim Abwehrspiel in der richtigen Körperhaltung und mit dem richtigen Gleichgewicht visualisieren.

Ihr Gewicht ist gleichmäßig auf beide Fußsohlen verteilt.

Ihre Fersen berühren kaum den Boden, und Ihre Füße sind nur wenig weiter als Schulterbreite auseinander.

Ihr Kopf befindet sich genau auf einer Senkrechten, die vom Mittelpunkt der Geraden zwischen Ihren Füßen ausgeht.

Ihr Kopf ist aufrecht. Ihre Knie sind gebeugt. Ihr Rücken ist gerade, und Ihre Hüften und Ihr Gesäß sind tief.

Ihre Hände sind bereit, einen eventuellen Paß abzufangen.

Jedes Gelenk ist gebeugt und handlungsbereit.

Ihr Körpergleichgewicht versetzt Sie in die Lage, sich schnell in der Abwehr zu bewegen.

Ihre Füße fühlen sich sehr leicht an.

Ihre Rutsch- und Gleitbewegungen erfolgen mit rasender Geschwindigkeit.

Fühlen Sie, wie Ihre Füße bei der Abwehr Ihres Gegners gleiten.

Sie bewegen sich jetzt schneller, als Sie sich je zuvor in der Abwehr bewegt haben. Sie sind ,,superschnell''.

Versuchen Sie Ihre ,,blitzschnellen'' Füße bewußt zu empfinden.

Auseinander — zusammen. Auseinander — zusammen.

Rutschen — Gleiten. Auseinander — zusammen.

Ihre Füße bewegen sich blitzschnell in der Abwehr.
Auseinander — zusammen. Auseinander — zusammen. Rutschen — Gleiten.
Nun fühlen Sie, wie sie schnell in die entgegengesetzte Richtung rutschen.
Ihre Füße bewegen sich blitzschnell in alle Richtungen.
Fühlen Sie, wie Ihre Füße sich blitzschnell in alle Richtungen bewegen.

Fühlen Sie, wie Ihre Füße sich schnell auseinander bewegen und wieder schließen, auseinander bewegen und schließen.

Ihr Defensiv-Gleitschritt ist so fließend, so elegant, so schnell.

Visualisieren Sie während der nächsten Augenblicke Ihren Defensiv-Gleitschritt in Zeitlupe.

Sehen und spüren Sie Ihren Bewegungsfluß.

Versuchen Sie weiter, Ihre fließende Bewegung zu spüren, während Sie Ihre Gleitbewegung in vollem Tempo, schneller als Sie sie je zuvor ausgeübt haben, visualisieren.

Sie haben Spaß am Abwehrspiel.

Abwehrspiel macht Spaß, weil Sie Ihren Gegner kaltstellen können.

Sie genießen die Herausforderung, die Ihnen das Abwehrspiel gibt.

Sie spielen in der Abwehr mit körperlichem Einsatz und mentaler Wachsamkeit.

Sie antizipieren ständig.

Sie sind immer zu Bewegungen und Spielzügen bereit, bevor sie tatsächlich stattfinden.

Sie sind ständig bereit und antizipieren.

Es bereitet Ihnen Vergnügen, in der Abwehr zu spielen.

Sie sind ein Allroundspieler, dem es Spaß macht, sowohl im Angriff als auch in der Abwehr zu spielen.

Sie sind in der Abwehr voll konzentriert.

Ihre visuelle Weichzentrierung versetzt Sie in die Lage, ihren Gegenspieler und das gesamte Spielfeld im Blick zu haben.

Ihr Geist ist wach. Sie antizipieren ständig.

Sie spielen aggressiv, aber gleichzeitig sauber ohne Fouls.

Es macht Ihnen Spaß, in der Abwehr zu spielen. Sie genießen die Herausforderung des Abwehrspiels.

Sie sind ein Allroundspieler, dem es Spaß macht, sowohl im Angriff wie in der Abwehr zu spielen.

Visualisieren Sie sich selbst, genau in diesem Augenblick, wie Sie mit vollem Einsatz in der Abwehr spielen.

Sie sind ein Mannschaftsführer. Sie sprechen dauernd, während Sie in der Abwehr spielen.

Sie helfen Ihren Mannschaftskameraden, in dem Sie sie vor Schirmen und möglichen Schirmen warnen.

Sie fordern zu Wechseln auf. Sie ermutigen Ihre Mannschaftskameraden.

Sie sind der Führer in der Abwehr.

Atmen Sie tief durch. Entspannen Sie sich.

Atmen Sie erneut tief durch. Fahren Sie solange Sie wünschen fort, sich selbst beim Abwehrspiel zu visualisieren.

Sehen Sie sich selbst bei der maximal schnellen, korrekten Ausführung der defensiven Grundbewegungen.

Visualisieren Sie sich selbst beim aggressiven, wachsamen und denkenden Abwehrspiel, bevor Ihr Gegenspieler den Ball erhält.

Stellen Sie sich bildlich vor, wie Sie Ihren Gegner an der Ballannahme hindern.

Visualisieren Sie, wie Sie bereit und willens sind, einem Mannschaftskameraden, der sich in Schwierigkeiten befindet, zu helfen.

Visualisieren Sie sich als Abwehrregisseur.

Setzen Sie diesen Visualisierungsprozeß solange fort, wie Sie wollen.

Sie sind ein großer Abwehrspieler.

Sie führen die grundlegenden Bewegungsabläufe mit maximaler Geschwindigkeit aus.

Sie spielen aggressiv, wachsam und mit hohem Einsatz.

Sie sind ein großer Abwehrspieler.

Sie können den angenehmen Zustand der Entspannung solange aufrechterhalten, wie Sie wollen.

Sie fühlen sich jetzt sowohl körperlich als auch mental erfrischt.

Die von Ihnen besprochenen Tonbänder können jedem Ziel angepaßt sein — bessere Konzentration, verbesserte Fertigkeiten, höherer Einsatz etc. Beginnen Sie einfach mit dem Schritt-3-Entspannungsskript und schließen Sie hieran die Instruktionen an, die sich auf das von Ihnen gewählte Schritt-1-Ziel beziehen. Schreiben Sie Ihr eigenes Schritt-4-Skript gemäß dem von mir vorgestellten Beispiel zur Abwehrprogrammierung. Hören Sie sich jeden Abend vor dem Zubettgehen oder zu irgendeiner anderen Ihnen angenehmen Zeit ein Band an. Indem Sie sich diese Bänder anhören, werden Sie nicht nur Ihre Basketballbewegungsmuster verbessern, sondern aufgrund der ausgeprägten Entspannung werden Sie auch neue Frische und Energie tanken.

Sie sehen ein besseres Ich

Das grundlegende Ziel der Suggestionsübungen und der Übungen des mentalen Trainings ist, Ihnen bei der Beseitigung negativer Gedanken — gleichgültig, ob in Bildern oder Worten — und beim Aufbau eines besseren Selbstbilds zu helfen. Sie müssen Ihren negativen inneren Dialog beenden und das Bild des Spielers schaffen, der Sie sein wollen. Indem Sie dies tun, durchbrechen Sie die Grenzen, die Ihre Leistung in einem Bereich halten, der weit unterhalb Ihrer Möglichkeiten liegt.

Kontrollfragen zu Kapitel 14

1. Nennen Sie vier Arten der bewußten Bewußtheit.
2. Wer wendet mentales Training an?
3. Was ist mentales Training?
4. Was versteht man unter Suggestion?
5. Warum ist es sinnvoll für Sie, Suggestion anzuwenden?
6. Warum sollten Sie mentales Training anwenden?
7. Wann und wo können Sie praktische Techniken des mentalen Trainings und der Suggestion anwenden?
8. Nennen Sie die vier Schritte des mentalen Trainings.
9. Nennen Sie die vier Schritte des Suggestionstrainings.

KAPITEL 15

ÜBUNGEN ZUR VERBESSERUNG
DER SINNE UND DER BEWUSSTHEIT

*Ich spürte, daß ich einschlief, und dann zog plötzlich etwas meine Auf-
merksamkeit auf sich. Es war nichts, das meine Gedankenprozesse mit-
einbezog; es handelte sich nicht um eine Vision oder um ein Merkmal
der Umgebung; dennoch war meine Aufmerksamkeit durch irgendetwas
geweckt worden. Ich war völlig wach. Mein Blick war auf einen Punkt
am Rand des Wäldchens gerichtet, aber ich schaute nicht wirklich; ich
dachte auch nicht oder sprach mit mir selbst. Meine Gefühle waren deutliche Körperempfindungen; sie bedurften keiner Worte. Ich hatte das
Gefühl, durch etwas Unbestimmtes zu eilen. Vielleicht war das, was
eilte, das, was normalerweise meine Gedanken sind. Wie dem auch sei,
ich hatte das Gefühl, in einem Erdrutsch gefangen zu sein oder einer La-
wine, die mich mitriß....Ich befand mich in diesem Augenblick in einem
höchst seltsamen Zustand der Bewußtheit. Ich war mir der Umgebung
und der mentalen Prozesse, die die Umgebung in mir auslöste, extrem
bewußt; dennoch dachte ich nicht so, wie ich normalerweise denke.*
Carlos Castaneda (1974, S. 23-24)

Bislang handelte es sich bei diesem Buch vor allem um ein Studien- und
Lehrbuch, das für Sie mit viel Arbeit verbunden war! Wir werden daher jetzt
eine Pause machen und ein wenig Spaß haben. Wir werden spielerische Übungen ausführen! Seien Sie also nicht schüchtern, und ziehen Sie sich nicht in die
bloße Zuschauerrolle zurück. Machen Sie mit! Nehmen Sie an den Spielen teil.
Aber zunächst ein Wort der Warnung: Hin und wieder werden Sie sich, wie die
Person in obigem Zitat, ,,in einem höchst seltsamen Zustand der Bewußtheit befinden ... Sie werden nicht so denken, wie Sie normalerweise denken.''

Drei Ziele

Obwohl wir in diesem Kapitel viel Spaß haben werden, verfolgen wir drei
Ziele:

1. Die Verbesserung Ihrer Geistesbewußtheit und Ihrer Geisteskontrolle
2. Die Verbesserung Ihrer Sinnesbewußtheit
3. Die Verbesserung Ihrer visuellen Wahrnehmung

Um diese Ziele zu erreichen, müssen Sie zuerst die Grundübungen zur Verbesserung Ihrer Geistesbewußtheit und Ihrer Sinnesbewußtheit durchführen. Wenn Sie über die geeigneten Geräte verfügen, sollen Sie dann die Trampolin- und Schwebebalkenübungen absolvieren. Diese Übungen tragen zur Schärfung Ihrer Sinne für Körperbewußtheit und Ihres Körpergleichgewichts bei und verbessern somit Ihr Gleichgewichtsvermögen und Ihre Koordination. Die fortgeschrittenen Übungen helfen Ihnen, Ihre visuelle Kontrolle zu entwickeln, wobei Sie gleichzeitig Ihre übrigen Sinnessysteme gebrauchen — eine Aufgabe, mit der Sie im Basketball häufig konfrontiert werden.

Übungsvorschläge

Sie können diese Übungen Ihren eigenen besonderen Bedürfnissen anpassen. Wenn Sie in einem bestimmten Bereich besondere Schwächen aufweisen, wie z.B. im Bereich Gleichgewicht, sollten Sie zusätzliche Übungen auf dem Schwebebalken und Trampolin absolvieren. Da jedoch im Basketball vor allem eine hohe visuelle Bewußtheit wichtig ist, sollte Ihr Training schwerpunktmäßig auf die Verbesserung Ihrer visuellen Wahrnehmung ausgerichtet sein. Sie sollten jedoch darüber hinaus Ihre Bewußtheit und Ihre Effektivität in allen anderen Bereichen verbessern.

Grundübungen

Der Zweck der Grundübungen besteht in der Verbesserung der Geistesbewußtheit und Ihrer Sinnesbewußtheit. Diese Übungen können nahezu an jedem Ort ausgeführt werden, und Sie brauchen zu ihrer Ausführung keine besondere Ausrüstung.

Übung 1: Wechsel der Kanäle. Der Zweck dieser Übung ist die Entwicklung Ihrer Geistesbewußtheit. Verlagern Sie bei dieser Übung Ihren Aufmerksamkeitsschwerpunkt einfach von einem System auf das andere, so wie Sie bei einem Fernsehgerät zwischen den Kanälen hin und her schalten. Konzentrieren Sie sich nur für jeweils wenige Sekunden auf die Empfindungen und Bilder eines Systems, dann schalten Sie sich in einen anderen Kanal. Benutzen Sie, wenn nötig, das „Bewußtheits-Zifferblatt" in Abbildung 15.1.

Wenn Ihnen diese Übung jetzt schwerfällt, seien Sie nicht entmutigt. Die Übung wird Ihnen leichter fallen, nachdem Sie die anderen aufgeführten Übungen absolviert haben.

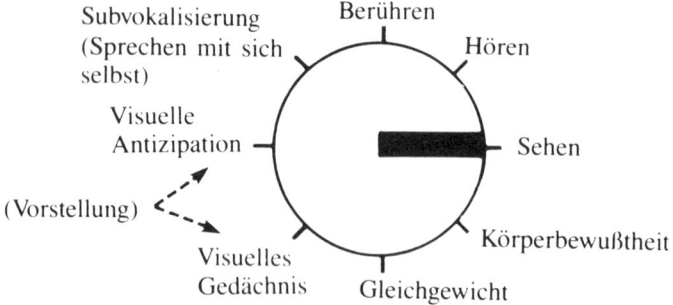

Subvokalisierung
(Sprechen mit sich selbst)

Berühren

Hören

Visuelle Antizipation

Sehen

(Vorstellung)

Visuelles Gedächnis

Körperbewußtheit

Gleichgewicht

Abbildung 15.1: Wählen Sie Ihren Sinneskanal anhand des ,,Bewußtheits-Zifferblatts''.

Übung 2: Unterdrücken der Subvokalisation. Ihre Aufgabe besteht darin, Ihre innere Stimme zum Schweigen zu bringen. Sie müssen ohne Worte denken. Wenn ein Wort oder ein Satz in Ihr Bewußtsein dringt, müssen Sie erneut probieren. Vielleicht hilft es, wenn Sie sich in einen anderen Bewußtseinskanal schalten; konzentrieren Sie sich auf die Empfindungen eines Ihrer Sinne. Vermeiden Sie das Bilden von Wortassoziationen. Versuchen Sie nicht an das Wort Ball zu denken, wenn Sie einen Ball sehen. Tun Sie dies eine Minute lang. Die Zeit ist um! Wie erging es Ihnen? Sagen Sie: "Großartig!" Gut! Jetzt wird die Übung schwieriger. Versuchen Sie, Ihre innere Stimme zum Schweigen zu bringen, während Sie diese Seite lesen. Beginnen Sie am Anfang und versuchen Sie, die gesamte Seite zu lesen, ohne sich selbst die Worte vorzusprechen. Menschen, die schnell lesen müssen, wenden diesen Trick an, wenn Sie lernen wollen, sich auf ihr visuelles System zu konzentrieren. Sie verlangsamen ihr Lesetempo nicht, indem sie sich die Worte oder Sätze vorsprechen. Viele sind in der Lage, mehr als 1000 Wörter pro Minute mit Verständnis zu lesen, weil sie so schnell lesen, wie ihr Sehvermögen es zuläßt. Wenn Sie auf diese Weise lesen, läuft Ihre Textverarbeitung auf einer unbewußten Ebene ab. Versuchen Sie es; lesen Sie diese Seite ohne Subvokalisation.

Übung 3: Vorstellung. Schließen Sie Ihre Augen, und konzentrieren Sie sich auf die visuellen Bilder, die Sie erzeugen. Verwenden Sie Ihr visuelles Gedächnis, um sich Ihr letztes Spiel oder Training vorzustellen, oder stellen Sie sich bildlich vor, wie Sie in Ihrem nächsten Spiel zwei siegentscheidende Freiwürfe verwandeln. Wiederholen Sie diese Übung, ehe Sie fortfahren.

Übung 4: Visuelle Bewußtseit (Weich- und Feinzentrierung). Plazieren Sie vier beliebige kleinere Gegenstände um sich herum und zentrieren Sie auf alle weich. Versuchen Sie, alle vier Gegenstände gleichzeitig zu sehen, ohne sich auf Details zu konzentrieren. Dann lassen Sie einen Mannschaftskameraden den Namen eines der Gegenstände laut rufen. Wenn der Name genannt wird, richten Sie Ihren Blick auf den betreffenden Gegenstand und zentrieren Sie auf ihn fein, ohne Ihren Kopf zu bewegen. Konzentrieren Sie sich nur auf diesen Gegenstand, und versuchen Sie, so viele Details wie möglich wahrzunehmen. Lassen Sie den Namen eines anderen Gegenstandes ausrufen, und zentrieren Sie auf diesen fein. Fordern Sie Ihren Mannschaftskameraden auf, Sie hin und wieder zu bitten, weichzuzentrieren, so daß Sie von der Feinzentrierung auf einen Gegenstand auf die Weichzentrierung auf alle Gegenstände umzuschalten. Wenn Sie alleine sind, können Sie diese Übung auch selbst steuern.

Übung 5: Visuelle Bewußtheit (Weich- und Feinzentrierung). Zentrieren Sie visuell auf einen Gegenstand, der breit ist, aber über viele Details verfügt, z.B. einen Bücherschrank. Zentrieren Sie zuerst weich auf den gesamten Bücherschrank. Dann wählen Sie einen feineren Grad der Zentrierung, indem Sie sich auf das obere Regal konzentrieren. Zentrieren Sie noch feiner, indem Sie sich auf ein Buch in diesem Regal konzentrieren. Wählen Sie noch höhere Stufen der Feinzentrierung, indem Sie sich auf das erste Wort des Titels dieses Buches und danach sogar auf den ersten Buchstaben dieses Wortes konzentrieren. Wechseln Sie schnell über zur Weichzentrierung auf den gesamten Bücherschrank. Zentrieren Sie zum Abschluß noch weicher, indem Sie sich auf die ganze Wand hinter dem Bücherschrank konzentrieren.

Übung 6: Visuelle Bewußtheit (Ignorieren von Ablenkungen). Führen Sie die Übungen 4 und 5 zur visuellen Fein- und Weichzentrierung aus, während Sie gleichzeitig Ihre Hand vor Ihrem Gesicht hin- und herschwenken. Widerstehen Sie der Tendenz, Ihrer Hand mit den Augen zu folgen, und richten Sie Ihre Konzentration weiterhin auf den betreffenden Gegenstand. Vor allem diese Übung wird Ihnen helfen, beim Wurf durch die vor Ihrem Gesicht befindliche Hand hindurch auf das Ziel zu schauen.

Übung 7: Hören (Weich- und Feinzentrierung). Richten Sie Ihre Aufmerksamkeit auf das Hören. Beginnen Sie mit der Weichzentrierung auf möglichst viele Geräusche in Ihrer Umgebung. Versuchen Sie, möglichst viele Geräusche gleichzeitig wahrzunehmen. Zentrieren Sie sich nun auf das lauteste oder auffälligste Geräusch. Wenn in Ihrer Umgebung im Moment kein leises Geräusch auftritt. müssen Sie eins schaffen, indem Sie mit dem Finger leicht auf dieses Buch klopfen. Konzentrieren Sie sich völlig auf dieses leise Geräusch, bis Sie die anderen störenden Geräusche in Ihrer Umgebung nicht mehr wahrnehmen. Diese Übung hilft Ihnen, sich während eines Wettspiels in einer geräuschvollen Umgebung auf die verbalen Hinweise Ihres Trainers oder eines Mannschaftskameraden zu konzentrieren.

Übung 8: Berührung (Weich- und Feinzentrierung). Wenn Sie sich bei der vorangegangenen Übung völlig auf das Geräusch Ihres klopfenden Fingers konzentriert haben, haben Sie die Berührungsempfindungen, die mit diesem

Klopfen einhergingen, wahrscheinlich gar nicht wahrgenommen. Beginnen Sie daher bei dieser achten Übung wiederum mit leichtem Klopfen des Fingers, aber konzentrieren Sie sich jetzt auf die Empfindungen in Ihrer Fingerspitze und nicht auf das erzeugte Geräusch. Tun Sie dies einen Moment lang und achten Sie darauf, wie sich Ihre Aufmerksamkeit vom einen Bereich (Berührung) in den anderen (Hören) verlagert.

Verlagern Sie jetzt Ihre Aufmerksamkeit von der Feinzentrierung auf Ihre Fingerspitze auf die Weichzentrierung auf Ihren gesamten Körper. Wenn Sie ein langärmeliges Hemd oder einen Sweater tragen, konzentrieren Sie sich auf das Gefühl (die Berührung) Ihres Hemds auf Ihren Armen und Ihrem Rücken. Können Sie die Berührungsempfindlichkeit Ihrer Arme, Handgelenke, Ihres Rückens, Ihrer Schultern und Ihrer Brust gleichzeitig spüren?

Verlagern Sie erneut Ihre Aufmerksamkeit. Konzentrieren Sie sich auf Ihr Gesäß, wenn Sie sitzen; konzentrieren Sie sich auf Ihre Fußsohlen, wenn Sie stehen. Waren Sie sich vor zehn Sekunden dieser Körperpartien bewußt? Natürlich nicht, obwohl Signale aus diesen Bereichen in Ihr Bewußtsein gelangten. Warum waren Sie sich dieser Körperpartien nicht bewußt? Weil Ihr Bewußtsein sich nur auf ein System konzentrieren kann. Wenn Sie sich in einen Kanal einschalten, schalten Sie andere ab. Sie erhalten zwar Signale aus diesen Bereichen, aber auf einer unbewußten Ebene.

Konzentrieren Sie sich jetzt einen Augenblick lang auf Ihr Berührungsgedächtnis bzw. Ihr taktiles Gedächtnis. Erinnern Sie sich noch daran, wie sich ein Basketball anfühlt? Wissen Sie noch, was es für ein Gefühl ist, einen Paß anzunehmen?

Übung 9: Körperbewußtheit (Weich- und Feinzentrierung). Zu Beginn dieser Übung konzentrieren wir uns auf verschiedene Muskelgruppen. Beugen Sie zuerst den Bizeps (vorderer Oberarmmuskel) Ihres rechten Arms. Kontrahieren Sie den Muskel zehn Sekunden lang so stark wie möglich. Strecken Sie Ihren rechten Arm jetzt aus, und dehnen Sie Ihren Bizeps maximal. Lassen Sie Ihren Arm locker herunterhängen. Haben Sie einen Unterschied in den Empfindungen festgestellt?

Kontrahieren Sie jetzt den Quadrizeps (vorderer Oberschenkelmuskel) Ihres rechten Beins, indem Sie Ihr Bein nach vorne strecken. Halten Sie diese Kontraktion einige Sekunden. Verspüren Sie, wenn Sie dies tun, eine Dehnung im Bereich Ihrer hinteren Oberschenkelmuskeln? Spüren Sie die Spannung in Ihrem Quadrizeps?

Stehen Sie auf und führen Sie die Freiwurfbewegung aus. Schließen Sie Ihre Augen, und konzentrieren Sie sich auf Ihren gesamten Körper weich. Achten Sie auf Ihren Bewegungsrhythmus, von der Kniebeugung bis hin zum Haken bei der Nachfolgebewegung. Erscheint Ihnen Ihre Bewegung weich und fließend oder abrupt und abgehackt? Führen Sie die Freiwurfbewegung fünf- oder sechsmal aus, und konzentrieren Sie sich dabei auf Ihre Körperbewußtheit. Führen Sie danach die gleiche Übung mit anderen Basketballfertigkeiten aus, wie Dribbeln, Abwehrspiel usw. Verwenden Sie Ihren kinästhetischen Sinn, um eventuelle Muskelverspannungen, gedehnte oder entspannte Muskeln festzustellen.

Übung 10: Balance. Stellen Sie sich bei dieser Übung hin. Verlagern Sie Ihr gesamtes Körpergewicht auf ein Bein. Beugen Sie sich jetzt so weit wie möglich nach vorne, wobei Sie Ihr Gleichgewicht beibehalten sollten. Halten Sie diese Körperlage ein oder zwei Sekunden lang ein, und lehnen Sie sich dann so weit wie möglich zurück. Beugen Sie sich danach so weit wie möglich erst zu einer Seite, dann zu der anderen Seite, ohne hinzufallen. Bei dieser Übung sollten Ihnen die Grenzen Ihres Gleichgewichtsvermögens bewußt werden. Es sollte Ihnen auch bewußt werden, wie Sie Ihre Gliedmaßen verlagern, um die Beugung nach einer Seite auszugleichen.

Üben Sie jetzt Ihre Abwehrhaltung. Befinden Sie sich im Gleichgewicht, oder beugen Sie sich zu weit nach vorne? Führen Sie Ihre Freiwurfbewegung aus. Befinden Sie sich im Gleichgewicht, oder beugen Sie sich zu weit nach vorne? Was passiert mit Ihrem Aufmerksamkeitsschwerpunkt im Spiel, wenn Sie einen Freiwurf ausführen und sich dabei zu weit nach vorne beugen?

Zusammenfassung

Diese Grundübungen verbessern Ihre Sinnes- und Geistesbewußtheit. Ihre verbesserte Bewußtheit hilft Ihnen, Ihre Basketballfertigkeiten schneller zu entwickeln, und trägt zu einer besseren Spielkonzentration bei.

Schwebebalkenübungen

Der Zweck dieser Schwebebalkenübungen besteht darin, Sie in eine Situation zu bringen, in der sich die Bewußtheit Ihres Körpergleichgewichts notwendigerweise erhöht. In dieser besonderen Situation müssen Sie auf einer unterbewußten Ebene auf Änderungen Ihres Gleichgewichts reagieren, wobei Sie sich gleichzeitig auf das Sehen konzentrieren.

Sie lernen mit zunehmender Übung, die verstärkte Empfindlichkeit für Ihr Gleichgewicht zu überwinden. Ein verbessertes Gleichgewichtsvermögen ist vor allem beim Werfen und Rebound wichtig. Spieler, die während des Durchziehens zum Korb und des anschließenden Sprungs zum Korb oder beim Rebound Gleichgewichtsänderungen tolerieren und ausgleichen können, sind in der Lage, den jeweils geeigneten Aufmerksamkeitsschwerpunkt entweder auf den Korb oder den Ball zu richten, unabhängig von der jeweiligen Situation.

Beim Ausführen dieser Schwebebalkenübungen sollte man stets daran denken, **daß die Sicherheit an erster Stelle steht!** Bei diesen Übungen werden keine Heldentaten verlangt. Wenn Sie Ihr Gleichgewicht verlieren, brauchen Sie nur neben den Balken zu treten und neu beginnen. Denken Sie daran, daß der Schwebebalken, auf dem Sie üben, direkt auf dem Boden aufliegt (siehe das Diagramm in Kapitel 3 ,,Spielerisches Können und Körperbewußtheit''). Versuchen Sie diese Übungen nicht auf einem Standard-Schwebebalken, der etwa 90 cm vom Boden entfernt ist. Wenn Sie diesen Hinweis berücksichtigen, ist es unwahrscheinlich, daß Sie sich verletzen.

Natürlich sind die in diesem Kapitel vorgestellten Übungen nicht die einzigen Übungen zur Entwicklung Ihres Gleichgewichtsvermögens und Ihrer Konzentration. Erfinden Sie ruhig eigene Übungen. Die hier vorgestellten Übungen sind lediglich Beispiele. Ich habe die Erfahrung gemacht, daß sich diese Übungen ganz gut eignen, um jungen Athleten zu helfen.

Schwebebalkenübung 1. Gehen Sie auf dem Schwebebalken vor und zurück, und konzentrieren Sie sich dabei auf Ihren Gleichgewichtssinn. Richten Sie Ihren Blick zunächst auf den Schwebebalken. Wenn Sie sich sicher fühlen, versuchen Sie die Übung, ohne auf den Balken zu sehen. Versuchen Sie, die oben beschriebenen Grundübungen 4 und 5 auf dem Schwebebalken auszuführen.

Schwebebalkenübung 2. Immer, wenn Sie mit einer bedrohlichen Situation konfrontiert werden (selbst wenn sie nur so wenig bedrohlich ist, wie das Gehen auf einem Schwebebalken), verkrampfen Sie ein wenig. Prüfen Sie, ob das auch bei Ihnen der Fall ist. Zentrieren Sie auf Ihre Körperbewußtheit, wenn Sie auf dem Schwebebalken stehen oder gehen. Sind Sie verkrampfter als normal? Wahrscheinlich ja, denn dies ist bei den meisten Anfängern der Fall. Ihre erhöhte Spannung resultiert jedoch nicht notwendigerweise aus einer Furcht vor Verletzungen. Sie kann der bloßen Angst vor Versagen entspringen, wobei es sich bei diesem Versagen auch nur um den bloßen Gleichgewichtsverlust handeln kann. Diese Übung hilft Ihnen, Ihr Anspannungsniveau richtig zu diagnostizieren und zu kontrollieren und auf diese Weise Ihr Gleichgewichtsvermögen zu verbessern.

Schwebebalkenübung 3. Zentrieren Sie während des Vor- und Zurückgehens auf dem Schwebebalken auf Ihr Berührungsempfinden, indem Sie gleichzeitig einen Basketball um Ihre Hüfte herumführen. Versuchen Sie, das Gewicht und die Oberflächenstruktur des Balles zu erfühlen. Indem Sie sich auf Ihr Berührungsempfinden konzentrieren, verlagern Sie Ihr Gleichgewichtsempfinden ins Unterbewußtsein.

Schwebebalkenübung 4. Führen Sie die oben genannten Übungen aus, zentrieren Sie jedoch jetzt auf Ihr visuelles System. Richten Sie Ihren Blick auf den Korbring oder einen anderen Gegenstand, während Sie auf dem Balken gehen und den Ball um Ihre Hüfte kreisen lassen. Der betreffende Gegenstand sollte sich auf einer Linie mit dem Balkenende befinden. Wiederholen Sie diese Übung bei weichzentriertem Blick.

Schwebebalkenübung 5. Gehen Sie auf dem Balken, während Sie gleichzeitig den Ball neben Ihrem Körper dribbeln. Kontrollieren Sie zunächst das Dribbling visuell. Feinzentrieren Sie danach Ihren Blick auf den Korb. Stellen Sie vor Ausführen der Übung sicher, daß sich der Korb in einer Linie mit dem Balkenende befindet.

144

Schwebebalkenübung 6. Gehen Sie auf dem Balken, und halten Sie den Basketball über Ihrem Kopf. Ein Ende des Balkens sollte sich in Nähe des Korbs befinden. Feinzentrieren Sie Ihren Blick auf den Korb. Werfen Sie den Ball in Richtung Korb, wenn Sie das Ende des Balkens erreichen (keine Sprungwürfe!). Der Zweck dieser Übung besteht darin, daß Sie lernen, Ihre Konzentration auf den Korb beizubehalten, wenn Sie sich leicht im Ungleichgewicht befinden.

Schwebebalkenübung 7. Diejenigen von Ihnen, die talentiert genug sind, um drei Basketbälle zu jonglieren, sollten versuchen, dies zu tun, während Sie auf dem Balken gehen. Wenn Sie den Ball auf einem Finger rotieren können, versuchen Sie dies, während Sie auf dem Balken gehen. Der Zweck dieser Übung besteht darin, sich auf das Sehen zu konzentrieren, während Sie das Aufrechterhalten Ihres Gleichgewichts ins Unterbewußtsein verlagern.

Schwebebalkenübung 8. Führen Sie diese Übung mit einem Partner aus. Spielen Sie mit Ihrem Partner Passen und Fangen, während Sie auf dem Balken gehen und Ihr Partner am Ende des Balkens steht oder ebenfalls auf dem Balken geht. Während Sie vorwärts gehen, geht Ihr Partner rückwärts. Sie können den Schwierigkeitsgrad dieser Übung noch erhöhen, indem Sie sich gegenseitig simple Rechenaufgaben oder andere einfache Quiz-Fragen stellen. Denken Sie jedoch daran, daß das Ziel die Feinzentrierung auf den Ball ist!

Trampolinübungen

Obwohl ich die Schwebebalkenübungen für gut halte, bin ich der Meinung, daß die Trampolinübungen noch hilfreicher sind. Der Zweck der Trampolinübungen besteht darin, Sie in eine Situation zu versetzen, bei der Ihre Körperbewußtheit erhöht ist. In dieser besonderen Situation müssen Sie die geeignete visuelle Zentrierung aufrechterhalten. Trampolintraining verbessert nicht nur Ihre Konzentrationsfähigkeit, sondern auch Ihre Koordination, Ihr Gleichgewichtsvermögen und Ihre Fähigkeit, Ihren Körper in der Luft zu kontrollieren. Trampolinübungen sind ausgezeichnet geeignet, um Ihre Körperbewußtheit zu verbessern.

Einige Regeln sollten aus Sicherheitsgründen beachtet werden. Diese Trampolinübungen sollten nur auf einem Trampolin durchgeführt werden, das sich in Bodenhöhe befindet oder dessen Tuch von einer Sicherheitsplattform umgeben ist, falls das Trampolin sich über Bodenhöhe befindet. Trainieren Sie nie alleine! Trampolinspringen kann gefährlich sein, wenn Sie Sicherheitsvorkehrungen vernachlässigen. Auf **Sicherheit** ist bei den vorgestellten Übungen also unbedingt zu achten.

Trampolinübung 1. Machen Sie sich mit dem Trampolin vertraut, indem Sie einfach auf- und abfedern und leicht springen. Wenn Sie an Sicherheit gewinnen, können Sie die Höhe Ihrer Sprünge steigern. Versuchen Sie, so hoch wie möglich unter Beibehaltung Ihrer Kontrolle zu springen. Wenn Sie spüren, daß Sie Ihre Kontrolle verlieren, sollten Sie bei allen vorgestellten Übungen Ihre Sprunghöhe reduzieren, indem Sie Ihre Knie beim Auftreffen auf dem Sprungtuch beugen und neu beginnen. Wenn Sie mit dem Trampolin vertrauter werden, kann Ihr Aufmerksamkeitsschwerpunkt zwischen der Zentrierung auf Ihre Körperbewußtheit, Ihr Gleichgewichtsvermögen und Sehen wechseln.

Trampolinübung 2. Führen Sie kleine Kunststückchen aus: Lassen Sie sich auf die Knie fallen, landen Sie auf Ihrem Gesäß, springen Sie mit Hüftdrehungen, und führen Sie Schraubensprünge aus (180°, 360°, 540° und 720°).Sehen Sie sich in einem Turnlehrbuch an, wie Sie diese Übungen ausführen müssen. Schrauben sind vor allem gute Übungen für Seitzenter, die bei Bewegungen und Würfen pivotieren müssen.

Trampolinübung 3. Wenn die Trampolinübungen 1 und 2 Routine geworden sind, beginnen Sie mit der Ausführung der oben beschriebenen Grundübungen 4 und 5, während Sie springen und die einfachen Kunststückchen absolvieren. Verlagern Sie Ihren Aufmerksamkeitsschwerpunkt von der Feinzentrierung auf einen einzelnen Gegenstand, wie z.B. einen Ball, zur Weichzentrierung auf mehrere Gegenstände. Natürlich sollten Sie aus Sicherheitsgründen häufig Ihre Position auf dem Trampolin kontrollieren, um möglichst in der Mitte des Sprungtuchs zu bleiben.

Trampolinübung 4. Spielen Sie während des Springens mit einem neben dem Trampolin stehenden Partner Passen und Fangen. Sie können diese Übung variieren, indem Sie zwischen den Pässen 180°- und 360°- Schrauben ausführen. Auch Ihr Partner kann seine Pässe variieren, indem er einige scharf und andere als Lob wirft. Hohe Lob-Pässe können dazu dienen, Rebounds zu simulieren. Wenn der außerhalb des Trampolins stehende Partner Lobs wirft, soll er diese so timen und dirigieren, daß der ,,Rebounder'' gezwungen ist, den Ball im höchsten Punkt der Sprungkurve über seinem Kopf zu fangen. Dadurch wird der Rebounder gezwungen, seinen Blick nach oben zu richten und auf den Ball feinzuzentrieren. **Versuchen Sie nie, den Ball mittels eines riskanten Manövers zu fangen!** Kümmern Sie sich nicht um schlechte Pässe. Bringen Sie sich in diesen Fällen wieder in Ballbesitz, und fangen Sie von neuem an.

Trampolinübung 5. An beiden Enden des Trampolins steht jeweils ein Partner mit einem Ball. Springen Sie, und führen Sie während des Springens 180°-Drehungen aus. Während Sie sich in der Luft zu einem der Partner drehen, wirft dieser Ihnen einen Paß zu. Werfen Sie den Ball sofort, nachdem Sie ihn in der Luft gefangen haben, zurück zum Werfer. Drehen Sie sich dann noch in der Luft erneut, und landen Sie so, daß Sie dem zweiten Partner Ihr Gesicht zuwenden.

Trampolinübung 6. Bei den nächsten Übungen springen Sie und Ihr Partner zusammen auf dem Trampolin. Fixieren Sie Ihren Blick auf Ihren Partner, und richten Sie Ihre Sprünge so ein, daß Ihr Partner den höchsten Punkt seiner

Sprungkurve erreicht hat, wenn Sie landen. Sollten Sie einmal beide zum gleichen Zeitpunkt landen, müssen Sie darauf achten, Ihr Gleichgewicht nicht zu verlieren.

Trampolinübung 7. Wenn Sie sich daran gewöhnt haben, zusammen mit einem Partner auf dem Trampolin zu springen, spielen Sie Passen und Fangen, während Sie beide springen. Diese Übung erfordert, daß Sie sich visuell auf den Ball feinzentrieren, während Ihr Bewußtsein gesteigerte Eindrücke Ihres kinästhetischen Sinns und Ihres Gleichgewichtssinns aufnimmt. Wenn Sie oder Ihr Partner die Kontrolle verlieren, sollten Sie die Bewegung abbrechen und von vorne beginnen. Denken Sie daran: **keine Heldentaten!**

Trampolinübung 8. Wenn es Ihnen leicht fällt, mit einem Partner während des Springens Passen und Fangen zu spielen, sollten Sie die folgende Tippübung versuchen. Wenn Sie den höchsten Punkt Ihrer Flugkurve erreichen, tippen Sie den Ball Ihrem Partner so zu, daß dieser ihn ebenfalls im höchsten Punkt seiner Flugkurve zurücktippen kann. Der Trick bei dieser Übung besteht darin, daß Sie Ihren Sprung mit dem Ihres Partners so timen, daß Sie landen, wenn Ihr Partner sich im höchsten Punkt seiner Flugkurve befindet. Zählen Sie, wie oft Sie den Ball ohne Fehler hin- und hertippen können.

Trampolinübung 9. Drei Spieler, einer auf dem Trampolin, zwei an beiden Seiten (etwa 30 cm vom Rahmen des Trampolins entfernt), spielen ,,Affe in der Mitte''. Die beiden nicht auf dem Trampolin stehenden Spieler spielen sich den Ball am auf dem Trampolin befindlichen Spieler (,,Affe in der Mitte'') vorbei oder über ihn hinweg zu. Der ,,Affe'' versucht, die Pässe seiner beiden Partner abzufangen. Die Werfer sollten in Höhe der Mitte des Trampolins stehenbleiben und nicht hin- und hergehen, so daß der ,,Affe'' eine Chance hat, den Paß abzufangen. **Versuchen Sie als ,,Affe'' bitte nicht, mit aller Gewalt in Ballbesitz zu gelangen.**

Trampolinübung 10. Diese Übung entspricht der Übung 9, allerdings befinden sich jetzt zwei Spieler auf dem Trampolin, die als Team zusammenarbeiten. Diese Übung zwingt die beiden Werfer, visuell weichzuzentrieren, denn sie müssen sowohl auf die beiden ,,Affen'' als auch auf den jeweiligen Partner achten. Die beiden Werfer dürfen jetzt hin- und hergehen, allerdings nicht die Verlängerungen der seitlichen Begrenzungen des Trampolinrahmens überschreiten. Die beiden Werfer müssen versuchen, zehn erfolgreiche Pässe zu werfen, ehe sie den Platz mit den beiden ,,Affen'' wechseln. Die beiden ,,Affen'' müssen versuchen, so viele Pässe wie möglich abzufangen, bevor zehn erfolgreiche Pässe erzielt wurden. Nach insgesamt drei Runden hat das Team, dem es gelungen ist, die meisten Pässe abzufangen, gewonnen.

Trampolinübungen — Zusammenfassung. Die Trampolinübungen helfen Ihnen bei der Entwicklung Ihres Gleichgewichtssinns, Ihres kinästhetischen Empfindens (Körperbewußtheit), Ihrer Koordination und Ihrer visuellen Konzentration. Ich empfehle, diese Übungen besonders außerhalb der Wettkampfsaison einzusetzen. Indem Sie sich die Einstellung ,,Sicherheit zuerst'' zu eigen machen, reduzieren Sie Ihr Verletzungsrisiko.

Ich habe mittlerweile bereits über Jahre hinweg Trampolinübungen im Training eingesetzt, ohne daß ein Athlet sich ernsthaft verletzt hätte. Dies liegt vor allem daran, daß das von mir eingesetzte Trampolin sich auf Bodenhöhe befindet. Ich bin nicht der Meinung, daß sich die vorgestellten Übungen besonders gut für ein Trampolin über Bodenhöhe eignen, es sei denn, um das Trampolin herum ist eine Plattform gebaut. Ich erinnere meine Athleten ebenfalls häufig daran, daß bei diesen Übungen Heldentaten unangebracht sind, und ich lasse keine Albernheiten zu. Ich möchte abschließend noch darauf hinweisen, daß Sportler an den vorgestellten Übungen sehr häufig großes Vergnügen finden, wenn sie ihre Angst vor dem Gerät abgebaut haben.

Zusammenfassung

Die in diesem Kapitel vorgestellten Übungen zur Verbesserung der Sinne und der Bewußtheit verfolgen mehrere Ziele. Die Grundübungen helfen Ihnen, den wichtigsten Sinn zu entwickeln, Geistesbewußtheit. Zweitens dienen sie auch der Verbesserung Ihrer Sinnesbewußtheit. Die Schwebebalken- und Trampolinübungen verbessern Ihr Gleichgewichtsempfinden, Ihre Koordination, visuelle Kontrolle und Ihre Körperbewußtheit. Wenn Sie Ihre mentalen Kräfte verbessern wollen, müssen Sie diese Übungen häufig durchführen. Nur Übung macht den Meister!

Kontrollfragen zu Kapitel 15

1. Was sind die konkreten Ziele der in diesem Kapitel vorgestellten Übungen zur Verbesserung der Sinne und der Bewußtheit?
2. Welche Sicherheitsvorkehrungen müssen Sie berücksichtigen, wenn Sie die Übungen auf dem Schwebebalken absolvieren?
3. Welche Vorsichtsmaßnahmen sind bei den Trampolinübungen zu treffen?

TEIL 5

VIERTES VIERTEL:

MENTALE GRUNDLAGEN DES SPIELS

KAPITEL 16

DRUCK UND DIE EMOTIONALEN ELEMENTE DES SPORTS

Im Bereich des Spitzensports unterscheiden sich die Athleten nicht wesentlich im Hinblick auf ihre körperlichen Fähigkeiten. Bei den Celtics war unsere Einstellung, daß der Hauptunterschied zwischen guten und schlechten Mannschaften die mentale Härte war: wie gut es den Spielern einer Mannschaft gelingt, in einer Drucksituation ihren Verstand beisammen zu halten.   Bill Russell (Russell & Branch, 1979, S. 126)

Der Sport hat einen bemerkenswerten Einfluß in unserer Gesellschaft; die Amerikaner sind vom Wettkampfsport aller Leistungsbereiche geradezu besessen. Diese Besessenheit reicht von der aktiven Teilnahme in hoch organisierten Sportprogrammen auf verschiedenen Ebenen bis hin zum Zuschauersport. Worin liegt die große Anziehungskraft des Sports?

Unsere Sportbesessenheit ist zum Teil auf die körperliche Stimulierung zurückzuführen, die der Sport bietet. Sport erhöht unser Wohlbefinden. Sport wirkt aber auch auf unsere Psyche stimulierend. Wir finden Spaß daran, taktische Konzepte zu entwickeln und die Strategien unserer Gegner zu erraten. Die vielleicht größte Stimulation, die der Sport bietet, ist allerdings die mit ihm verbundene emotionale Erregung. Sport regt uns aufs höchste an. Sport kann uns allerdings auch große Enttäuschungen bereiten und uns depressiv machen. Der Sport wirkt sich in emotionaler Hinsicht geradezu dramatisch auf unser Leben aus.

Aufgrund der emotionalen Komponenten des Sports ist eine der größten Herausforderungen des Wettkampfsports die Fähigkeit, beständig mit genau dem richtigen Grad der körperlichen und emotionalen Erregung zu spielen. Aufgrund eines ungenügenden Trainings der mentalen und emotionalen Komponente des Sports sind jedoch nur wenige Spieler imstande, in vielen Spielen hintereinander Spitzenleistungen zu erbringen. Die meisten Sportler sind entweder nicht in der Lage, ihre Übererregung im Wettkampf zu kontrollieren, oder sie sind unfähig (bzw. nicht bereit), einen ausreichenden Erregungsgrad zu entwickeln. Es gibt sogar Sportler, die in diesem Bereich so unbeständig sind, daß ihre Leistung an einem Abend mittelmäßig ist, weil sie vor Übererregung verkrampft sind, und am anderen Abend, weil es ihnen an Erregung fehlt. Die Wahrheit ist, daß nur sehr wenige Sportler dahingehend trainiert werden, ein optimales Erregungsniveau zu entwickeln.

Dieses Kapitel möchte Ihnen helfen, mit den komplexen emotionalen Komponenten im Basketball besser umzugehen. Die Probleme des psychischen Streß und der psychischen Anspannung sowie die Drucksituationen, die im Basketball zu Streß führen, werden behandelt. Im folgenden Kapitel ,,Das ABC der Wettkampfbewältigung'' werden Strategien vorgestellt, die notwendig sind, um das für Spitzenleistungen nötige optimale Niveau der emotionalen Erregung aufrechtzuerhalten.

Erregungsniveaus

Es lassen sich drei verschiedene Erregungsniveaus unterscheiden. Die emotionalen und leistungsbezogenen Einflüsse dieser drei verschiedenen Niveaus werden in Tabelle 16.1 miteinander verglichen. Die Emotionen Furcht, Angst und Frustration, die die ,,heißen'' Gefühle genannt werden können, rufen einen Zustand der Übererregung hervor. Diese Übererregung kann die Leistungsfähigkeit drastisch einschränken.

Andererseits können Depressionen sowie die ,,kühlen'' Gefühle Apathie, Gleichgültigkeit und Kraftlosigkeit einen Zustand mangelnder Erregung bewirken. Diese mangelnde Erregung kann sich ebenfalls sehr negativ auf die Leistung auswirken. Der optimale Erregungszustand liegt genau zwischen dem Zustand der Unter- und dem der Übererregung. Dieser Zustand ist durch die ,,warmen'' Gefühle der Sicherheit und Leidenschaft gekennzeichnet. Der Spitzenleister befindet sich in einem positiven emotionalen Zustand, er fühlt sich sicher und ist mit Leidenschaft bei der Sache! Der Wettkampf versetzt ihn in einen Erregungszustand, ohne ihn in einen Zustand der Übererregung, bedingt durch Furcht, Angst, Ärger oder Frustration, zu versetzen.

Gelassenheit im Sport ist nicht gleichbedeutend mit einem Zustand mangelnder Erregung. Wirklich mangelnde Erregung ist Apathie. Gelassenheit bedeutet, seine Emotionen und seine Erregung im Griff zu haben; nicht aufgrund von Furcht, Angst, Ärger oder Frustration übererregt zu sein und nicht aufgrund von Depression, Apathie, Gleichgültigkeit und einem Gefühl der Kraftlosigkeit zu wenig erregt zu sein. Gelassenheit ist die Fähigkeit, die warme, positive Leidenschaft, die Spitzenleistungen zugrundeliegt, aufrechthalten zu können. Wenn ein Sportler während eines Wettkampfs nicht seine Gelassenheit aufrechthalten kann, wird er wahrscheinlich die leistungseinschränkenden körperlichen und mentalen Symptome der Übererregung zeigen.

Tabelle 16.1: Unterschiedliche Erregungsniveaus

Erregungsniveau	Emotionaler Zustand		Auswirkung a. d. Leistung
Überregung	„Heiße" Gefühle	Furcht Sorge Ärger Frustration	Negativ
Optimale Erregung	„Warme" Gefühle	Sicherheit Leidenschaft	Positiv
Unterregung	„Kühle" Gefühle	Apathie Gleichgül- tigkeit Machtlosig- keit Niederge- schlagenheit	Negativ

Übererregung

Die körperlichen Veränderungen, die Sie erfahren, wenn Sie mit einer bedrohlichen und streßintensiven Situation konfrontiert sind, sind Ihnen als Kampf-oder-Flucht-Syndrom bekannt. Dieses Syndrom ist ein natürliches Phänomen, das Ihren Körper im wahrsten Sinne des Wortes darauf vorbereitet, entweder zu kämpfen oder zu fliehen. Die Mechanismen des Kämpfens oder Fliehens sind simpel. Wenn Sie mit einer streßintensiven Situation konfrontiert werden, sendet Ihr Gehirn ein Signal zu Ihrer Bauchspeicheldrüse, die ihrerseits die Nebenniere zur Hormonausschüttung stimuliert. Diese Hormone (Katecholamine) bereiten Ihre Muskeln darauf vor, aktiv zu werden. Ihre Muskeln spannen sich an, Ihr Herzschlag und Ihre Atmung beschleunigen sich, Ihr Blut fließt von Ihrer Haut und Ihren Extremitäten zu den großen Muskelgruppen, und Ihr Verdauungssystem stellt seine Arbeit ein.

Im allgemeinen steht die Ausprägung dieser Symptome in einem Verhältnis zu dem Grad der wahrgenommenen Bedrohung. Wenn Sie in Lebensgefahr sind, sind Ihre physiologischen Reaktionen extrem. Wenn die Situation jedoch nur eine leichte Bedrohung darstellt, sind die Symptome der Kampf-oder-Flucht-Reaktion wesentlich geringer ausgeprägt. dennoch können selbst die geringsten Symptome der Kampf-oder-Flucht-Reaktion die sportliche Leistungsfähigkeit beeinträchtigen.

151

Kampf-oder-Flucht und Leistung

Wenn Angst und muskuläre Spannung zunehmen, beginnen sie, sich negativ auf Ihre Koordination und Ihr Timing auszuwirken. Der fließende und komplexe Prozeß der Muskelkontraktion und -entspannung wird durcheinandergebracht, und Ihre Bewegungen werden unrhythmisch und abgehackt. Ihre Muskeln verkrampfen, und Sie können sie nicht durchstrecken. Dies wirkt sich negativ auf Ihre Nachfolgebewegung aus. Selbst bei dem talentiertesten Spieler wirkt sich das Kampf-oder-Flucht-Syndrom, auch wenn es nur leicht ausgeprägt ist, negativ aus. Selbst einfache, automatisierte Bewegungen wie Dribbling werden gestört.

Ihre Leistung wird nicht nur beeinträchtigt, weil die erhöhte muskuläre Anspannung Ihre Motorik stört, sondern auch, weil Sie aufgrund dieser ungewohnten körperlichen Reaktionen mental abgelenkt werden. Die körperlichen Reaktionen zwingen Sie geradezu, sich auf Ihren Körper zu konzentrieren anstatt auf die wesentliche visuelle Information. Dies führt dazu, daß Ihr visuelles Feld sehr eng ist. In fast allen Fällen leiden übererregte Sportler unter dem sogenannten Tunnel-Syndrom. Entscheidend ist, daß Sie, um konzentriert zu sein und Ihre Bewegungen präzise ausführen zu können, entspannt sein müssen. Entspannung, Konzentration und eine optimale Bewegungsausführung gehen Hand in Hand. Sie können den vielfältigen Anforderungen des Basketballspiels nur gerecht werden, wenn Sie mental und körperlich entspannt bleiben.

Andererseits muß Ihnen bewußt sein, daß die erwähnten physiologischen Veränderungen sich nicht ganz so destruktiv auswirken, wenn sie kontrolliert werden. Ein gewisses Erregungsniveau ist notwendig, um den Anforderungen sportlicher Wettkämpfe gewachsen zu sein. Die meisten Sportler überschreiten jedoch häufig die Grenze in einen Zustand der Übererregung wegen des mit dem Sport verbundenen Drucks und des Drucks, dem sie sich selbst in der Hoffnung, gute Spieler zu werden, aussetzen. Die Folge ist, daß Ihre Konzentration und Koordination gestört werden.

Der Sog nach unten

Geist und Körper, mentale und physische Seite sind eng miteinander verbunden. Mentaler Streß kann zu körperlicher Anspannung und Ermüdung führen, und körperliche Spannungen können Angst hervorrufen. Es kann zu einem Schneeballeffekt kommen. Wenn ein Spieler z.B. zu Beginn eines wichtigen Spiels aufgrund von Verspannung und Angst seinen ersten Korbwurf verfehlt, nehmen seine Angst und Anspannung zu. Die aufgrund des verfehlten ersten Wurfs erhöhte Angst verstärkt die körperliche Anspannung dieses Sportlers, was zu einer noch stärkeren Störung der für einen sauberen Wurf notwendigen Feinkoordination führt. Das Ergebnis ist eine Serie von Fehlwürfen und ein Höchstmaß an Angst, Verspannung, Frustration und Versagen.

Druck

Die Wurzeln des psychischen Streß und des ihn begleitenden Kampf-oder-Flucht-Syndroms sind in den zahlreichen Anforderungen zu suchen, mit denen der Athlet konfrontiert wird und die er als Druck empfindet. Dazu gehören die Herausforderung, die das Spiel selbst darstellt, der vom Gegner ausgeübte Druck, der soziale Druck und die vielleicht entscheidende Komponente, der Druck, dem wir uns selbst aussetzen.

Was ist Druck? Man kann nur sein Bestes geben, wenn man sich auf die unmittelbare Gegenwart konzentriert. Sie müssen Ihre Aufmerksamkeit in einer gegebenen Situation auf die wichtigen Schlüssel zentrieren (Ball, Korb, Mannschaftskamerad etc.) und nur auf diese Schlüssel reagieren. Sich über das Sorgen zu machen, was passieren könnte oder was in der Vergangenheit geschah, beeinflußt die Gegenwart negativ. Sorgen über das, was passieren wird, wenn Sie einen entscheidenden Freiwurf danebenwerfen, oder ein Nachdenken über den entscheidenden Ballverlust, sind letztlich zusätzliche Informationen, die Ihr Bewußtsein verarbeiten muß, damit Ihr Spiel erfolgreich wird.

Stellen Sie sich z.B. vor, Sie stünden an der Freiwurflinie, und die reguläre Spielzeit ist bereits abgelaufen. Ihre Mannschaft liegt in einem meisterschaftsentscheidenden Spiel einen Punkt zurück. Sie wurden soeben gefoult und sind im Begriff, einen Freiwurf zu werfen. Die Zuschauerränge sind brechend voll. Der Lärm ist ohrenbetäubend. Hinter dem Korb halten sich die Fans der gegnerischen Mannschaft auf und schwenken wie wild ihre Arme. Sie sind erschöpft und haben kaum Kraft, Ihre Arme zu heben. Sie fühlen, daß Ihre Hände schweißnaß sind und gehen zur Bank, um sie abzutrocknen. Ihr Trainer steht auf und kommt Ihnen entgegen. Er sagt: ,,Entspann Dich! Wir brauchen die Punkte!'' Dann werden Sie von Ihren Mannschaftskameraden ermutigt: ,,Du schaffst es!'' Das alles veranlaßt Sie, zu sich selbst zu sagen: ,,Ich kann sie nicht hängenlassen!'' Nachdem Sie sich an der Freiwurflinie aufgestellt haben, blicken Sie auf und bemerken die Fernsehkamera unter dem Korb. Sie ist auf Sie gerichtet, und das rote Lämpchen leuchtet. Sie erstarren für einen Moment, als Sie an die Millionen Zuschauer denken, die zu Hause vor ihren Fernsehgeräten sitzen und beobachten, wie Sie sich auf Ihren Wurf vorbereiten. Als Sie sich nach unten beugen, um Ihre Zehen zu berühren, wandern Ihre Gedanken für einen kurzen Augenblick zurück zu einem Freiwurf, den Sie kurz zuvor ausführten und bei dem Sie den zweiten Wurf zu hoch und damit neben den Korb warfen. Der Schiedsrichter will Ihnen gerade den Ball übergeben, als der Gegner plötzlich eine Auszeit beantragt. Sie traben zurück zur Bank. Ihr Weg führt Sie am Pressetisch vorbei, und Sie hören, wie der Fernsehkommentator sagt: ,,Smitty war in dieser Saison ein exzellenter Freiwurfschütze — bis heute.'' Sofort sehen Sie in Ihrer Vorstellung die Schlagzeilen des nächsten Tages: **,,Smitty warf am Sieg vorbei! Auswechselspieler versagt in entscheidender Situation.''** Sie fühlen sich unter Druck gesetzt, und diesen Druck haben Sie zu einem großen Teil selbst erzeugt.

Liegt Druck außerhalb Ihrer Kontrolle? Es ist kaum vorstellbar, daß ein Sportler noch mehr unter Druck stehen kann wie der oben beschriebene. Schlimmer konnte es eigentlich nur noch einem römischen Gladiator ergehen, für den der Spruch ,,Sieg oder stirb!'' ganz wörtlich zu nehmen war. Dieser Druck liegt jedoch nicht in der Situation selbst begründet. Es ist Ihre Reaktion auf eine wichtige Situation, die den Druck schafft. Der Druck kommt nicht von außen, sondern entspringt Ihrem Bewußtsein. Insofern ist dieser Druck nicht real.

Die Aufgabe besteht z.b. darin, zwei Freiwürfe auszuführen, einen nach dem anderen. Um diese Aufgabe auszuführen, müssen Sie die ganz normale Freiwurfroutine (siehe Kapitel 7 ,,Mentale Grundlagen der Freiwürfe'') durchlaufen. Beginnen Sie mit der Entspannungsübung. Atmen Sie tief ein und wieder aus. Nehmen Sie den Ball vom Schiedsrichter entgegen, stellen Sie sich an der Freiwurflinie auf, prellen Sie den Ball ein- oder zweimal auf den Boden, zentrieren Sie Ihre Aufmerksamkeit in Ihrem visuellen System, und feinzentrieren Sie auf den Korb. Stellen Sie sich kurz vor dem Wurf vor, wie der Ball in den Korb geht, um Ihrem Bewußtsein ein positives Bild zu vermitteln. Holen Sie dann zum Wurf aus, werfen Sie und folgen Sie dem Ball nach. Wenn Ihre regelmäßige Freiwurfroutine diese Schritte beinhaltet, sollten Sie keinen Druck empfinden. Sie werfen einfach! Sie haben alles unter Kontrolle. Der einzige Druck ist der Druck, den Sie der Situation auferlegen. Sie erzeugen Druck, indem Sie sich an negative Erfahrungen oder Fehlwürfe erinnern. Diese Gedanken bewirken, daß Ihr Intensitätsgrad die Stufe ,,4'', die für beste Ergebnisse nötig ist, übersteigt.

Das Bewältigen von Druck ist zugegebenermaßen schwierig, wenn viele Störfaktoren (Zuschauer, körperliche Anspannung, die Erinnerung an vergangene Mißerfolge, Gegner) um Ihre Aufmerksamkeit wetteifern. Wenn Sie sich jedoch auf diese Ablenkungen konzentrieren, anstatt sie zu ignorieren, verstärken Sie den Druck nur noch. Kurz gesagt: *Der Druck wird durch die unwichtigen, negativen oder irrationalen Gedanken und Gefühle verstärkt, die in Ihr Bewußtsein drängen, wenn Sie mit einer Aufgabe konfrontiert werden.* Wie im obigen Beispiel gezeigt, kann eine einfache Aufgabe wie das Ausführen von zwei Freiwürfen übermäßig an Bedeutung gewinnen. Von diesen Freiwürfen hängen plötzlich das ganze Spiel, ja sogar die Saison, Ihr Selbst und Ihr Leben ab! Druck entsteht dann, wenn man etwas unnötig aufbauscht. Mit anderen Worten: *Druck ist etwas, das Sie sich selbst auferlegen.*

Vier Quellen des Drucks

Druck im Basketball geht auf vier Quellen zurück: Die Herausforderung des Spiels selbst; der von der gegnerischen Mannschaft und ihren Fans ausgeübte Druck; der Druck, dem wir uns selbst aussetzen; und der soziale Druck, der von den Eltern, Freunden, den Fans und der Gesellschaft allgemein ausgeübt wird.

Das Spiel selbst. Die erste Quelle des Drucks ist Bestandteil des Spiels selbst. Im Basketball wird von Ihnen verlangt, daß Sie Fertigkeiten wie Ballbehandlung, Werfen, Rebound beherrschen, daß Sie regelgerecht spielen, bestimmte Spielstrategien anwenden und Ihre Erschöpfung überwinden. Diese Anforderungen sind keine großen Hindernisse, trotzdem können sie jedoch selbst bei erfahrenen Spielern Druck erzeugen. Ein Basketballspieler hat normalerweise auch etwas Angst, denn der Erfolg ist nie ganz sicher, und zum Spiel gehört auch immer ein wenig Glück.

Wettkampfdruck. Der zweite Ursprung von Druck ist der Gegner und das Wettkampfelement. Das bedeutet, daß zu den oben erwähnten körperlichen Herausforderungen die zusätzliche Anforderung hinzukommt, besser als der Gegner spielen zu müssen. Der Gegner versucht nicht nur, sein Bestes zu geben, sein Ziel besteht auch darin, dafür zu sorgen, daß Sie schlecht spielen.

Der Druck, den Ihr Gegner ausübt, kann zweierlei Art sein. Erstens kann dieser Druck physischer Art sein. Ihr Gegner kann aggressiv spielen und Sie zwingen, intensiver und schneller zu spielen, als es optimalerweise der Fall sein sollte. Zweitens kann dieser Druck mentaler Art sein. Ihr Gegner könnte Sie zwingen, auf sich verändernde Angriffs- und Verteidigungsstrategien zu reagieren. Drittens kann der Druck moralischer Art sein. Ihr Gegner kann Sie so decken, daß er Ihnen eine bestimmte Aktion und Richtung aufzeigt oder er kann Sie doppeln. Die Konsequenz ist, daß Sie einen schlechten Wurf ausführen, es sei denn, Sie sind so selbstlos, den Ball zu Ihrem freistehenden Mannschaftskameraden zu passen. Schließlich kann der Druck psychisch sein. Ihr Gegner könnte Sie verbal auffordern, Spielhandlungen auszuführen, die in taktischer Hinsicht nicht sinnvoll sind. Wenn Sie z.B. nur schwach von der Seitenlinie werfen können, Ihr Gegner Sie jedoch dazu bringt, von dieser Position zu werfen, hat er sich Ihnen gegenüber einen Vorteil verschafft. Je mehr Ihr Gegner Sie verbal provoziert, desto stärker ist der psychische Druck, den er auf Sie ausübt.

Die Fans der gegnerischen Mannschaft können ebenso Druck ausüben wie die Gegenspieler selbst. Sie können mentalen Druck ausüben, indem Sie soviel Lärm machen, mit den Armen winken oder zu sonstigen Ablenkungsmanövern greifen, daß Ihre Konzentration gestört wird. Sie können auch psychologischen Druck ausüben, indem sie Sie mit Spruchtafeln und beschrifteten Fahnen auffordern, Dinge zu tun, die Sie nicht so gut beherrschen, oder sie können Sie emotional dazu aufputschen, mit einer zu hohen Intensität zu spielen. Einige Fans schrecken selbst nicht vor gefährlichen Manövern zurück, wie z.B. dem Werfen mit Geldmünzen oder anderen kleinen Gegenständen.

Persönlicher Druck. Die dritte Art von Druck ist persönlicher Druck oder der Druck, dem Sie sich selbst aussetzen. Diese Art von Druck ist vielleicht die einflußreichste. Der Glanz des Sieges ist ein Ziel, das tief in unserer Psyche verwurzelt ist. Sieger werden von allen respektiert. Viele beneiden Sieger oder beten sie förmlich an; einige verehren Meister gar wie Götter. Das ist ein Grund für die Attraktivität des Sports. Wir mögen die sportliche Aktivität. Wir lieben den damit verbundenen Spaß, die Handlungsvielfalt und die Herausforderung. Wir träumen von Ruhm und begehren die sozialen Belohnungen und die Anerkennung, die der Sport bringen kann. Unsere Egos werden durch Erfolge gestärkt und durch Niederlagen geschwächt. Die Folge davon ist eine psychisch gefährliche Situation. Wenn Sie im Erfolg im Basketball die einzige Grundlage Ihrer Identität und Ihres Selbstwerts sehen, setzen Sie sich selbst einem enormen emotionalen Druck aus. Dieser emotionale Druck nagt sozusagen an Ihrer Konzentration, Gelassenheit und Ihrem Selbstvertrauen auf dem Spielfeld. Der Erfolg wird dadurch nur schwerer erreichbar, und das Spiel ist nicht mehr länger nur ein Spiel. Basketball wird plötzlich zu Ihrem Lebensinhalt. Die Folge davon ist, daß eine plötzlich auftretende Wurfschwäche nicht mehr bloß eine Wurfschwäche ist — sie ist gleichbedeutend mit einem langsamen Tod. Das ist wirklicher *Druck*.

Sozialer Druck. Der persönliche und emotionale Druck wird durch Eltern, Freunde, Fans, Mannschaftskameraden und Trainer, die sich selbst sozusagen als ,,Aktionäre'' Ihres Ruhms betrachten, noch verstärkt. Sie glauben, daß ihnen ihre wie auch immer geartete Beziehung zu Ihnen, das Recht gibt, an Ihrem Ruhm teilzuhaben. Sie treiben Sie an, Ihr Bestes zu geben, zu gewinnen, noch mehr Ruhm zu erreichen, weil sie selbst dann eine noch größere ,,Ruhmdividende'' erhalten. Die wohl besten Beispiele dieser Einstellung sind die sogenannten Eislaufmütter.

Übererregungs-Verkrampfung

Druck im Basketball ist nichts anderes als die störenden Gedanken, die sich in Ihr Bewußtsein einschleichen, wenn Sie mit einer Aufgabe konfrontiert werden. Manchmal wird dieser Druck durch äußere Einflüsse erzeugt, aber normalerweise resultiert dieser Druck daher, daß Sie dem Spiel oder der Situation mehr Bedeutung verleihen als nötig ist. Die Quellen des Drucks sind das Spiel selbst, der Gegner, die Fans der gegnerischen Mannschaft, Ihre Eltern, Freunde, Fans, die Medien, die Trainer und vielleicht ganz besonders *Sie selbst!* Der Druck kann physischer, mentaler, moralischer, persönlicher und sozialer Art sein, und die Auswirkungen des Drucks variieren in Abhängigkeit von der Schwierigkeit der jeweiligen Aufgabe. Im nächsten Kapitel wird auf Möglichkeiten eingegangen, den basketballspezifischen Druck zu bewältigen, indem man auf Basis eines philosophischen Verständnisses der Teilnahme und des Erfolgs das Basketballspiel aus der richtigen Perspektive sieht. *Ihre Einstellung zum gesamten Leben muß ausgewogen sein, und Sie müssen wissen, daß alles im Leben relativ ist, damit Sie auf dem Basketballfeld entspannt und selbstsicher sind.*

Zu geringe Erregung

Ihre Leistung kann auch auf eine ganz andere Weise durch die Übererregungssymptome des Kampf-oder-Flucht-Syndroms beeinflußt werden. Die Konsequenz kann eine zu geringe Erregung oder eine mangelnde Spannung während des Wettkampfs sein. Das Problem der Untererregung und ihres hauptsächlichen Symptoms der geringen emotionalen Energie geht auf Depression zurück. Die Depression eines Sportlers wird normalerweise ausgelöst durch eine oder mehrere irrationale Überzeugungen, die den Gefühlen Apathie, Gleichgültigkeit und Kraftlosigkeit zugrunde liegen.

Depression

Ein depressiver Zustand in einem Sportler drückt sich aus in trägen Bewegungen und einem niedrigen Energieniveau. Es handelt sich bei diesem Zustand um das genaue Gegenteil des durch hohe Energie charakterisierten Zustands, durch den sich Spitzenspieler auszeichnen. Die Auswirkungen eines depressiven Zustands betreffen nicht nur eine geringe Energie; Untersuchungen (Durden-Smith & de Simone) haben ergeben, daß eine depressiver Zustand auch die Bewegungstechnik negativ beeinflußt.

Zusätzlich zu dem körperlichen Symptom des niedrigen Energieniveaus kann ein depressiver Zustand auch die Konzentration eines Sportlers negativ beeinflussen. Im Gegensatz zu dem ausgesprochen engen Blickwinkel, der durch eine Übererregung der heißen Gefühle hervorgerufen wird, verursachen die kühlen Gefühle Apathie, Gleichgültigkeit und Kraftlosigkeit einen breiten, ungerichteten Aufmerksamkeitshorizont. Der untererregte Sportler läßt sich leicht durch seine Umgebung ablenken und verfügt nicht über den scharfen Aufmerksamkeitsschwerpunkt, der für das Werfen, Passen und Annehmen des Balles erforderlich ist.

Apathie. Apathie ist eine Haltung, die sich durch Gleichgültigkeit und mangelndes Empfindungsvermögen auszeichnet. Der Sportler gibt zu erkennen, daß ihm im Grunde alles egal ist. Diese Einstellung ist eine Reaktion auf den Schmerz oder die Mißerfolgserwartung, durch die ein Sportler — um die Schmerzen zu vermeiden — gegenüber dem Ergebnis seines Tuns abstumpft. Je häufiger ein Sportler verliert oder versagt, desto mehr versucht er, die ,,Qual der Niederlage'' zu ignorieren. Diese zunehmende Abgestumpftheit führt langfristig zu einem depressiven Zustand.

Gleichgültigkeit. Das Gefühl der Gleichgültigkeit ist dem der Apathie sehr ähnlich. Der Unterschied besteht darin, daß dem gleichgültigen Athleten seine Leistung wirklich egal ist, während der apathische Athlet dieses Gefühl der Gleichgültigkeit erreichen *will* und daher seinen Schmerz über die Niederlage unterdrückt. Der gleichgültige Sportler steht nicht nur Niederlagen unbeteiligt gegenüber, sondern er kann auch einen Sieg nicht wirklich genießen. Wie der apathische Athlet ist auch der gleichgültige leicht depressiv gestimmt, wodurch er seine Leistungen beeinträchtigt.

Kraftlosigkeit. Kraftlosigkeit ist der Zustand, bei dem der Sportler zwar gewinnen und erfolgreich sein will, aber merkt, daß er wirklich *unfähig* ist, erfolgreich zu sein. Dieses Gefühl des ,,Ich *kann nicht* gewinnen!'' führt ebenfalls zu einem leistungsbeeinträchtigenden depressiven Zustand.

Untererregungs-Verkrampfung

Die kühlen Gefühle Apathie, Gleichgültigkeit und Kraftlosigkeit wirken sich negativ auf die Leistungsfähigkeit des Sportlers aus, weil sie einen depressiven Zustand bewirken. Die mangelnde Erregung des depressiven Sportlers führt zur Reduzierung seiner Fähigkeit, den physischen und mentalen Anforderungen des Spiels zu genügen.

Trainerecke

Trainer haben einen sehr großen Einfluß auf ihre Spieler. Aus diesem Grunde muß ein Trainer in der Hektik eines Wettspiels seine Emotionen kontrollieren. Wenn die Spieler merken, daß der Trainer seine Gelassenheit verliert, ist die Gefahr groß, daß auch die Spieler ihre Gelassenheit verlieren. Wenn der Trainer sich z.B. über die Schiedsricher ärgert bzw. aufregt, könnten sich auch die Spieler leichter aufregen. Wenn der Trainer den Eindruck erweckt, als schwinde sein Vertrauen in seine Mannschaft, dann geht auch das Engagement der Spieler allmählich zurück. Wenn der Trainer kein Hehl daraus macht, daß er sich bezüglich des Ausgangs eines wichtigen Spiels Sorgen macht, werden auch die Spieler leichter ängstlich und unsicher. Kurz gesagt: Trainer müssen in streßintensivsten Situationen ein Musterbeispiel von Ruhe und Gelassenheit sein, und sie müssen nötigenfalls auch bereit sein, die Spieler zu optimaler Intensität zu ermutigen.

Trainer müssen sich auch bewußt sein, daß ihre offen gezeigten Emotionen bei ihren Spielern gegenteilige Reaktionen hervorrufen können. Wenn sich ein Trainer während des Trainings oder während eines Spiels ärgert und diesen Ärger an einem seiner Spieler ausläßt, könnte es sein, daß das Opfer dieser Behandlung in Apathie verfällt oder mit Trotz reagiert. Dies ist vor allem dann wahrscheinlich, wenn der betreffende Spieler die Reaktion des Trainers für ungerechtfertigt hält. Eine auf diese Weise verursachte Apathie oder ein so erzeugter Trotz führen häufig zu einem depressiven Zustand. Dem Trainer fällt es dann schwer, diesen Spieler aufs neue zu motivieren.

Kurz gesagt: Trainer müssen das, was sie predigen, selbst vorleben. Wenn Sie wollen, daß ihre Spieler entspannt bleiben oder mit einer hohen Intensität spielen, müssen sie bereit sein, für ihre Spieler ein Rollenvorbild zu sein.

158

Zusammenfassung

Die große Anziehungskraft des Sports auf Sportler und Zuschauer hat ihre Ursachen zum Teil in der mit dem Sport verbundenen Spannung. Der emotionale Faktor stellt eine riesengroße Herausforderung für die Sportler dar. Um sein Leistungspotential möglichst voll auszuschöpfen, muß man mit einem optimalen Grad körperlicher und emotionaler Erregung spielen. Das kann schwierig sein, denn der mit dem sportlichen Wettkampf verbundene Druck ruft die heißen Gefühle Furcht, Angst, Frustration und Ärger hervor. Diese Gefühle versetzen Sie in einen Zustand der Übererregung, der sich negativ auf Ihr Leistungsvermögen und Ihre Konzentration auswirkt.

Ihre Leistung kann auch durch Untererregung negativ beeinträchtigt werden. Dieser depressive Zustand hat seine Ursache in den kühlen Gefühlen Apathie, Gleichgültigkeit und einem Gefühl von Kraftlosigkeit. Die Auswirkungen eines depressiven Zustands auf Ihre Leistungsfähigkeit beinhalten träge Bewegungen, einen niedrigen Intensitätsgrad, eine verschlechterte Bewegungstechnik und eine leicht irritierbare Aufmerksamkeit. Im nächsten Kapitel werden in der Praxis erprobte Techniken vorgestellt, mit deren Hilfe Sie den Wettkampfdruck und die emotionalen Faktoren eines Wettkampfs in den Griff bekommen können.

Kontrollfragen zu Kapitel 16

1. Nennen Sie die drei Ebenen der emotionalen Erregung. Welche Emotionen und Gefühle sind für jede dieser Ebenen charakteristisch? Wie beeinflussen diese verschiedenen Ebenen die sportliche Leistung?
2. Was ist Gelassenheit? Inwiefern unterscheidet Gelassenheit sich von Apathie?
3. Was versteht man unter dem Kampf-oder-Flucht-Syndrom?
4. Wie beeinflußt das Kampf-oder-Flucht-Syndrom die Leistung des Sportlers?
5. Definieren Sie ,,Druck''.
6. Nennen Sie vier Quellen des Drucks.
7. Wie wirkt sich ein depressiver Zustand auf die sportliche Leistung aus?
8. Welche Gefühle führen zu einem depressiven Zustand?

KAPITEL 17

DAS *ABC* DER WETTKAMPFBEWÄLTIGUNG

*Aber im Gegensatz zu dem, was alle Leute denken, ist ein eigenmotivier-
ter Athlet nur selten jemand, der seinen Sport ,,ißt, schläft und trinkt'',
bis zu einem Punkt, an dem sein ganzer Eigenwert und sogar sein Selbst-
respekt von seiner Leistung abhängen. Die wirklich besessenen Spieler
sehen ihren Wert als Mensch nur im Ballspielen. Nun, da dies so ist, erwarten Sie, daß Sie ihr Ganzes geben, oder? Falsch! Sie tun das nicht,
weil derartige Spieler sich selbst normalerweise nicht mögen. Sie versagen in brisanten Situationen, beklagen sich, oder in ihrem Kopf passieren seltsame Dinge, die ihre Leistungen negativ beeinflussen.*
Bill Russell (Russell & Branch, 1979, S. 147)

Basketball ist vielleicht der größte Zuschauersport. Dem Fan wird eine auf-
regende Handlung geboten. Darüber hinaus wird sein analytisches Interesse an
komplexen Spielstrategien sowie sein Empfinden für die Ästhetik artistischer
Leistungen voll befriedigt. Richtig beurteilen kann man das Spiel jedoch nur,
wenn man es selbst aktiv betreibt, wie es überall im Sport der Fall ist. Wenn
Sie nur sehen, wie ein Sportler oder eine Gruppe von Sportlern sich bewegt,
nehmen Sie nur einen kleinen Teil dessen wahr, was die Erfahrung dieser Aktivität beinhaltet. Sie sehen nur die objektive Realität — die elegante Bewegung,
den konzentrierten Blick, die Hektik und den deutlichen Ausdruck von Emotionen. Wenn Sie jedoch selbst am Spiel teilnehmen, entdecken Sie die gesamte
menschliche Erfahrung des Sports. Sie sind plötzlich imstande, über die objektive Realität hinauszugehen und das subjektive Wesen des Sports zu erfahren
— die mit dem Sport verbundenen Einstellungen, Gefühle, Emotionen und
Empfindungen.
   Wenn Sie Ihr volles sportliches Potential ausschöpfen wollen, müssen Sie
damit beginnen, mit Ihrer eigenen subjektiven Realität in der Wettkampfsituation umzugehen. Sie müssen beginnen, Ihre eigene umfassende Erfahrung als
Sportler sorgfältig zu untersuchen. Diese Untersuchung muß bis tief unter die
Oberfläche reichen, über die objektive Realität der körperlichen Merkmale hinaus. Nicht nur die Biomechanik, Form und Bewegungstechnik, die in Wettkampfsituationen eine wichtige Rolle spielen, sondern auch die ebenso wichtigen Variablen Einstellungen, Überzeugungen, Gefühle und Emotionen müssen
Objekte dieser Untersuchung sein.
   Im vorangegangenen Kapitel haben wir damit begonnen, die mentalen Variablen des Sports genauer zu betrachten. Wir untersuchten zunächst die emotionalen Elemente des Sports und ihre Auswirkungen auf die sportliche Leistung.

160

Dann gingen wir dazu über, die zugrundeliegenden Überzeugungen und Arten von Druck zu untersuchen, die Emotionen hervorrufen, die ihrerseits den Erregungsgrad des Sportlers bestimmen und seine Leistung beeinflussen.

In diesem Kapitel werden Sie angeleitet, unter die Oberfläche Ihrer sportlichen Erfahrung zu blicken. Sie werden lernen, mit den Wettkampfaspekten des Basketballspiels umzugehen, indem Sie sich unmittelbar mit Ihren Einstellungen und Überzeugungen bezüglich des Basketballspiels beschäftigen. Im Rahmen dieser Eigenuntersuchung ist die sogenannte Rational-Emotive Therapie (RET; Ellis & Becker, 1982) der Schlüssel Ihres Erfolgs. Bei RET handelt es sich um einen relativ neuen und einfachen Ansatz der Selbsthilfe-Psychologie (Ellis & Becker, 1982).

Das *ABC* von RET

Die Rational-Emotive Therapie (RET) ist, wie der Name bereits andeutet, eine Methode der *Bewältigung von psychischem Streß mittels des rationalen Denkens*. Der RET-Ansatz ist so einfach, daß der Trainer oder Athlet, der sich dieser Methode bedient, nicht sehr viel über Psychologie wissen muß, um sich selbst dabei zu helfen, den psychischen Streß des Wettkampfsports zu bewältigen. Alles, was nötig ist, ist die Bereitschaft, das *ABC* von RET zu befolgen.

Das grundlegende Prinzip der RET-Psychologie ist das Verständnis, daß unser emotionales Verhalten und unsere emotionalen Handlungen nicht unmittelbar aus den Bedingungen und dem Druck unserer Lebenssituationen resultieren. Wir zeigen an Punkt *C* nicht alleine deswegen eine bestimmte Reaktion, weil uns an Punkt *A* etwas ganz Bestimmtes widerfahren ist. Das *Aktivierende Ereignis* oder *A (= Activating Event,* z.B. das Werfen des möglicherweise spielentscheidenden Freiwurfs) ist nicht automatisch die Ursache unserer emotionalen *Konsequenz* oder von *C (= Consequence,* z.B. Übererregung, die das Kampf-oder-Flucht-Syndrom auslöst und unsere Aufmerksamkeit stört). RET-Psychologen erklären uns vielmehr, daß das, was einer Person an Punkt *C* zustößt, sehr stark von ihren Überzeugungen an Punkt *B (= Belief)* abhängt, d.h. von dem, was diese Person sich selbst über Punkt *A* einredet. Mit anderen Worten: *Die Dinge an sich sind weder gut noch schlecht, nur durch Denken werden sie entweder das Eine oder das Andere.* Diese Beziehung ist in Abbildung 17.1 dargestellt.

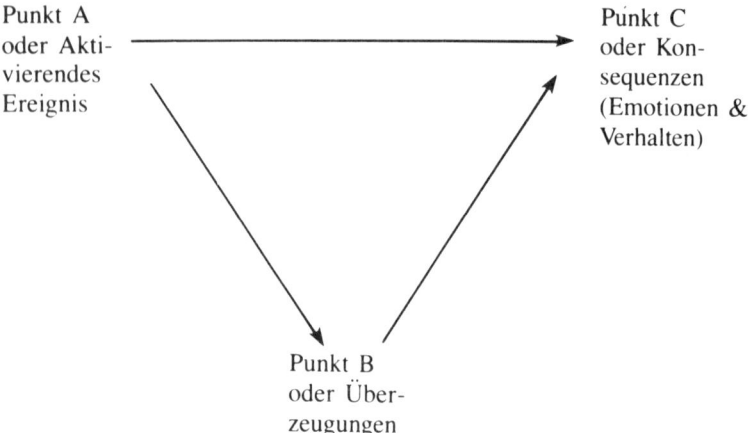

Punkt A
oder Akti-
vierendes
Ereignis

Punkt C
oder Kon-
sequenzen
(Emotionen &
Verhalten)

Punkt B
oder Über-
zeugungen

Abbildung 17.1: Das ABC von RET

Die meiste Zeit über vollzieht sich unser Denken jedoch so automatisch, daß wir uns nicht bewußt sind, daß es das System unserer Überzeugungen und nicht die Situation selbst ist, die unsere emotionalen und Verhaltensreaktionen ausgelöst hat. Wir sind uns nur *A* und *C* bewußt, während *B* ins unserem Unterbewußtsein verborgen ist.

Rationaler und irrationaler Glaube

Der Zugang zum Geheimnis von RET beginnt, wenn Sie erkennen, daß Sie über zwei Arten von Überzeugungen verfügen: rationale Überzeugungen, die Ihnen bei der Erfahrung angemessener Konsequenzen helfen (Gefühle von Leidenschaft, Sicherheit, höchste Erregung); und irrationale Überzeugungen, die dafür verantwortlich sind, daß Sie unangemessene Konsequenzen erfahren (Gefühle von Angst, Furcht, Ärger oder Frustration, die allesamt zu einem Zustand von Übererregung führen; oder Gefühle von Apathie, Gleichgültigkeit oder Kraftlosigkeit, die zu Untererregung führen). Obwohl Sie die aktivierenden Ereignisse (*A*s) in Ihrem Leben nicht immer steuern können, können Sie doch fast immer Ihre Überzeugungen (*B*s), die direkt zu Ihren emotionalen und Verhaltenskonsequenzen (*C*s) führen, beeinflussen und kontrollieren.

Das Verstehen Ihrer Überzeugungen ist nicht leicht. Obwohl es sehr einfach ist, die *A*s und *C*s in Ihrem Leben zu identifizieren, ist die Identifikation Ihrer Überzeugungen und die Umwandlung Ihrer irrationalen Überzeugungen in rationale viel schwieriger.

Wenn Sie sich jedoch bemühen, ein System rationaler Überzeugungen hinsichtlich ihres Basketballspiels zu entwickeln, werden Sie anfangen, auf dem Spielfeld gelassen mit einem höchsten Grad emotionaler Erregung zu reagieren und zu agieren.

Motivation und „Mußturbation"

Motivation ist eine entscheidende Voraussetzung des sportlichen Erfolgs. Definitionsgemäß handelt es sich bei der Motivation entweder um einen Wunsch oder um ein Bedürfnis, wodurch ein Individuum zu zielgerichtetem Handeln veranlaßt wird. Eine Person muß motiviert sein, um sportliche Spitzenleistungen bringen zu können; das bedeutet, daß der Sportler davon überzeugt sein muß, daß das Ziel — in diesem Falle herausragende sportliche Leistungen — erstrebenswert ist, was ja auch der Fall ist. Einer der Hauptgründe für die Teilnahme am Leistungssport ist die Möglichkeit, sein Selbstbewußtsein zu steigern. Wir alle haben den ausgeprägten Wunsch, mit unserem Selbst zufrieden sein zu können. Sportlicher Erfolg erhöht unser Selbstvertrauen.

Motivation kann allerdings zum Problem werden, wenn die rationalen Wünsche und Bedürfnisse eines Athleten zu irrationalen Notwendigkeiten oder zu einem *Muß* werden. So wird ein Sportler, für den der Sport alles bedeutet und der glaubt, daß er sehr erfolgreich sein *muß*, um von anderen akzeptiert und geschätzt zu werden, mit Sicherheit sein Leistungspotential nicht voll ausschöpfen oder sogar Mißerfolg erleben. RET-Psychologen sind der Überzeugung, daß diese Art zu denken, die sogenannte „*Mußturbation*", die Wurzel allen emotionalen Übels ist. Diese Psychologen behaupten, daß man immer, wenn man sich emotional gestört fühlt, d.h. wenn man besorgt, verärgert, frustriert oder niedergeschlagen ist, ein *Muß* findet, das den Gefühlen, die für diese Störung verantwortlich sind, zugrundeliegt (Ellis & Becker, 1982, S. 26). Im Sport haben fast alle emotionalen Störungen ihre Ursache in den irrationalen Überzeugungen, die auf mußturbatorischem Denken beruhen.

Druck und Mußturbation

Mittlerweile müßte Ihnen deutlich geworden sein, wie der im vorangegangenen Kapitel besprochene Druck im Basketball und mußturbierendes Denken verbunden sind. Mußturbierende Überzeugungen sind ganz einfach irrational, weil sie Ihnen beim Erreichen Ihrer Ziele nicht helfen. Stattdessen behindern sie Sie, weil sie Sie unter zusätzlichen Druck stellen. So setzen Sie sich z.B. jedesmal unter Druck, wenn Sie sich sagen „Ich muß Leistung bringen!" anstatt z.B. „Ich will wirklich Leistung bringen". Dieser zusätzliche Druck schlägt sich in Angst, Furcht, Ärger, Frustration und Niedergeschlagenheit nieder. Wie wir gehört haben, führen diese Gefühle entweder zu einer Über- oder zu einer Untererregung. In beiden Fällen sind die Auswirkungen auf die Leistung negativ.

Üben Sie Ihr *ABC*

Sie haben Wettkampfsituationen besser im Griff, wenn Sie nach dem einfachen RET-*ABC* vorgehen. Wenn Sie ein entscheidendes Basketballspiel vor sich haben, oder wenn Sie aufgrund von Übererregung hinter Ihrem Leistungspotential zurückgeblieben sind und den Grund wissen wollen, nehmen Sie sich einen Moment Zeit, um Ihr persönliches *ABC* auszuarbeiten.

Für das Verständnis kann es hilfreich sein, die Bilder der Buchstaben *A*, *B* und *C* mit dem Bild eines Eisbergs zu kombinieren. Beginnen Sie, indem Sie ein großes *A* auf ein Blatt Papier zeichnen. Dieses *A* bzw. das *aktivierende Ereignis* repräsentiert Ihre besondere Schwierigkeit — Wettkämpfe im allgemeinen, das entscheidende Spiel, eine brisante Situation, Freiwürfe, das Aufbrechen der Preßdeckung oder irgendein anderes Problem, mit dem Sie zu kämpfen haben. Schreiben Sie unter das *A* das besondere Sie betreffende Problem nieder (siehe Abbildung 17.2).

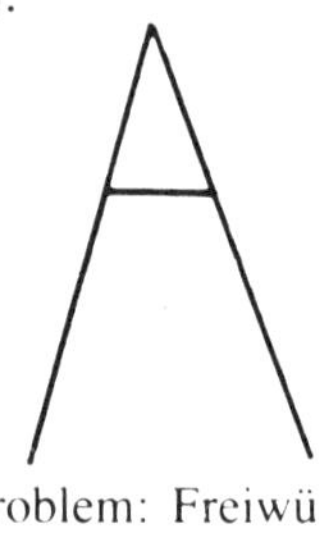

Problem: Freiwürfe

Abbildung 17.2: Üben Sie Ihr ABC — Schritt 1

Fügen Sie als nächstes das Bild eines Eisbergs hinzu, indem Sie die Meereswellen einzeichnen, die den Kopf des Eisbergs vom Rest trennen, d.h. die Konsequenzen (*C*s) von den Überzeugungen (*B*s), die unter der Oberfläche existieren (siehe Abbildung 17.3).

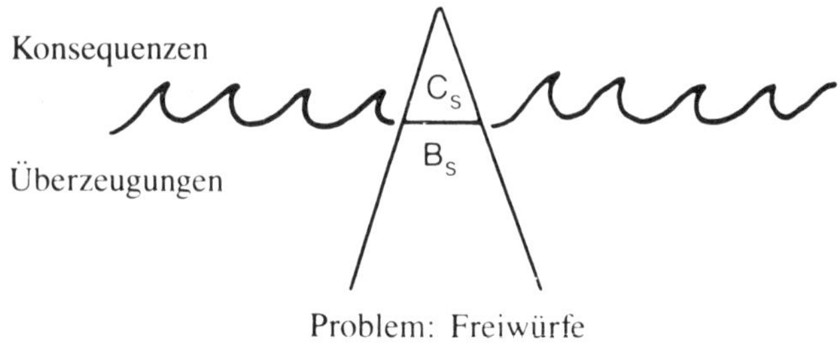

Konsequenzen

Überzeugungen

Problem: Freiwürfe

Abbildung 17.3: Üben Sie Ihr ABC — Schritt 2

164

Da es leichter ist, wenn man die Gefühle und Symptome, die über der Wasseroberfläche existieren - die Spitze des Eisbergs - deutlich sieht und wiedererkennt, schreiben Sie die emotionalen, körperlichen und mentalen Konsequenzen (Cs) Ihres aktivierenden Ereignisses (A) ebenfalls nieder wie in Abbildung 17.4 dargestellt.

Konsequenzen:	Emotional	Körperlich	Mental
	Angst/Sorge	Verkrampfte Muskulatur	Abgelenkt
	Frustration	Schwitzende Hände	„Gedanken an das
		Herzklopfen	Danebenwerfen"
		Erhöhte Atemfrequenz	

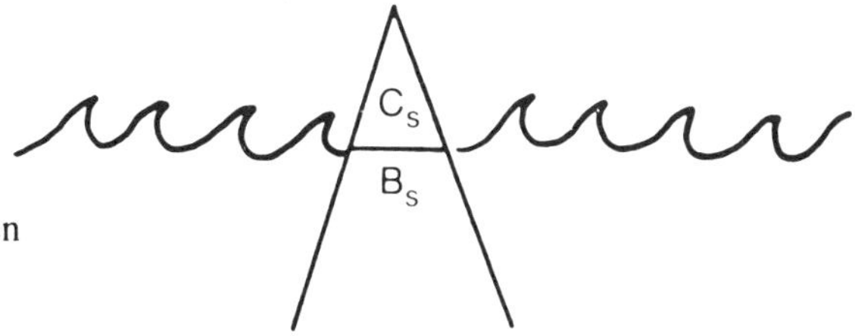

Überzeugungen

Problem: Freiwürfe

Abbildung 17.4: Üben Sie Ihr ABC — Schritt 3

Wenn Sie erst einmal die Konsequenzen Ihres Problems identifiziert haben, sind Sie bereit, den Bereich unter der Oberfläche zu erforschen, um die irrationalen Überzeugungen zu entdecken, die Ihre emotionale Störung bewirken. An diesem Punkt müssen Sie sich selbst gegenüber völlig ehrlich sein. Wenn Sie ein „Mußturbierer" sind, der sagt: „Ich muß diese Freiwürfe verwandeln, oder die Leute denken, ich sei eine Flasche!", sollen Sie das auch zugeben. Wenn es Ihnen an Selbstvertrauen im Hinblick auf Ihre Fähigkeiten fehlt, wenn Sie Angst haben und im stillen denken (aber nicht eigentlich sagen): „Ich schaffe es nicht. Ich bin ein erbärmlicher Freiwurfschütze. Ich muß diese Angelegenheit nur schnell hinter mich bringen!", dann geben Sie auch das zu. Selbst wenn Ihre Überzeugung ganz absurd ist, wie z.B. die Annahme, daß Ihre Mitspieler nie mehr mit Ihnen reden werden, weil Sie einen entscheidenden Freiwurf nicht verwandeln konnten, schreiben Sie auch diese Überzeugung ruhig nieder. Egal wie irrational Ihre Überzeugungen sind, schreiben Sie sie nieder. Wenn Sie Angst haben, Ihre Mannschaftskameraden zu enttäuschen und denken „Ich darf meine Kameraden nicht hängen lassen!", schreiben Sie es auf. Nur nachdem Sie Ihre versteckten Ängste und Überzeugungen klar identifiziert haben, können Sie mit ihnen umgehen. Erst wenn Sie Ihre irrationalen Überzeugungen bloßgelegt und zum Ausdruck gebracht haben, können Sie sie zerstören. Dies geschieht im nächsten Schitt von RET - *D* (= *Disputing*, Bekämpfen und Widerlegen Ihrer irrationalen Überzeugungen).

Widerlegen

Widerlegen bedeutet im Rahmen von RET die Anwendung einer wissenschaftlichen Vorgehensweise. Sie schlagen eine Hypothese oder Theorie (Ihre Überzeugungen) vor und überprüfen ihre Validität. Mit anderen Worten, Sie versuchen zu bestimmen, ob Ihre Überzeugungen rational oder irrational sind. Die Grundfrage ist: ,,Wo ist der Beweis, daß meine Überzeugungen wahr (rational) sind?'' Wenn man diese Frage auf das Basketballspiel anwendet, lautet sie: ,,Wo ist der Beweis, daß ich ein guter Basketballspieler sein *muß*, um mir die Zuneigung anderer Personen zu sichern?'' oder: ,,Inwiefern ist es schrecklich, wenn ich nicht so gut spiele, wie ich gerne möchte?''

Es gibt weder einen zwingenden Grund für die mußturbierende Denkweise, noch dafür, daß eine nicht erbrachte Leistung schrecklich sein sollte. Es gibt kein Gesetz auf der ganzen Welt, welches besagt, daß Sie gut spielen *müssen* oder daß es *schrecklich ist,* wenn Sie einmal nicht gut spielen sollten. Diese Annahmen sind Ihre eigene irrationale Realität. Da Sie jedoch selbst diese Überzeugungen geformt haben, können Sie sie auch so ändern, daß sie eine vernünftigere Realität widerspiegeln.

Sie sollten nicht glauben, daß Sie gut spielen *müssen,* sondern Sie können sich entschließen zu glauben, daß Sie es einfach vorziehen, gut zu spielen, oder daß Sie gut zu spielen *wünschen.* Sie sollten nicht glauben, daß es *schrecklich* ist, hinter Ihren eigenen Leistungserwartungen zurückzubleiben, sondern Sie können sich entscheiden zu glauben, daß es nur *unangenehm* oder *unglücklich* ist. Indem Sie Ihre irrationalen Überzeugungen aktiv zu widerlegen versuchen und schließlich entkräften, entwickeln Sie eine neue Anzahl rationaler Überzeugungen (*B*s), die zu realistischeren Emotionen und Reaktionen (*C*s) auf Wettkampfsituationen (*A*s) führen. Ihre neuen *B*s und *C*s werden Sie in die Lage versetzen, mit Wettkampfsituationen umzugehen und auf diese Weise Ihre Leistung verbessern.

Bekämpfen der Ursachen der Übererregung

Ihre irrationalen Überzeugungen können in unterschiedlicher Gestalt auftreten, aber sie sind hauptsächlich das Ergebnis einer geradezu idiotischen Übertreibung der Tatsachen. Sie glauben nämlich, daß Ihr ganzer Wert als Mensch von Ihrer Leistung im Basketball abhängt. Diese irrationalen Überzeugungen schlagen sich normalerweise in der Form von persönlichem und sozialem Druck nieder. Wie Sie sehen werden, kann ein Großteil des Drucks, den Sie im Sport erfahren, beseitigt werden, indem Sie diesen Druck rational widerlegen, d.h. seine irrationalen Ursachen klar offenlegen.

Persönlicher Druck

Der persönliche Druck beim Spiel hat seine Ursache in dem Wunsch, durch das Basketballspiel psychische Motive zu befriedigen. Jeder möchte gerne akzeptiert und geliebt werden, und jeder hat es gerne, wenn er anerkannt wird. Diese Wünsche und Motive sind natürlich und gesund. Akzeptiert und geliebt zu werden, gibt uns Sicherheit. Das Streben nach Erfolg ist eine Herausforderung. Dieses Streben stimuliert uns, hilft uns, uns weiterzuentwickeln und macht das Leben interessanter, indem es ein Ziel ist, das im Moment noch unerreichbar für uns ist. Aber diese Wünsche und Motive können durch andere Mittel befriedigt werden als durch Basketball. Sie brauchen nicht die Nr. 1 zu sein. Ihre Familie, Freunde, Altersgenossen — die Ihnen nahestehenden Menschen — lieben, akzeptieren und respektieren Sie nicht nur aus dem Grund, daß Sie in der Lage sind, einen Ball zu prellen und zu werfen. Ihre emotionalen Bedürfnisse können durch eine Vielzahl von Tätigkeiten befriedigt werden. John Wooden, dessen Mannschaft UCLA Bruins mehr als ein Jahrzehnt lang den College-Basketball dominierte, hat einmal gesagt: ,,Basketball ist nicht alles. Es ist von geringer Bedeutung im Vergleich zu unserem gesamten Leben''. (Wooden & Tobin, 1973, S. 91) Entscheidend ist, daß Sie sich einem unnötigen Druck aussetzen, wenn Sie Basketball zu Ihrem einzigen Lebensinhalt machen, zu Ihrem einzigen Mittel, diese Bedürfnisse zu befriedigen, und zu dem einzigen Maßstab Ihres Selbstwerts. Dieser Druck steigert nur noch Ihre Unsicherheit, Körperspannung und Ihren mentalen Streß. Das Ergebnis sind schlechte Leistungen. Kurz gesagt: Der Glaube, daß Sie im Basketball herausragend sein *müssen,* um von anderen akzeptiert zu werden, ist lächerlich und völlig irrational.

Das Problem des persönlichen Drucks wird durch unsere Vorliebe für Zahlen und Statistik verkompliziert. Wir neigen dazu, Erfolg quantitativ zu messen. Es gibt Spieler, die interessieren sich geradezu besessen für durchschnittliche Rebound- und Korbwurferfolge. Manche Mannschaften und ihre Fans sind ganz verrückt auf Sieg/Niederlage-Rekorde sowie Plazierungen auf nationaler und regionaler Ebene. Der alles übertreffende Wille, 20 Punkte in einem Spiel zu machen, 20 Spiele pro Saison zu gewinnen und in der Rangliste an erster Stelle zu stehen, setzt Mannschaften und Einzelspieler einem zusätzlichen unrealistischen, unnötigen und irrationalen Druck aus. Immerhin wird das Spiel auf dem Spielfeld entschieden und nicht auf dem Papier. Ranglistenplazierungen sind eine mythische Spielerei, Sieg/Niederlage-Rekorde sind nur aussagekräftig, wenn man sie zur Qualität des Wettspiels in Bezug setzt. Individuelle Statistiken sind kein verläßliches Maß der Leistungsfähigkeit eines Sportlers, da die Zahlen von vielen Faktoren beeinflußt werden. Zu diesen Faktoren gehören die Qualität der Mitspieler des betreffenden Sportlers, das System und die Philosophie des Trainers, das Spieltempo, egoistisches und selbstloses Spiel, das Können des Gegners etc. Im Kapitel 23 ,,Der wertvollste Spieler'' wird ein realistischer Kriterienkatalog zur Einschätzung des einzelnen Spielers vorgestellt. Vergessen Sie also bitte Zahlen.

Sozialer Druck

So wie die primäre Quelle des persönlichen Drucks unser eigenes Ego und Unsicherheit ist, so sind die wichtigste Quelle des sozialen Drucks das Ego und die Unsicherheit anderer Personen: Eltern, Freunde, Trainer und Zuschauer. Wir beginnen, sozialen Druck zu empfinden, wenn andere uns entweder direkt oder indirekt wissen lassen, daß wir ihren Anforderungen nicht gerecht werden. Diese Erwartungen sind oft unrealistisch hoch, wenn Leute in unserer Nähe plötzlich überzogenermaßen von Ruhm und Ehre träumen. Die Beseitigung des sozialen Drucks geschieht über ein rationales und geradliniges Handeln. Lassen Sie andere wissen, daß es Ihnen nur darum geht, Ihr Bestes zu zeigen und daß Sie dieses Ziel mit gesamter Kraft anstreben. Lassen Sie sich aufgrund der Überängstlichkeit und der Ruhmesträume Ihnen nahestehender Personen nicht in Ihrem emotionalen Wohlbefinden stören, sei es auf dem Basketballspielfeld oder außerhalb. Wenn die Mußturbierer in Ihrem Umfeld zu fordernd und kritisch oder zu enttäuscht reagieren, wenn Sie einen Freiwurf danebengeworfen haben, müssen Sie stets daran denken, daß Ihr irrationales Denken Ihr Problem ist. Wenn Sie sich über Ihre Leistung ärgern wollen, dann müssen Sie selbst die emotionalen Konsequenzen Ihres eigenen mußturbierenden Denkens tragen.

Zusammenfassend läßt sich sagen, daß Druck im Basketball darauf zurückzuführen ist, daß man ein Spiel oder eine Situation übermäßig aufbauscht. Dieser Druck ist das Ergebnis irrationaler Anforderungen, die wir an uns selbst stellen. Druck ist also etwas, wofür wir selbst verantwortlich sind. Das Bewältigen von Druck im Basketball ist leichter, wenn Sie die Bedeutung des Erfolgs rational ergründen und sich der Motive Ihres Basketballspielens klar sind. Vor diesem Hintergrund sollten Sie das Basketballspiel betrachten. Sie müssen in Ihrem Leben ausgeglichen sein und über die richtige Perspektive verfügen, um auf dem Spielfeld entspannt und selbstbewußt auftreten zu können.

Die Behandlung von Übererregungssymptomen

Soweit lag der Schwerpunkt dieses Kapitels auf der Beseitigung der Ursachen von Übererregung im Sport. Obwohl dies die ideale Lösung des Problems ist, kann Wettkampfbewältigung bis zu einem gewissen Grad auch darin bestehen, die Symptome von Übererregung zu beseitigen.

Einige Athleten müssen sogar die Symptome von Übererregung regelrecht behandeln (gesteigerte Muskelspannung; flache, schnelle Atmung; Übelkeit; ein enger Aufmerksamkeitsschwerpunkt), bevor sie ihre irrationalen Überzeugungen herausarbeiten und dem Leistungssport eine gesündere Einstellung entgegenbringen können. Wenn ein Athlet gelernt hat, wie er die Symptome von Übererregung behandelt, ist er auch in der Lage, diese Fertigkeiten in der Hektik eines Wettspiels anzuwenden, um seine Leistung zu steigern. In dieser Situation ist es ja häufig unklar, warum die Symptome auftreten.

Bestimmen Sie Ihren Anspannungsgrad

Verspannungen schleichen sich ein, ohne daß die betroffenen Sportler das zunächst wahrnehmen. Eine Voraussetzung, etwas gegen eventuelle Verspannungen zu tun, ist die Fähigkeit, sein Anspannungsniveau bestimmen zu können. Sie müssen lernen, die Gefühle bei Verspannungen von den Gefühlen bei Entspannung zu unterscheiden. Sie können zwei einfache Übungen ausführen, die Ihnen helfen, den vollen Spannungs-/Entspannungsbereich zu erfahren.

Die erste Übung ist eine einfache isometrische Spannungsübung. Spannen Sie nacheinander alle Ihre Muskeln, vom Kopf bis zu den Zehen, isometrisch an. Halten Sie die isometrischen Kontraktionen jeweils fünf Sekunden, atmen Sie danach langsam aus und entspannen Sie sich. Wiederholen Sie diesen Vorgang drei- bis viermal. Achten Sie genau auf die Extremwerte der erreichten Anspannungen und der Entspannung danach. Nachdem Sie diese Übung viermal absolviert haben, sollten Sie sich sehr entspannt fühlen.

Das zweite, was Sie tun können, um den gesamten Bereich zwischen Anspannung und Entspannung kennenzulernen, ist, einem Entspannungstonband zuzuhören. Hinweise zur Erstellung eines solchen Tonbandes finden Sie in Kapitel 14 ,,Suggestion und mentales Training: Übungen für den Lehnstuhl''. Diese Übung versetzt Sie in die Lage, völlige Entspannung zu erfahren. Wenn Sie diesen Zustand der völligen Entspannung mit Ihrem normalen Anspannungsgrad vergleichen, sind Sie in der Lage zu erkennen, wann Ihr Spannungsgrad den Normalbereich übersteigt.

Entspannungstechniken

Sie müssen jedoch nicht nur lernen, Ihren Anspannungsgrad während des Wettkampfs zu bestimmen, sondern Sie müssen auch lernen, sich in nur wenigen Sekunden so zu entspannen, daß Sie Ihren normalen Spannungsgrad erreichen. Es gibt Menschen, die erreichen diese Fähigkeit mittels autogenem Training, einem Programm, das die Selbststeuerung körperlicher Vorgänge ermöglicht.

Das von russischen Forschern entwickelte autogene Training ermöglicht Menschen nicht nur die bewußte Kontrolle von Prozessen wie z.B. der Verdauung, Atmung, des Blutdrucks, Kreislaufs und Stoffwechsels, sondern es hilft ihnen auch, emotionale Zustände zu steuern, einschließlich Ärger und Angst. Das Programm besteht aus sechs Stufen, und nach Garfield (1984) sind zum Erlernen drei Monate mit täglichen, kurzen Übungen nötig. Wenn Sie an dieser Trainingsmethode interessiert sind, schlage ich Ihnen vor, die Bücher *Peak Performance* (Garfield, 1984) oder *Superlearning* (Ostrander & Schroeder, 1979) zu lesen. Für die meisten Athleten reichen jedoch die im folgenden vorgestellten vier einfachen Entspannungsübungen aus, um eine zu große Angst und Spannung zu überwinden.

Übung 1: Isometrische Spannungsregulierung

Vor einem Spiel, z.B. während des Aufwärmens, oder in einer Spielpause können Sie Ihren Spannungsgrad durch eine einfache isometrische Spannungseinstellungsübung reduzieren. Atmen Sie langsam ein, und spannen Sie gleichzeitig alle Muskeln, vom Kopf bis zu den Zehen, an. Spannen Sie Ihre Beinmuskeln, Bauchmuskeln, Armmuskeln, Gesichtsmuskeln, einfach alle Muskeln, bis Sie vor Anspannung fast zittern. Dann entspannen Sie sich völlig und atmen dabei langsam aus. Tun Sie dies dreimal, und danach sollten Sie völlig entspannt sein.

Übung 2: Tiefe Atmung

Eine andere Möglichkeit der Beseitigung von Spannungen ist eine tiefe Atmung. Tiefe Atemzüge und eine Verlangsamung der Atemfrequenz hilft bei einem sehr ärgerlichen Angstsymptom - schnelles, flaches Atmen. Wenn Sie das tiefe Atmen üben, müssen Sie sich auf die Frequenz und Tiefe Ihrer Atemzüge konzentrieren. Dieser Prozeß erleichtert die Entspannung des Zwerchfells und der Brustmuskeln, wodurch vollere, tiefere Atemzüge möglich werden.

Das tiefe Atmen üben Sie folgendermaßen:

1. Atmen Sie tief ein, und zählen Sie dabei langsam bis vier.
2. Halten Sie Ihren Atem an, und zählen Sie dabei erneut bis vier.
3. Atmen Sie langsam aus, wobei Sie noch einmal bis vier zählen.

Übung 3: Dehnung der Nackenmuskeln

Ihre Nackenmuskeln gehören zu den festesten Muskeln Ihres Körpers. Sie können ein Großteil Ihrer körperlichen Spannung reduzieren, indem Sie sich auf diese Muskeln konzentrieren. Die Dehnung der Nackenmuskeln sieht folgendermaßen aus:

1. Richten Sie Ihren Hals auf, indem Sie die normalerweise bestehende Nackenkrümmung begradigen.
2. Entspannen Sie Ihre Gesichts- und Kiefermuskeln, so daß Ihr Kinn in Richtung Brust fällt.
3. Neigen Sie Ihren Kopf zu Ihrer Brust hin, indem Sie eine Hand auf die höchste Erhebung Ihres Hinterkopfes legen und Ihren Kopf vorsichtig nach vorneunten ziehen. Vermeiden Sie jedoch, mit dem Kinn Ihre Brust zu berühren.
4. Bewegen Sie Ihren Kopf in dieser gesenkten Position ein wenig nach rechts und links, und halten Sie die jeweilige Position 30 bis 60 Sekunden.
5. Nehmen Sie wieder die vertikale Position ein. Dann legen Sie Ihre linke Hand auf Ihre rechte, fassen Sie Ihren Kopf am höchsten seitlichen Punkt, und ziehen Sie ihn sacht in Richtung Ihrer linken Schulter. Dies bewirkt eine Dehnung der Muskeln auf der rechten Halsseite. Entspannen Sie beide Schultern, und halten Sie diese Position 30 bis 60 Sekunden.
6. Dehnen Sie die Muskeln auf der linken Halsseite, indem Sie Ihren Kopf auf die gleiche Weise nach links ziehen.

Übung 4: Meditation und beruhigende Gedanken

Bei den ersten drei Übungen wurde über eine muskuläre Entspannung eine mentale Entspannung erreicht. Indem Sie Ihren Körper entspannen, beseitigen Sie eine Ursache von Angst — eine übermäßige muskuläre Spannung. Da Geist und Körper so eng zusammenhängen, führt eine körperliche Entspannung automatisch auch zu einer psychischen Entspannung. Eine psychische Entspannung kann jedoch auch zu einer körperlichen Entspannung führen. Durch Anwendung beider Methoden können Sie den Schneeballeffekt von Angst und Spannung stoppen und umkehren.

Übung 4 ist unmittelbar vor einem Wettspiel sehr hilfreich. Richten Sie Ihre geistige Aufmerksamkeit auf einen ruhenden Gegenstand wie z.B. den Korb. Indem Sie Ihren Geist einen Augenblick lang auf diesen Gegenstand konzentrieren, beruhigen Sie Ihren Geist, weil Sie andere, störende Gedanken abblocken. Sie bereiten sich auf diese Weise auch darauf vor, die gleiche konstante Aufmerksamkeit während des Spiels bei einem Wurf anzuwenden.

Bei einer zweiten mentalen Entspannungsübung wird ein Bild mit einem Entspannungszustand in Verbindung gebracht. Dan Smith, Sportpsychologe an der Universität von Illinois, bringt seinen Spielern bei, eine weiche Farbe, hellblau, mit einem Entspannungszustand zu assoziieren. Er fordert die Spieler dann auf, sich während eines Spiels immer, wenn sich Angstgefühle einschleichen, diese Farbe visuell vorzustellen. ,,Hellblau'' ist keineswegs eine Zauberformel zum Erreichen eines Entspannungszustandes. Von Bedeutung ist alleine, daß die Technik der Verbindung eines Bildes mit Entspannung insofern wertvoll ist, daß die Spieler sich während eines Wettspiels ganz einfach entspannen können, indem sie an dieses Bild denken. Gleichgültig welches Bild Sie verwenden, Gleiten auf einer Wolke, Ausstrecken im Lehnstuhl, oder eine andere entspannende Vorstellung, mit Hilfe dieser Technik können Sie einen verblüffend beruhigenden Effekt auslösen.

Trainerecke

Trainer werden feststellen, daß die RET-Methode zur Lösung emotionaler Probleme sehr sinnvoll ist, wenn es darum geht, ängstlichen Athleten zu helfen. Das folgende Beispiel gibt Trainern eine Vorstellung, wie man eine schwierige Situation bewältigt.

Eddie: Trainer, kann ich einen Augenblick mit Ihnen sprechen?
Trainer: Klar, Eddie. Komm nur rein. Warum schließt Du nicht die Tür und setzt Dich? Was hast Du auf dem Herzen?
Eddie: Ich bin nur gekommen, um Ihnen zu sagen, daß ich aufhören möchte, Basketball zu spielen.
Trainer: Du willst mit dem Basketball aufhören? Warum willst Du das denn?
Eddie: Ich weiß nicht. Basketball macht mir einfach keinen Spaß mehr. Ich habe das Interesse verloren.

Trainer:	Bist Du sicher? Hast Du das wirklich gut durchdacht?
Eddie:	Ja. Ich habe darüber schon einige Wochen nachgedacht. Ich habe nicht mehr soviel Spaß am Basketball wie früher. Ich wurde früher öfter eingesetzt, aber jetzt läßt man mich zu selten spielen. Selbst im Training arbeite ich nicht mehr viel mit den besten Spielern, und da die Mannschaft mich offensichtlich nicht mehr braucht, habe ich mich entschlossen aufzuhören.
Trainer:	Ich verstehe. Es tut mir leid, daß Du so denkst. Ich habe bemerkt, daß Du nicht mehr mit Deiner gewohnten Einstellung spielst. Ich weiß, daß die Situation hart ist. Alle wollen häufiger eingesetzt werden, und ich mache Dir keinen Vorwurf. Aber bevor wir eine endgültige Entscheidung treffen, möchte ich eine kleine Übung mit Dir machen, falls es Dir nichts ausmacht. Nur um sicherzustellen, daß Du wirklich weißt, was Du willst.
Eddie:	OK.
Trainer:	Gut. Du kennst das mentale Trainingsbuch, das wir in dieser Saison benutzt haben?
Eddie:	Ja.
Trainer:	Warum probieren wir nicht einmal die RET-Methode? Warum schreiben wir z.B. Deine Gedanken nicht einmal auf ein Blatt Papier?
Eddie:	Ja, das ist sicherlich eine gute Idee.
Trainer:	OK, fangen wir an, indem wir unser A für aktivierendes Ereignis aufzeichnen und ihm einen Namen geben — zu geringer Spieleinsatz. Der Anschauung halber zeichnen wir auch die Wellen ein, so daß wir zwischen dem Gipfel des Eisbergs und dem, was unter der Wasseroberfläche liegt, unterscheiden können. Erinnere Dich, über der Wasseroberfläche tragen wir die Cs oder Konsequenzen ein - Deine Gefühle und Dein Verhalten. Unter der Wasseroberfläche tragen wir die Bs oder Deine Überzeugungen ein. Aber beginnen wir mit Deinen Gefühlen oder Cs. Wenn ich mich recht erinnere, hast Du gesagt, daß Du das Interesse verloren hast und daß Dir das Basketballspielen keinen Spaß mehr bereitet? Ist das richtig?
Eddie:	Ja, so ungefähr.
Trainer:	OK, schreiben wir das auf das Blatt. Oben schreiben wir hin ,,Aufhören mit dem Baketballspielen'' als Deine Verhaltenskonsequenz und ,,Niedergeschlagenheit'' und ,,Apathie'' als Deine emotionalen Konsequenzen. Ist das Deiner Meinung nach zutreffend?
Eddie:	Ich glaube ja.
Trainer:	Gut, was noch? Da muß doch noch mehr sein.
Eddie:	Ich weiß nicht. Ich glaube, das ist alles.
Trainer:	Was ist mit dem Gefühl, machtlos zu sein? Du sagtest, daß es egal

	wäre, wie Du im Training spieltest. Ist das nicht das Gefühl der Machtlosigkeit?
Eddie:	Das kann sein.
Trainer:	Ich entnehme Deiner Bemerkung, daß die Mannschaft Dich in Deinen Augen nicht braucht auch, daß Du Dich ein bißchen nutzlos fühlst. Ist das richtig?
Eddie:	In etwa.
Trainer:	Dann laß uns unter Cs auch noch schreiben ,,Machtlosigkeit'' und ,,Nutzlosigkeit''. Ist das richtig?
Eddie:	Ja, das könnte stimmen.
Trainer:	Was ist mit anderen Interessen? Möchtest Du aufhören, weil Dich andere Dinge mehr interessieren als Basketball?
Eddie:	Nein, eigentlich nicht.
Trainer:	Ist da irgendetwas außerhalb des Basketballs, daß Dich niedergeschlagen macht? Oder ist vor allem das Basketballspielen für Deine Niedergeschlagenheit verantwortlich?
Eddie:	Nein. Es ist nur Basketball. Es macht mir einfach keinen Spaß mehr. Es liegt mir einfach nichts daran, weiter in der Mannschaft mitzuspielen.
Trainer:	Du kommst wieder auf den Punkt zurück, daß Basketball Dir einfach keinen Spaß mehr macht. Warum macht es Dir keinen Spaß mehr?
Eddie:	Ich glaube, es liegt daran, daß ich nicht mehr in den gleichen Spielen wie früher eingesetzt werde. Ich glaube, ich bin genauso gut wie einige andere Stammspieler, aber es sieht so aus, als gäbe man mir nicht mehr die Chance, das zu beweisen.
Trainer:	OK, lassen wir es dabei. In unserem Diagramm haben wir unter die Cs die Gefühle Niedergeschlagenheit, Apathie, Machtlosigkeit und Nutzlosigkeit geschrieben.
Eddie:	Ja.
Trainer:	OK, wir wissen, was sich an der Spitze des Eisbergs befindet, und ich glaube, ich weiß auch, was unter der Wasseroberfläche ist. Aber laß uns Deine Überzeugungen ausarbeiten. Wie Du siehst, habe ich bereits ein B unten in das Diagramm eingetragen, nämlich Deine Überzeugung, daß Du häufiger eingesetzt werden solltest. Du hast auch gesagt, daß Du der Überzeugung bist, genauso gut wie die anderen Spieler zu sein, und Du glaubst, daß es richtig wäre, wenn Du genauso häufig spielen dürftest wie sie.
Eddie:	Ja.
Trainer:	OK, schreiben wir also auch diese zweite Überzeugung auf. Aber Du weißt, daß die Entscheidung, mit dem Basketball Schluß zu machen, ziemlich drastisch ist. Ich glaube daher, daß da noch einiges andere unter der Oberfläche ist. Ich glaube vielmehr, daß Du

denkst: ,,Ich *muß* in mehr Spielen zum Einsatz kommen''. Und ,,Ich *kann es nicht ertragen,* wenn andere Spieler häufiger spielen als *ich*! Ich *muß* so häufig zum Einsatz kommen wie sie!'' Ist das so richtig?

Eddie: Ich glaube ja.

Trainer: Und sagtest Du nicht auch, daß es ganz egal wäre, wie gut Du im Training spielst, man gäbe Dir doch keine Chance?

Eddie: Ja, den Eindruck habe ich.

Trainer: Du würdest also mit anderen Worten sagen: ,,Man *muß* mich fair behandeln!'' und ,,Man *muß* mich häufiger einsetzen, wenn ich im Training gut spiele!''

Eddie: Ja.

Trainer: Und ich glaube, wenn Du sagst: ,,Die Mannschaft braucht mich nicht'', dann sagst Du in Wirklichkeit: ,,Damit ich einen sinnvollen Beitrag zum Spiel leiste, *muß* ich diesen Beitrag in Wettspielen leisten.''

Eddie: Es hört sich so an, als ob Sie diesen Eindruck für falsch halten würden, Trainer.

Trainer: Es ist ganz natürlich, daß man sich in Deiner Situation so fühlt, wie Du Dich fühlst, Eddie.

Eddie: Wie meinen Sie das?

Trainer: Meiner Meinung nach ist Deine Reaktion ein klassischer Fall von Mußturbation.

Eddie: Das verstehe ich nicht.

Trainer: Es ist ganz einfach. Deine Situation ist nicht angenehm. Du bist der Meinung, Grund zu Enttäuschung, Ärger und Frustration zu haben. Aufgrund Deines irrationalen Denkens hast Du diese unangenehme Situation in eine unerträgliche Situation verwandelt. Dies wiederum veranlaßt Dich zu dem irrationalen Schritt, mit dem Basketball aufzuhören.

Eddie: Warum ist dieser Entschluß irrational?

Trainer: Da er genau das Gegenteil Deines eigentlichen Zieles ist — nämlich, in der Mannschaft mitzuspielen. Wenn Du rational denken würdest, würdest Du Dein Ziel mit größerer Motivation verfolgen. Du würdest intensiver versuchen, Dir einen Stammplatz in der Mannschaft zu erobern. Aber aufgrund Deiner irrationalen Überzeugungen bist Du im Begriff, etwas Irrationales zu tun, nämlich, mit dem Basketball aufzuhören.

Eddie: Inwiefern sind meine Überzeugungen falsch? Warum sagen Sie, sie seien irrational?

Trainer: Ich bin froh, daß Du diese Frage stellst. Wir sehen uns die Überzeugungen einmal an, und untersuchen, ob wir sie ausräumen können.

Eddie:	OK.
Trainer:	Wir wollen mit Deiner Überzeugung anfangen: „Ich *muß* häufiger zum Einsatz kommen, andernfalls ist es nicht länger sinnvoll, der Mannschaft anzugehören!" Wo ist der Beleg, daß das stimmt?
Eddie:	Der Beleg?
Trainer:	Ja, warum *mußt* Du häufiger eingesetzt werden, damit Deine Mitgliedschaft in der Mannschaft sich lohnt?
Eddic:	Ich kann Ihnen dafür keine Begründung liefern. Ich habe lediglich dieses Gefühl.
Trainer:	Bist Du der Meinung, daß der Einsatz in Wettspielen der einzige gute Grund für die Mitgliedschaft in der Mannschaft ist?
Eddie:	Nein, das glaube ich nicht. Da ist noch das Training und die Tatsache, daß man mit Freunden zusammen ist. Aber das ist nicht genug.
Trainer	Warum ist das nicht genug?
Eddie:	Ich weiß nicht. Ich glaube, ich will da sein, wo die Aktion ist.
Trainer:	Du meinst die Spiel-Aktion?
Eddie:	Ja.
Trainer:	Gut, das nehme ich Dir ab. Ich möchte auch viel lieber selbst spielen, als auf der Bank sitzen. Ist es aber sinnvoll, Eddie, zwei positive Dinge aufzugeben — die Möglichkeit zu trainieren und die Kameradschaft —, nur, weil Du nicht alles haben kannst, was Du willst?
Eddie:	Vielleicht nicht.
Trainer:	Dann denk einmal darüber nach. Ich glaube, Du gibst viel auf, wenn Du die Mannschaft verläßt.
Eddie:	Vielleicht haben Sie recht. Ich weiß nicht.
Trainer:	OK, nun zu Deiner zweiten Überzeugung: „*Ich kann es nicht ertragen* zuzusehen, daß andere Spieler häufiger zum Einsatz kommen als ich! Ich *muß* so häufig spielen wie sie!" Was meinst Du mit „Ich kann es nicht ertragen?" Meinst Du, daß es Dich umbringt?
Eddie:	Natürlich nicht.
Trainer:	Wie *schrecklich* ist es? Wo würdest Du dieses Gefühl auf einer Skala von 1 bis 100 einordnen, neben Sterben, körperlicher Folter, Sturz aus einem Flugzeug aus 10.000 m Höhe, dem Essen der Mensakost und anderen schrecklichen Dingen, die Dir in den Sinn kommen?
Eddie:	So schrecklich ist es nun auch wieder nicht, und ich kann es wahrscheinlich auch aushalten, aber ich mag es einfach nicht.
Trainer:	Niemand verlangt von Dir, daß Du die Situation mögen oder Dich über sie freuen mußt. Ich würde sicherlich enttäuscht sein, wenn ich einen Spieler hätte, der kein Interesse daran hätte, ein Stammspieler zu werden. Aber etwas nicht zu mögen, ist etwas ganz anderes, als etwas nicht ertragen zu können, oder?

Eddie:	Ich glaube, ja.
Trainer:	Dann gehen wir zu Deiner dritten Überzeugung über: ,,Ich muß häufiger zum Einsatz kommen, andernfalls bin ich nutzlos!'' Wie Du siehst, habe ich diese Überzeugung ein wenig geändert, denn ich glaube, das ist das, was Du wirklich glaubst. Du glaubst nicht nur, für die Mannschaft nutzlos zu sein, sondern Du glaubst, daß Du als Mensch völlig nutzlos bist. Habe ich etwa unrecht?
Eddie:	Sicher. Ich bin ein Basketballspieler. Was nützt ein Basketballspieler, der nicht spielt?
Trainer:	Gut, sehen wir uns zuerst einmal Deine Vorstellung, für die Mannschaft nutzlos zu sein, an. Wie gut wäre unsere Mannschaft Deiner Meinung nach, wenn wir nur fünf Spieler hätten?
Eddie:	Nicht sehr gut. Es wären keine Spieler da, gegen die man im Training spielen könnte.
Trainer:	Genau. Daher ist jeder Spieler der Mannschaft wertvoll.
Eddie:	Gut, das ist wahr, aber dennoch fühle ich mich nicht sehr wohl.
Trainer:	Den wichtigsten Punkt haben wir noch nicht besprochen. Nehmen wir einmal an, Du wärest nicht in unserer Mannschaft, sondern würdest stattdessen für Youngstown spielen. Bei Youngstown wärest Du sicherlich Stammspieler, oder bist Du anderer Meinung?
Eddie:	Nein.
Trainer:	Und wenn Du ein Stammspieler bei Youngstown wärest, wärest Du dann ein wertvoller Mensch?
Eddie:	Ich würde mich auf jeden Fall besser fühlen.
Trainer:	Du würdest Dich zwar besser fühlen, aber wärst Du ein wertvollerer Mensch als jetzt?
Eddie:	Nein.
Trainer:	Ist also die Tatsache, bei Lockport Stammspieler zu sein oder nicht, entscheidend dafür, ob Du ein wertvoller Mensch bist?
Eddie:	Nein.
Trainer:	Und vergiß nie, Eddie Smith, daß Du mehr als ein Basketballspieler bist. Du bist ein guter Baseballspieler, ein guter Student, für Deine Eltern ein feiner Sohn, und vielleicht sogar ein potentieller Arzt, Rechtsanwalt oder ein Top-Geschäftsmann. Ist es in Deinen Augen also sinnvoll, darüber deprimiert zu sein, in dieser Mannschaft im Moment kein Stammspieler zu sein?
Eddie:	Wenn Sie es so ausdrücken, nicht.
Trainer:	Gut. Nun wollen wir uns Deiner vierten Überzeugung zuwenden: ,,Ich *muß* fair behandelt werden! Man *muß* mich häufiger einsetzen, wenn ich im Training gut bin!'' Glaubst Du wirklich, daß ich im Hinblick auf den Spieleinsatz unfair bin?
Eddie:	Ja, ich glaube, ich sollte eher eingesetzt werden als Joe oder Pete.
Trainer:	Ich gebe zu, daß Du im Angriff besser bist als Joe oder Pete. Aber

wir haben bereits drei gute Werfer in der Stammannschaft. Wir brauchen einen vierten guten Werfer nicht so dringend, wie wir Joes Fähigkeiten in der Abwehr oder Petes Reboundfähigkeiten brauchen. Ich weiß, daß meine Art der Argumentation Dich nicht unbedingt glücklich macht, aber kannst Du meine Entscheidung verstehen?

Eddie: Ich glaube ja.

Trainer: OK. Hauptsache, Du kannst mich in etwa verstehen. Wer weiß, vielleicht irre ich mich ja auch. Wie jeder Mensch kann auch ich Fehler machen. Ich tue jedoch, was ich für die Mannschaft am besten halte. Das ist alles, was man verlangen kann. Du bist keineswegs ein schlechter Spieler, Eddie. Du bist ein guter Spieler. Ich glaube, daß Du sogar über die Möglichkeiten verfügst, ein *sehr* guter Spieler zu werden. Nächstes Jahr wirst Du wahrscheinlich zum Einsatz kommen. Im Moment jedoch hast Du drei exzellente Werfer vor Dir. Ich weiß, daß dies für Dich eine harte Situation ist. Die Frage ist, ob Du bereit bist, durch eine kurze Durststrecke zu gehen, um einen langfristigen Gewinn zu erzielen? Bist Du ungeachtet der Tatsache, daß Du enttäuscht bist und glaubst, ungerecht behandelt zu werden, bereit, durchzuhalten und jetzt hart zu arbeiten, so daß Du, wenn Du im nächsten Jahr Deine Chance erhältst, in der Lage bist, diese Chance wahrzunehmen?

Eddie: Ich glaube ja.

Trainer: Bedeutet dies also, daß Du bei uns bleibst?

Eddie: Ja, mir geht es jetzt besser. Ich bin zwar noch immer der Meinung, daß ich eingesetzt werden sollte, aber ich versuche trotzdem durchzuhalten.

Trainer: Gut, ich freue mich. Ich glaube, Du hast eine vernünftige Entscheidung getroffen. Wer weiß, vielleicht werde ich meine Entscheidung bezüglich dieses Jahres ändern und Du wirst schon eher als Du denkst eine Chance erhalten, häufiger zu spielen. Arbeite nur weiterhin hart, und versuche, Dein Bestes zu geben. Ich zähle ganz sicher auf Dich für nächstes Jahr.

Eddie: OK. Danke, Trainer.

Dieses Beispiel macht Ihnen deutlich, wie man mittels Kommunikation und der RET-Methode eine emotionale Zeitbombe, die in einem Spieler tickt, entschärfen kann. Auch Sie können diese Fähigkeit mit ein wenig Übung lernen.

Zusammenfassung

Ein Sportler muß unter allen Umständen lernen, Wettkampfdruck zu bewältigen, um sein Potential auszuschöpfen. Dies bedingt, daß ein Sportler imstande ist, mit den Emotionen und Gefühlen (Druck), die ihn daran hindern, mit einem optimalen Erregungsgrad zu spielen, umzugehen. Der effektivste Weg, eine unzureichende Erregung oder Übererregung zu vermeiden, ist, sich hinzusetzen und seine Gefühle hinsichtlich des Wettkampfs mit Hilfe der RET-Methode herauszuarbeiten. Sie müssen zuerst das *A* bzw. das aktivierende Ereignis, das Ihre emotionale Störung verursacht, identifizieren. Zweitens müssen Sie Ihre *C*s bzw. Ihre emotionalen und verhaltensmäßigen Konsequenzen identifizieren. Drittens müssen Sie die zugrundeliegenden irrationalen *B*s, die Überzeugungen, die für die emotionale Störung verantwortlich sind, identifizieren. Schließlich müssen Sie Ihre irrationalen Überzeugungen widerlegen und durch rationale ersetzen.

Neben der direkten Behandlung der Ursachen der Übererregung mit Hilfe der RET-Methode können Sie Ihre Leistung verbessern, indem Sie auch die Symptome Ihrer Übererregung behandeln. Dazu dienen vier einfache Entspannungstechniken.

Die erste Technik ist eine isometrische Übung zur Regulierung des Anspannungsgrades. Bei dieser Übung spannen Sie Ihre Muskeln einige Sekunden lang an, um sie im Anschluß wieder zu entspannen. Die zweite Technik ist eine einfache Übung zur tiefen Atmung, bei der Sie Ihre Atmung regulieren, indem Sie sich auf die Frequenz und Tiefe Ihrer Atemzüge konzentrieren. Die dritte Technik ist eine Übung zur Dehnung und Lockerung Ihrer Nacken- und Schultermuskeln.

Bei der letztgenannten Technik werden Meditation und die Verbindung verschiedener Vorstellungen benutzt, um eine Entspannung hervorzurufen. Diese Entspannungsübungen können unmittelbar vor einem Spiel und während Spielpausen angewandt werden, um die Entstehung und das Ansteigen körperlicher und mentaler Spannungen zu verhindern.

Sowohl bei der RET-Methode als auch bei den Entspannungsübungen ist Üben entscheidend. Sie erlernen und beherrschen diese Fähigkeiten zur Bewältigung von Wettkampfsituationen genauso, wie Sie Ihre Fähigkeiten des Dribblings, Werfens und Passens erlernen und schließlich beherrschen — durch fleißiges Üben. Es kostet Sie ein wenig harte Arbeit, diese Fähigkeiten zu beherrschen, und wenn Sie sie beherrschen, werden Sie beständig Ihr Leistungspotential besser ausschöpfen können.

Kontrollfragen zu Kapitel 17

1. Wie lautet das Grundprinzip der RET-Psychologie?
2. Wofür stehen die Buchstaben *ABC* im Rahmen der RET-Psychologie?
3. Geben Sie Beispiele für die Konsequenzen rationaler Überzeugungen.
4. Geben Sie Beispiele für die Konsequenzen irrationaler Überzeugungen.
5. Was versteht man unter „Mußturbation"?
6. Wie wirkt sich Mußturbation auf die Leistungsfähigkeit aus?
7. Beschreiben Sie vier Übungen, die Sie vor und während eines Spiels anwenden können, um Spannungen und Streß zu reduzieren.

KAPITEL 18

PROGRAMMIERUNG VOR DEM SPIEL
UND ANALYSE NACH DEM SPIEL

Die Situationen, in denen man einen Sportler psychisch aufputschen sollte, sind sicherlich sehr begrenzt. Es werden zuviele Athleten zu häufig psychisch aufgeputscht. Sie sollten mit der Erregung umgehen wie mit einem geladenen Gewehr. Ein psychisch aufgeputschter Athlet befindet sich an der Grenze zum Zustand des Außer-Kontrolle-Seins. Er hat nur noch eine begrenzte Kontrolle über seine Aufmerksamkeits-Prozesse und muß sich daher mehr auf seine Umgebung verlassen können, damit seine Handlungen eine Richtung erhalten. Um effektiv zu funktionieren, muß er entweder Glück haben oder seine Umgebungssituation muß stabil sein.

Robert Nideffer (1976, S. 250)

Sehr oft wird das Ergebnis eines Basketballspiels in den ersten Minuten des Spiels oder in den ersten Minuten der zweiten Spielhälfte entschieden. Wie eine Mannschaft zu Beginn des Spiels spielt, schlägt sich nicht nur in ein paar Punkten entweder für die eine oder andere Mannschaft nieder, sondern beeinflußt eine ganze Spielhälfte oder das gesamte Spiel durch den ausgelösten Impuls. Die Anfangsaktionen bestimmen auch ganz allgemein die Spielstrategie und welche Mannschaft das Tempo kontrolliert. Es ist daher wichtig, daß jeder Spieler für den Beginn jeder Spielhälfte mental bereit ist. Indem Sie mental vorbereitet sind, haben Sie eine größere Chance, das Spielgeschehen und Ihren Gegner zu kontrollieren. Dies gelingt Ihnen nur, wenn Sie über eine vorbereitete Strategie verfügen und Ihren Geist sowie Körper vor dem Spiel unter Kontrolle haben.

Ein Beispiel, der Spielvorbereitung eines Top-Basketballprofis könnte hilfreich sein. David Halberstam beschreibt das Spielvorbereitungsritual des amerikanischen Basketballstars Bill Walton in seinem Buch *Breaks of the Game:*

(Walton) liebte den Tag, an dem ein Spiel, besonders ein wichtiges Spiel angesetzt war. Es war eine Zeit, die ganz ihm allein gehörte, eine Zeit, während der er nur ein Ziel verfolgte. Er vermied es, am Spieltag selbst das bevorstehende Spiel zu analysieren, dies hatte er am Abend zuvor getan, er hatte über die gegnerische Mannschaft und insbesondere über seinen Gegenspieler so nüchtern wie möglich nachgedacht. Den Abend vor dem Spieltag hatte er der Analyse gewidmet. Der Spieltag selbst

verlief anders ... An diesem Tag fühlte er den Rhythmus und das Tempo des Spiels, fast so, als ob es sein ganz persönlicher Tanz sei. Er hörte seine Lieblingsmusik, die Grateful Dead ... und die Musik half; sie durchströmte ihn, und er dachte über das Tempo nach, das er einzuschlagen plante und wie er sich bewegen wollte. In diesen Stunden saß er entweder in seinem eigenen Haus oder in einem Hotelzimmer, stellte sich das Spiel visuell vor und spürte seine Bewegung. Manchmal tat er das mit einer derartigen Exaktheit, daß er einige Stunden später auf dem Spielfeld, wenn die gleichen Spieler, die er sich vorgestellt hatte, die vorausgesehenen Bewegungen ausführten, keine Schwierigkeiten hatte, eine bestimmte Bewegung auszuführen oder einen Wurf abzublocken, denn er hatte bereits alles gesehen. Er liebte diese Zeit vor dem Spiel ... er ging in seinem **Gefühl** für Basketball förmlich auf. Er war in diesen Augenblicken immer wieder überrascht, wie deutlich er das Spiel, den Drall des Balls und die Winkel, aus denen die verschiedenen Spieler kamen, sehen konnte. Von Augenblick zu Augenblick gewann er immer mehr Selbstvertrauen, bis er dann in der Umkleidekabine völlig bereit war. Im Umkleideraum hielt er sich abseits, atmete tief durch und putschte sich psychisch auf. Lionel Hollins hatte ihn in diesen Augenblicken sehr gerne beobachtet. Er wußte, daß er bereit war, je tiefer er durchatmete, desto besser waren die Vorzeichen für das Spiel. Walton ballte in diesen Momenten seine Fäuste und hüpfte auf seinen Fußballen, wie ein Boxer, der sich auf einen Kampf vorbereitet. (1983, S. 146-147)

Wie man sich vorbereitet

In diesem Kapitel werden wir uns damit beschäftigen, wie man sich auf ein Spiel vorbereitet, an den Tagen vorher, am Abend vorher, im Umkleideraum unmittelbar vor dem Spiel und während der Halbzeitpause.

Einige Tage vor dem Spiel

Die Vorbereitung auf ein spezielles Spiel beginnt im allgemeinen drei Tage vorher im Rahmen des Mannschaftstrainings. Die einzige Ausnahme hiervon ist auf Profiebene oder während Turnieren, wenn man an aufeinanderfolgenden Tagen spielen muß und während der Spiele keine Zeit für das Training hat. Während dieser Trainingseinheiten müssen Sie sehr aufmerksam sein und ernsthaft arbeiten. Sie müssen Ihrem Trainer zuhören, wenn er den Stil, die Stärken, Schwächen und Eigenheiten des Gegners durchspricht. Das Wissen, das Sie sich in diesen Trainingseinheiten aneignen, zahlt sich während des Spiels aus. Wenn Sie während dieser Trainingseinheiten besonders aufmerksam sind, können Sie schneller und automatischer auf die Bewegungen Ihres Gegners reagieren. Sie brauchen auf dem Spielfeld nicht mehr soviel Zeit auf die Analyse zu verwenden; Sie wissen, welche Entscheidungen sehr wahrscheinlich richtig sind und welche nicht. Das Resultat sind weniger Fehler auf Ihrer Seite und mehr Fehler auf seiten Ihres Gegners, was entscheidend für den Sieg sein kann.

Der Abend vor dem Spiel

Obwohl einige Trainer die Meinung vertreten, daß es eine gute Idee ist, sich am Abend vor dem Spiel abzulenken, nicht an das Spiel zu denken und gut zu schlafen (dem liegt die Annahme zugrunde, daß eine gedankliche Beschäftigung mit dem Spiel den Schlaf stören könnte), bin ich der Meinung, daß Sie sich mittels mentalem Training auf Ihren Gegner vorbereiten sollten. Indem Sie Ihre Kenntnisse des Gegners mit Ihrer Vorstellungskraft kombinieren, erreichen Sie, daß Sie bereits in den ersten Spielminuten einen knappen Vorsprung vor Ihrem Gegner haben.

Ein genaues Wissen über Ihren Gegner kann sich jedoch auch negativ auf Sie selbst auswirken, wenn Sie nicht über die richtige Einstellung verfügen. Wenn Sie sich auf einen Wettkampf vorbereiten, dürfen Sie weder ängstlich noch übermäßig selbstbewußt sein, sondern Ihre feste Absicht muß ganz einfach sein, Ihr Bestes zu geben. Diese Einstellung hilft Ihnen, mit einer optimalen Intensität zu spielen, gleichgültig, ob Sie in einer Spitzenmannschaft oder in einer Mannschaft auf einem unteren Tabellenplatz spielen. Wenn Sie am Abend vor dem Spiel mentale Übungen absolvieren, dürfen Sie nicht ausschließlich an Ihren Gegner denken. Verwenden Sie auch einige Zeit damit, sich auf Ihre eigene Intensität und Konzentration zu konzentrieren. Immerhin wollen Sie ja Ihr eigenes Spiel und nicht das Spiel des Gegners spielen.

Im Umkleideraum

Im Umkleideraum, vor einem Spiel, erklären Trainer normalerweise die geplante Spieltaktik und versuchen, die Spieler durch ein entsprechendes Gespräch in die richtige Stimmung zu bringen. Viele Trainer sind sogar besonders stolz darauf, wie gut sie ihre Spieler emotional aufputschen können. Sportpsychologen weisen jedoch neuerdings daraufhin, daß ein derartiges Aufputschen mehr Schaden als Nutzen bringen kann. Ein Sportler braucht *eine erhöhte Bewußtheit und keine aufgeputschten Emotionen.* In einem aufgeputschten Gefühlszustand verengt sich typischerweise Ihr Aufmerksamkeitsschwerpunkt. Ihre Koordination wird durch eine erhöhte Muskelspannung beeinträchtigt. Wenn das Spiel nicht direkt von Beginn an gut läuft, verwandeln sich Ihre Tatkraft und Ihre Motivation in Angst und einen negativen Bewußtseinszustand. Wenn dies geschieht, werden Sie eher vom Spiel gesteuert als umgekehrt.

Selbstbewußtheit

Das Geheimnis der Spielvorbereitung ist Selbstbewußtheit. Eine erhöhte Bewußtheit, einschließlich der Bewußtheit seiner selbst (Geist und Körper) bewirkt, daß Sie sich selbst und die Dinge, die in Ihrer Umgebung geschehen, unter Kontrolle haben. Wenn Sie das Spielfeld zu Spielbeginn betreten, sollten Sie sich nicht auf das Rumoren in Ihrem Magen, die Spannung Ihrer Muskeln oder die Zweifel in Ihrem Kopf konzentrieren. Sie sollten körperlich entspannt sein, und Ihr Denken sollte sich auf die in der jeweiligen Situation entscheidenden Objekte konzentrieren (Ball, Korb, Mannschaftskameraden etc.). Die Entspannung fällt Ihnen leichter, wenn Sie sich Ihrer selbst bewußt sind.

Check-Punkte

Selbstbewußtheit beginnt im Umkleideraum, wenn Sie Ihre Aufmerksamkeit auf sich selbst richten. Sie beginnen mit der *Einstellungsbewußtheit*. Fragen Sie sich: ,,Mache ich mir Sorgen hinsichtlich des Spielergebnisses, oder werde ich mein Bestes geben und die Dinge so nehmen, wie sie kommen?'' Ein *Einstellungscheck* unmittelbar vor dem Spiel verstärkt Ihre Absicht, gleich von Beginn an mit einer optimalen Intensität zu spielen, und wirkt der Gefahr einer übermäßigen Erregung entgegen.

Konzentrieren Sie sich nach Ihrem Einstellungscheck intern auf Ihre *Körperbewußtheit* und führen Sie einen *Körpercheck* durch. Wenn Sie körperlich etwas verkrampft sind, führen Sie die in Kapitel 17 ,,Das *ABC* der Wettkampfbewältigung'' beschriebenen Entspannungsübungen durch.

Führen Sie zuletzt einen *Geistescheck* durch. Konzentrieren Sie sich auf Ihren wichtigsten Sinn: *Geistesbewußtheit*. Sie müssen sich darauf vorbereiten, auf Ihre Sinne zu zentrieren, vor allem auf das Sehen. Wenn Sie versäumen, sich auf Ihre Sinne zu konzentrieren, und beginnen, auf dem Spielfeld mit sich selbst zu reden und sich dabei das Schlimmste vorzustellen, schwächen Sie Ihre visuelle Bewußtheit. Sie können sich nicht auf Ihre Sinne konzentrieren und gleichzeitig mit sich selbst sprechen; dies sind zwei verschiedene mentale Vorgänge. Denken Sie stets daran, richtige Konzentration bedeutet, sich auf seine Sinne und auf die Gegenwart zu konzentrieren. Sie dürfen weder an die Vergangenheit noch an die Zukunft denken; Sie müssen sich im Hier und Jetzt befinden. Absolvieren Sie unmittelbar vor dem Spiel die in Kapitel 15 ,,Übungen zur Verbesserung der Sinne und der Bewußtheit'' beschriebenen visuellen Kontrollübungen. Am wichtigsten ist, daß Sie einen kurzen Zeitabschnitt damit verbringen, Ihre visuelle Bewußtheit von der Weichzentrierung auf die Feinzentrierung zu verlagern und umgekehrt.

Verzichten Sie unmittelbar vor dem Spiel auf die Suggestionsübungen und die Übungen zum mentalen Training. Diese Übungen sollen über die mentalen Prozesse der Verbalisierung und Vorstellung auf Ihr Unterbewußtsein wirken. Unmittelbar vor dem Spiel sind sie eher hinderlich als förderlich. Ein 20- bis

30minütiges mentales Training und ein interner Aufmerksamkeitsschwerpunkt führen dazu, daß Sie weniger wachsam und weniger aufmerksam im Hinblick auf Ihre Umgebung sind. Sie wollen Ihre visuelle Bewußtheit jetzt erhöhen und nicht reduzieren. Während der Trainer vor dem Spiel die eigene Taktik und die des Gegners durchspricht, können Sie sich Ihre Handlungen auf dem Spielfeld visuell vorstellen. Aber dazu ist nur ein kurzer und nicht durchgängiger Einsatz Ihrer Vorstellung erforderlich.

Halbzeitpause

Die Halbzeitpause sollte dazu genutzt werden, sich auszuruhen und sich die eigene Taktik noch einmal klar zu machen bzw. sie zu durchdenken. Während Ihr Trainer die taktische Planung für die zweite Halbzeit durchgeht, sollten Sie wieder Ihre Vorstellungskraft dazu benutzen, sich den Spielplan, den Ihr Trainer auf einer Schiefertafel entwirft, geistig einzuprägen und zu verstärken.

Die Halbzeitpause kann auch dazu genutzt werden, den richtigen geistigen Rahmen wiederherzustellen oder zu verstärken. Nehmen Sie sich einige Augenblicke Zeit, um Ihre Einstellung, Ihren Körper und Ihren Geist durchzuchecken. Haben Sie während der 1. Halbzeit mit optimaler Intensität gespielt? Sind Sie darauf vorbereitet, in der zweiten Halbzeit genauso zu spielen? Denken Sie positiv? Sind Sie körperlich locker? War Ihr Aufmerksamkeitsschwerpunkt in der ersten Halbzeit richtig? Ist es nötig, daß Sie Ihre Konzentration verbessern?

Analyse nach dem Spiel

Unabhängig von Ihrer Einstellung vor und während des Spiels werden Sie nach dem Spiel emotional betroffen sein, gleichgültig wie das Ergebnis war. Da dies immer der Fall ist, sollten Sie mit der Analyse Ihrer Leistung warten, bis sich Ihre Emotionen beruhigt haben. Wenn das Spiel abends stattgefunden hat, ist es vielleicht am besten, wenn Sie das Spiel erst am anderen Morgen analysieren. Wenn das Spiel nachmittags stattgefunden hat, sollten Sie abends vor dem Zubettgehen in der Lage sein, das Spiel zu analysieren.

Wenn Sie das Spiel analysieren, sollten Sie Ihre Vorstellung dazu nutzen, das Spiel noch einmal vor Ihrem geistigen Auge ablaufen zu lassen. Diese mentale Wiederholung des Spiels ist keine bloße Tagträumerei, sondern ein ernsthafter Versuch, die Aktivität Ihres Geistes in bezug zum Spielausgang zu analysieren. Versuchen Sie, sich an Ihr Intensitätsniveau zu erinnern. War es in den meisten Situationen optimal? Oder lag Ihre Intensität aufgrund von Emotionen und Ermüdung über bzw. unter dem Optimum? Haben Sie sich in jeder Phase des Spiels - beim Werfen, Dribbeln, in der Abwehr, beim Rebound — richtig konzentriert? Haben Sie Ihren wichtigsten Sinn sowie Ihre Körperbewußtheit ausgenutzt, um Anpassungen vorzunehmen, wenn nötig? Waren Sie egoistisch? Waren Sie ein Führer? Haben Sie Ihr Bestes gegeben?

Nehmen Sie sich nach Ihrer Analyse Zeit, Ihre Fehler mittels mentalem Training und Suggestion zu korrigieren. Denken Sie immer daran, daß diejenigen, die aus ihren Fehlern nicht lernen, diese immer wieder machen.

184

Kontrollfragen zu Kapitel 18

1. Warum ist es wichtig, für den Beginn jeder Spielhälfte mental bereit zu sein?
2. Was können Sie einige Tage vor einem bestimmten Spiel tun, um für Ihren Gegner bereit zu sein? Warum?
3. Was können Sie am Abend vor einem Spiel tun, um für das Spiel bereit zu sein? Warum?
4. Was sollten Sie unmittelbar vor dem Spiel im Umkleideraum tun, um für eine Spitzenleistung bereit zu sein? Warum?
5. Was sollten Sie in der Halbzeitpause tun, um für die zweite Halbzeit bereit zu sein?
6. Was sollten Sie nach dem Spiel tun?

KAPITEL 19

IMPULS

Plötzlich waren es nicht mehr bloß ein oder zwei Spiele, sondern es war das, was alle Basketballspieler und -trainer am meisten fürchten: eine Pechsträhne. Denn die Basketballspieler und -trainer glaubten, daß ihr Spiel viel eher ein psychologisches Spiel ist als Football oder Baseball. Wenn die Spieler gut in Form waren, glaubten sie, bestimmte Dinge tun zu können, sicher zu werfen, gegnerische Angreifer in der Abwehr sicher stoppen zu können ... Aber das Gegenteil traf auch zu. Wenn die Basketballspieler ihr Selbstvertrauen verloren, ließ ihr Können nach, sie glaubten nicht länger an sich. Sie zögerten und wurden vorsichtig. Geborene Werfer fingen plötzlich an, den Ball zu stoßen, statt zu werfen. Gute Passer paßten plötzlich in die Hände des Gegners. Reboundspieler stellten fest, daß sie nicht mehr in der Lage waren, die gewünschte Position einzunehmen. Die Spieler begannen nicht nur, an sich selbst, sondern auch an ihren Mannschaftskameraden zu zweifeln.

David Halberstam (1983, S. 217)

Manchmal ist der Unterschied zwischen Sieg und Niederlage bzw. einer Glücks- oder Pechsträhne auf die Auswirkung des unsichtbaren Spielers — *Big Mo* (von *momentum*, Anmerkung des Übersetzers) zurückzuführen. Big Mo ist der Spieler, der jederzeit zuschlagen und den Ausgang eines Spiels oder einer Saison diktieren kann. Er ist der Impuls.

Das Problem mit Big Mo ist, daß er schwer faßbar ist. Man kann sich nicht auf ihn verlassen. Er scheint zu kommen und zu gehen, wann er will. Eine Zeitlang spielt er für die eine Mannschaft, dann für die andere. Man muß also aufpassen. Er ist so gefährlich wie launisch — er hat einen Killerinstinkt. Er hat auch ein Gespür für das Dramatische. Manchmal bewirkt er, daß eine Mannschaft einen großen Rückstand wieder aufholt und schließlich gewinnt. Kurz gesagt: Big Mo ist ein willkommener Verbündeter und gleichzeitig ein gefürchteter Feind.

Dieses Kapitel ist der Analyse des Wesens von Big Mo gewidmet. Es wird dargelegt, wie der schlafende Riese erwacht und wie er seine Wut austobt. Wichtiger ist jedoch, daß erklärt wird, wie Sie den Impuls Ihres Gegners stoppen können und wie Sie Big Mo sozusagen von der Leine lassen können, so daß er für Sie arbeitet.

Die kollektive mentale Verfassung

Das grundlegende Prinzip, das im Verlauf dieses Buches immer wieder zur Sprache gekommen ist, ist, daß die Leistung eines Sportlers ein direktes Resultat mentaler Prozesse ist. Der mentale Zustand des Sportlers, einschließlich überlernter Fertigkeiten und motorischer Muster, Einstellungen, der emotionalen Verfassung und des Aufmerksamkeitsschwerpunkts (Konzentration), bestimmen über die Qualität seiner Leistung.

Daraus folgt, daß die Leistung einer Mannschaft als einer Gruppe von Individuen das Ergebnis einer kollektiven mentalen Verfassung ist. In diesem Zusammenhang gewinnen die Antworten auf die folgenden Fragen an Bedeutung. Wieviele der fünf Spieler auf dem Spielfeld haben eine korrekte Bewegungstechnik entwickelt? Wieviele von ihnen sind selbstlose Mannschaftsspieler, die die ganze Zeit über ihr Bestes geben wollen? Wieviele von ihnen haben Angst? Wieviele haben großes Selbstvertrauen? Wieviele von ihnen konzentrieren sich richtig auf die Aufgaben, mit denen sie gerade konfrontiert werden? Die wichtigste Frage ist vielleicht, wieviele der Spieler, die *am meisten in die Handlung eingebunden sind* (Werfer, Dribbler, Rebounder), versagen in brisanten Spielsituationen und wieviele befinden sich in einer positiven mentalen Verfassung?

Es ist offensichtlich wenig sinnvoll, wenn vier Spieler *psychisch eingestimmt* sind und der Spieler, der am häufigsten in Ballbesitz ist und wirft, *psychisch danebenliegt*. Wenn Ihre Mannschaft nicht versteht, diesen Spieler aus der Handlung herauszuhalten, ist die gesamte Mannschaft nur so stark wie ihr schwächstes Glied.

Impuls

Die Handlung eines Basketballspiels kann nach einem von insgesamt drei Mustern ablaufen. Entweder spielen beide Mannschaften schlecht, oder beide spielen sehr gut, oder eine spielt besser als die andere. Wenn eine Mannschaft besser spielt als die andere, besitzt diese Mannschaft den Impuls. Der Impuls einer Mannschaft kann wenige Minuten, die gesamte Spielzeit, über den Zeitraum einiger Spiele oder eine ganze Saison lang anhalten.

Obwohl der Impuls einer Mannschaft das Ergebnis körperlicher Überlegenheit (Körpergröße, Kraft, Schnelligkeit) sein kann, resultiert er normalerweise aus einem besseren mentalen Zustand. In anderen Worten: Impuls ist etwas Mentales. Eine Mannschaft hat den Impuls auf ihrer Seite, wenn ihr kollektiver mentaler Zustand (Konzentration, Einstellung, Intensität, Verlangen) positiver als der des Gegners ist. Die Mannschaft, die mit Impuls spielt, muß nicht notwendigerweise perfekt spielen, aber sie spielt besser als ihr Gegner. Das Spiel einer Mannschaft kann OK sein, während das Spiel der anderen Mannschaft schrecklich ist.

Kurz gesagt, eine Mannschaft gewinnt an Impuls, wenn ihr kollektiver mentaler Zustand relativ positiv ist (die Spieler sind konzentriert und verfügen über ausreichendes Selbstbewußtsein, sie haben das Spiel unter Kontrolle, spielen mit Intelligenz und wählen die richtigen Spielzüge), wohingegen die gegnerische Mannschaft sich in einer relativ negativen kollektiven mentalen Verfassung befindet (ihre Spieler wirken abgelenkt, unsicher, und ihre Spielzüge sind verkrampft).

Sofern eine Mannschaft körperlich nicht ausgesprochen überlegen ist, ist der Leistungsunterschied zwischen zwei Mannschaften auf den Unterschied in der kollektiven mentalen Leistung der Spieler und des Trainers zurückzuführen. Wenn ein Trainer und seine Spieler dem Gegner mental überlegen sind, haben sie mit einiger Wahrscheinlichkeit Big Mo auf ihrer Seite.

Der Funke

Normalerweise gewinnt eine Mannschaft an Impuls, wenn ein Funke zündet, d.h. ein einziger Spielzug kann die gesamte Mannschaft mitreißen. Angenommen, die *Lancers* spielen schlecht, ihrem Spiel fehlt es an Intensität, die Spieler sind unsicher, werfen ungenau und verlieren oft den Ball. Bei Gleichstand im dritten Viertel eines relativ langweiligen Spiels taucht John Jones plötzlich aus dem Nichts auf und blockt einen Dunking-Versuch. Die Zuschauer werden wach. Der freie Ball wird aufgenommen und lang zu dem schnell durchbrechenden Jack Jones gepaßt, dem ein Korbleger gelingt. Jack, der bis zu diesem Zeitpunkt verkrampft gespielt hat und dessen Würfe schlecht waren, wird plötzlich munter. Er gewinnt an Selbstvertrauen und entspannt sich. Seine Unsicherheit schwindet dahin, und es wird ihm plötzlich möglich, beim Wurf auf den Korb zu zentrieren und nicht an seine vergangenen Fehler zu denken. Seine nächsten beiden Würfe treffen, und die Mannschaft führt mit sechs Punkten. Nun gerät ein dritter Spieler, Bobby Jones, in Fahrt. Seine Intensität im Abwehrspiel steigt von ,,7'' auf ,,9'', denn die großartigen Spielzüge seiner Kameraden haben auch ihn zu guten Leistungen inspiriert. Bei einer Führung von sechs Punkten glaubt er, sein Glück versuchen zu können. Bobby antizipiert einen Paß zu seinem Gegenspieler, schneidet schnell in den Paßweg und fängt den Ball ab. Er paßt den Ball zu John, der über die gesamte Länge des Spielfelds dribbelt und den Ball im Korb versenkt. Die Zuschauer toben, und die gegnerische Mannschaft beantragt eine Auszeit. Als die *Lancers* zu ihrer Bank traben, gratulieren die fünf Spieler sich gegenseitig. Sie alle denken positiv, fühlen sich locker und haben sich unter Kontrolle. Alle haben im Hinblick auf das Spiel einen höheren Bewußtheitsgrad erreicht.

Auf der gegnerischen Bank meckern sich die beiden Spieler, die den Paß verloren haben, Andy und Randy Smith, gegenseitig an. Dann beginnt ihr Trainer zu toben, weil sich seine Spieler gegenseitig in die Haare kriegen. ,,Was ist los mit Euch Idioten!'' schreit er. ,,Wißt Ihr nicht, daß Ihr Mannschaftskameraden seid? Hört auf, Euch zu streiten!'' Als das Spiel weitergeht, konzentrieren Andy und Randy sich innerlich auf negative Gedanken, die sie füreinander und ihrem

188

Trainer gegenüber hegen. Ihre Spielaufmerksamkeit ist daher nicht besonders hoch, sie sind verspannt und übererregt.

Dieses Beispiel macht deutlich, daß der Impuls einen Schneeballeffekt auslöst. Er basiert auf dem Prinzip, daß der Verlust der einen Mannschaft den Gewinn der anderen Mannschaft bedeutet. Wenn eine Mannschaft nachläßt, gewinnt die andere an Impuls; der negative Impuls der einen Mannschaft trägt zum positiven Impuls der anderen Mannschaft bei.

Das Gegenteil kann von den Kräften gesagt werden, die innerhalb einer Mannschaft wirken. Wenn ein Spieler heiß wird, reißt er seine Mannschaftskameraden mit und löst den Impuls der ganzen Mannschaft aus. Das Gegenteil trifft auch zu — ein Spieler, der sich in einem Leistungstief befindet, kann andere Spieler anregen, ebenfalls negativ zu denken und in einen Sog nach unten zu geraten. Ein schlechtes Spiel schafft Angst; Angst verstärkt die körperliche Spannung und zerstört die Konzentration; körperliche Spannung und schlechte Konzentration führen zu einem weiteren schlechten Spiel und so fort. Der Sog des Versagens, den ein oder zwei Spieler ausgelöst haben, reißt schon bald die gesamte Mannschaft mit.

Wie man das Blatt wenden kann

Der Impuls, egal ob positiv oder negativ, kann unkontrollierbar scheinen. In gewissem Sinne wird der Impuls unabsichtlich ausgelöst. Die meisten Mannschaften bekommen entweder diesen Impuls, oder sie fallen in ein Tief, beides passiert jedoch nicht notwendigerweise. Sie können den Impuls Ihres Gegners verlangsamen und Ihren eigenen schaffen bzw. aufbauen. Es gehört zu den typischen Aufgaben eines Trainers, das Abwehrsystem zu ändern, eine Auszeit zu beantragen oder einen Spieler auszuwechseln. Unglücklicherweise ist das eine Vorgehensweise, bei der nicht immer feststeht, ob sie Erfolg bringt oder nicht. Eine Änderung des Abwehrsystems kann, muß aber nicht dazu führen, daß die gefährlichen gegnerischen Angriffsspieler kaltgestellt werden, und ein Ersatzspieler kann, muß aber nicht die richtige psychische Verfassung mit auf das Spielfeld bringen. Es kann sogar durchaus so sein, daß der Auswechselspieler mental weniger gut vorbereitet ist als der Spieler, den er ersetzt. Aber die Situation ist nicht hoffnungslos; bis zu einem gewissen Grad kann der Impuls gesteuert werden. Im folgenden finden Sie einige Hinweise, wie Sie eine schlechte Leistung verhindern und selbst Impuls entwickeln können:

Denken Sie stets positiv! Ich meine damit nicht, daß Sie ein Wunschdenken entwickeln oder übermäßig optimistisch sein sollten. Positiv zu denken, bedeutet, sich in einem mentalen Zustand zu befinden, der positive Ergebnisse bringt. Positives Denken schließt Erfolgserwartungen ein, bedeutet jedoch auch eine hohe Konzentration und Gelassenheit. Die Einstellung, das Beste bereitwillig und mit optimaler Intensität geben zu wollen, kommt hinzu. Darüber hinaus bedeutet positives Denken auch die Gewohnheit, in jeder Situation nach dem *richtigen* Spielzug zu suchen, nicht nach dem spektakulärsten oder nach einem egoistischen Spielzug.

Ermutigen Sie Ihre Mannschaftskameraden zu positivem Denken! Genauso wie es für Ihre persönliche Leistung wichtig ist, daß Sie Ihre Konzentration, Gelassenheit und Ihr Selbstvertrauen beibehalten, so ist es für die Leistung Ihrer gesamten Mannschaft wesentlich, daß Sie Ihren Mannschaftskameraden helfen, einen positiven mentalen Zustand aufrechtzuerhalten. Sie müssen alles in Ihrer Macht stehende tun, um einen positiven kollektiven mentalen Zustand zu fördern.

Zunächst einmal dürfen Sie einen Mannschaftskameraden nie ärgerlich anfahren. Sie sollten Ihre Mannschaftskameraden stattdessen ermutigen und ihnen Unterstützung zukommen lassen, wenn die Dinge einmal nicht so gut laufen. Führen Sie zweitens zusammen mit Ihren Mannschaftskameraden vor einem Freiwurf oder während einer Auszeit einen mentalen Check durch. Das bedeutet, daß Sie sich kurz alle zusammenstellen und sich gegenseitig ermuntern, einen Augenblick lang über Ihren mentalen Zustand zu reflektieren. Jedes Mitglied der Mannschaft kann die jeweils anderen ermuntern, ein Element eines positiven mentalen Zustands zu betonen. Ihre Mannschaftskameraden können z.B. Behauptungen wie die folgenden verwenden:

Joe:	*,,Mentaler Check! Konzentriert Euch!''* — Mit anderen Worten, vergeßt die Vergangenheit, und macht Euch keine Sorgen über die Zukunft. Denkt stets daran, daß man sich nur in einem entspannten, höchst aufmerksamen Zustand auf die wichtigen Schlüssel der gegenwärtigen Situation konzen trieren kann.
Willie:	*,,Körper-Check!,,* — Auf diese Weise werden die Spieler daran erinnert, einen Moment lang auf Ihren Körper zu zentrieren. Eventuell verspannte Spieler sollten die vorgestellten isometrischen Spannungsregulationsübungen absolvieren, um locker zu werden.
Akeem:	*,,Neun in der Abwehr!''* — Dadurch werden die Spieler ermuntert, mit optimaler Intensität zu spielen.
Sam:	*,,Teamwork!''* — Dieser Appell unterstreicht das Zusammengehörigkeitsgefühl und wendet sich gegen Egoismus.
Doc:	*,,Spielplan! Intelligent spielen!''* — Dies erinnert die Spieler daran, sich an das strategische Konzept zu halten und den für die jeweilige Situation richtigen Spielzug zu wählen.

Eine Mannschaft, die sich angewöhnt, mentale Checks durchzuführen, verstärkt den positiven mentalen Zustand jedes Mannschaftsmitglieds. Mit Hilfe dieser simplen Mannschaftsübung werden die richtigen Einstellungen der Spieler gefördert. Denken Sie immer daran, daß der Erfolg vom kollektiven mentalen Zustand der Mannschaft abhängt; tun Sie also alles in Ihrer Macht stehende, um diesen Zustand positiv zu halten.

Spielen Sie einfach! Eine Mannschaft gerät oft in Schwierigkeiten, wenn Sie beim Vorsprung des Gegners das Spiel mit Gewalt an sich reißen will. Sie müssen Geduld haben und nie gegen Druck ankämpfen. Wählen Sie dort den richtigen Spielzug, wo am wenigsten Druck ist. Noch wichtiger ist, daß Sie nicht spektakulär spielen, wenn es um Sieg oder Niederlage geht. Halten Sie sich an die Grundregeln; wählen Sie das einfache Spiel, denn damit haben Sie am ehesten Erfolg.

Der Killerinstinkt

Denken Sie daran, wie oft Sie schon einen Trainer haben sagen hören: „Uns fehlt einfach der Killerinstinkt! Wir hätten sie auslöschen können, aber unser Impuls ging verloren, und wir ließen sie wieder ins Spiel kommen." Warum passiert so etwas? Was versteht man unter dem Killerinstinkt?

Der *Killerinstinkt* ist die Fähigkeit, Ihre Konzentration, Gelassenheit und Ihre Selbstkontrolle auf einem gleich hohen Level zu halten, wenn alles gut läuft. Es mag zwar seltsam erscheinen, aber ein Spieler oder eine Mannschaft lassen einen positiven mentalen Zustand sehr oft dahinschwinden, weil sie zu sorglos sind und ihr Selbstvertrauen zu groß ist. Sorglosigkeit und ein zu großes Selbstvertrauen unterminieren den Impuls, indem sie dazu führen, daß gute mentale Muster durch schlechte ersetzt werden, die einen Sportler in ein Tief schleudern. Wenn man einmal in einem solchen Tief steckt, ist es schwer, wieder hinauszukommen. Aus diesem Grund reiten die meisten Trainer auf den Gefahren eines zu großen Selbstvertrauens herum.

Seien Sie selbstbewußt, nicht großspurig

Selbstvertrauen ist für eine gute Leistung von entscheidender Bedeutung. Selbstvertrauen ist die Überzeugung, daß man wahrscheinlich ein sehr gutes oder zumindest ein annähernd sehr gutes Spiel liefern wird. Großspurigkeit bedeutet jedoch, daß Ihr einziges Ziel ist zu gewinnen, nicht Ihr Bestes zu geben. Wenn man sich den Sieg als einziges Ziel setzt, senkt man seinen Standard. Ihre Konzentration geht verloren, und Sie setzen nur soviel Energie ein, wie zu einem Sieg nötig ist. Das ist gefährlich, denn es können sich schlechte Gewohnheiten einschleichen, die Sie vielleicht bei Ihrem nächsten Spiel, wenn Sie gegen einen stärkeren Gegner spielen, oder wenn Sie feststellen müssen, daß der vermeintlich schwächere Gegner doch gut spielt und das Spiel auf des Messers Schneide steht, nur schwer wieder ablegen können. Kurz gesagt: Selbstbewußte, nicht großspurige Mannschaften haben den Killerinstinkt.

Tot spielen

Pechsträhnen und Leistungstiefs einzelner Spieler werden oft verlängert, wenn man aufgibt und resigniert weiterspielt (,,tot spielt"). Diese Haltung ist gefährlich, weil ein Spieler oder eine Mannschaft in einem solchen Fall nicht handelt, mit dem Ziel, aus dem Tief herauszukommen, sondern weil durch diese Einstellung schlechte Muster verstärkt werden. Sie müssen verstehen, daß Sie um so schneller aus einem Tief wieder herauskommen, je eher Sie die richtige Einstellung entwickeln. Je länger Sie warten, desto schwieriger ist es, seine Leistung zu verbessern. Bob Cousy schreibt über diese Situation:

Als wir ins Hintertreffen gerieten, hatte ich Angst, daß die Spieler anfangen würden zu denken: Zum Teufel mit diesem Spiel. Morgen abend ist ein anderes Spiel.

Ich wußte, daß die Konsequenzen einer derartigen Einstellung schrecklich sein würden. Hin und wieder ist es vorgekommen, daß ich den ersten Satz eines Tennisspiels gewonnen und im zweiten Satz Schwierigkeiten hatte. Dann sagte ich zu mir selbst, ich könnte tun, was ich wollte, ich würde den Satz ohnehin verlieren. Ich ließ es also langsam angehen und schonte mich für den dritten Satz.

Sobald ich diesen Entschluß gefaßt hatte, war klar, daß ich den Satz wirklich verlieren würde. Ich wurde hinweggeputzt, nicht nur im zweiten, sondern auch im dritten Satz. Die Wichtigkeit, die Konzentration aufrechtzuerhalten und in jedem Spiel sein Bestes zu geben, kann kaum überschätzt werden.

(Cousy & Devaney, 1975, S. 175-176)

Das Aufrechterhalten der Konzentration und der Intensität während jeder Sekunde des Spiels ist wichtig, weil der Impuls eine Folge richtiger mentaler und körperlicher Gewohnheiten ist. Wenn Sie die geeigneten Gewohnheiten und Einstellungen vergessen, provozieren Sie das Durchbrechen schlechter Gewohnheiten und fördern damit die Entstehung eines Leistungstiefs.

Zusammenfassung

Basketball ist ein Mannschaftsspiel. Es ist auch ein Spiel, bei dem die Leistung von Ihrem mentalen Zustand abhängt. Jedes Mannschaftsmitglied muß daher einen positiven mentalen Zustand beibehalten. Die Mannschaft hat den Impuls auf ihrer Seite, die kollektiv ihre Konzentration, Gelassenheit, Zuversicht, Selbstlosigkeit und Intensität aufrechterhält.

Kontrollfragen zu Kapitel 19

1. Was versteht man unter einer ,,kollektiven mentalen Verfassung"?
2. Definieren Sie ,,Impuls".
3. Warum ist der Impuls häufig ,,etwas Mentales"?
4. Was verstehen wir unter einem ,,Funken"?
5. Inwiefern ist der Impuls ansteckend?
6. Was können Sie tun, um ein Abrutschen zu verhindern und den Impuls zu Ihren Gunsten umzulenken?
7. Was versteht man unter ,,Killerinstinkt"?
8. Was versteht man unter ,,tot spielen"?
9. Warum ist es wesentlich, daß man während jeder Sekunde des Spiels seine Konzentration und Intensität aufrechterhält?

KAPITEL 20

WENN DAS SPIEL AUF DES MESSERS SCHNEIDE STEHT

Immer wenn der Druck am größten war, war Sam (Jones) bemüht, in Ballbesitz zu kommen. Dies ist in meinen Augen ein Merkmal eines Meisters. Selbst wenn Sie talentiert und mental eingestimmt sind, wenn Sie Freude am Spiel haben, Selbstvertrauen besitzen und über den Siegeswillen verfügen, gibt es eine Wettkampfebene, auf der dies alles Ihnen nicht mehr weiterhilft. Dann wird der Druck immer größer, und in dieser Situation wird Ihr Innerstes auf die Probe gestellt. ... Jetzt wird deutlich, wie groß Ihre Motivation wirklich ist und wie gut Ihr Geist und Ihr Körper auf Druck reagieren können. Jetzt zählt Ihre Konzentration — das heißt, Sie müssen imstande sein, Ihr Bestes auch bei maximalem Schmerz und Streß zu geben.

Bill Russell (Russell & Branch, 1979, S. 151)

In der Anekdote ,,Eine Geschichte von zwei Spielern'' haben Sie von zwei unterschiedlichen Spielern gehört. Der eine war ein Beispiel an Selbstvertrauen, Konzentration, Gelassenheit und Selbstkontrolle. Der andere war dem Druck des Spiels nicht gewachsen. Der eine brachte seine beste Leistung, als das Spiel noch unentschieden war. Der andere klappte unter Druck förmlich zusammen. Der eine ging als Sieger aus dem Spiel hervor, der andere als Verlierer.

Zwei Spieler

Was versetzt einen Spieler in die Lage zu bestehen, wenn das Spiel auf des Messers Schneide steht, und was hindert den anderen Spieler daran? Die naheliegende Antwort ist, daß der eine Spieler über Konzentration, Gelassenheit und wirkliche Zuversicht verfügt, wohingegen der andere keine Kontrolle mehr über sich hat, ängstlich und verspannt ist. Die nicht so naheliegende Antwort ist die Antwort, die man auf die Frage geben würde: Wie schaffen Sie es, Ihre Konzentration und Ihre Gelassenheit aufrechtzuerhalten, wenn Druck entsteht und das Spiel auf des Messers Schneide steht? Das ist genau das, wovon dieses Kapitel handelt: Wie Sie es schaffen, einen Spieler aus sich zu machen, der selbst in schwierigen Situationen bestehen kann.

Der Clutch-Performer

Die Klasse eines Spielers hängt nicht nur von seiner Gesamtleistung ab, sondern ein Kriterium, das man bei der Beurteilung der Qualität eines Spielers berücksichtigen muß, ist seine Spielleistung in einer Situation, wenn das Spiel auf des Messers Schneide steht. Man denkt gewöhnlich, daß eine solche Situation nur am Schluß eines Spiels entsteht, wenn ein Wurf über Sieg oder Niederlage entscheiden kann. Das ist jedoch nicht immer richtig. Eine derart brisante Situation kann auch in der Mitte eines Spiels vorliegen, wenn der Gegner den Impuls plötzlich auf seiner Seite hat und es so aussieht, als ob er Ihre Mannschaft überrennen könnte. Den Impuls wieder auf Ihre Seite zu bekommen, kostet Sie das gleiche Maß an Konzentration, Gelassenheit und Zuversicht, die Sie benötigen, um in der letzten Spielsekunde einen Freiwurf zum Unentschieden zu verwandeln. Eine entscheidende Situation kann auch bereits zu Spielbeginn auftreten, wenn es so aussieht, als ob eine Mannschaft aufgrund einer frühen Führung den Stil und das Spieltempo für den Rest der Spielzeit diktieren könnte. Ein *Clutch Performer* ist also nicht nur ein Spieler, der es versteht, den letzten Wurf eines Spiels zu verwandeln. Ein *Clutch Performer* ist ein Spieler, dessen Konzentration, Zuversicht und Gelassenheit in allen wichtigen und belastungsintensiven Situationen, die spielentscheidend sein können, den höchsten Anforderungen genügen.

Der Choker

Choke ist vielleicht einer der am häufigsten mißbrauchten und abgenutztesten Begriffe im Sport. Mit diesem Begriff wird das Versagen in einer spielentscheidenden Situation beschrieben. Man glaubt gemeinhin, daß die Tatsache, daß ein Sportler in einem Spiel oder einer ganzen Serie von Spielen seine volle Leistung nicht bringt, darauf zurückzuführen ist, daß er mental nicht hart genug war, um erfolgreich zu sein. Jedesmal, wenn ein Sportler in einer entscheidenden Situation versagt, benutzt man den Begriff *choke.*

Diese Vorstellung ist so unglücklich wie lächerlich. Sie ist unglücklich, weil diese Charakterisierung den Sportler einem noch größeren Druck aussetzt, als es ohnehin schon der Fall ist. Es ist nicht leicht mit der Bezeichnung Choker zu leben oder zu spielen. Diese Bezeichnung ist eine weitere Störung, eine weitere Sorge, die der Sportler überwinden muß, um seine Konzentration aufrechtzuerhalten.

Prozentzahlen können zeigen, wie lächerlich es ist zu sagen, daß jemand in einer Streßsituation versagt hat. Ein guter Werfer im Baseball verwandelt z.B. sieben von zehn Würfen. Wenn man dies berücksichtigt, ist es nicht sehr sinnvoll zu behaupten, daß der Werfer in einer entscheidenden Situation versagt hat, wenn er ein Aus macht. Das gleiche trifft auf einen Freiwerfer zu, der einen Freiwurf in einer derartigen Situation danebenwirft. Wenn der Werfer normalerweise sieben von zehn Würfen verwandelt, können Sie realistischerweise nicht von ihm erwarten, daß er in einer entscheidenden Spielsituation eine höhere Trefferquote erreicht. Drei von zehn Würfen gehen daneben. *Sportler sind in normalen Spielsituationen schon nicht perfekt, man kann also nicht von ihnen erwarten, daß sie in Streßsituationen perfekt sind.* Der Spieler, der am Ende eines Spiels in Panik gerät, zum gegnerischen Korb stürmt, wirft und trifft, obwohl er den Korb vielleicht kaum gesehen hat, hat trotz dieses Ergebnisses im Grunde auch unter Streß versagt. Das heißt, daß man aufgrund des Ergebnisses nicht sagen kann, ob ein Sportler in einer entscheidenden Situation versagt hat oder nicht. Man muß berücksichtigen, was im Kopf dieses Sportlers vorgegangen ist. Nur wenn ein Sportler unter Druck seine Gelassenheit und Konzentration verloren hat, kann man sagen, daß er in einer entscheidenden Situation versagt hat.

Sein Bestes geben in einer entscheidenden Situation

Diese Diskussion über das Choking sollte zeigen, daß ein Unterschied besteht zwischen dem Bestehen in einer entscheidenden Spielsituation und der Tatsache, daß man in einer derartigen Situation sein Bestes gibt. Sie können in einer spielentscheidenden Situation — wenn das Spiel also auf des Messers Schneide steht — leichter bestehen, wenn Sie höchsten Einsatz zeigen. In früheren Kapiteln habe ich ausgeführt, daß das Aufrechterhalten der Konzentration in einer streßintensiven sportlichen Situation ein Resultat vieler untereinander in Beziehung stehender Faktoren ist. Sehen wir uns zuerst einmal die Konzentration an, ehe wir die anderen Faktoren analysieren, einschließlich der alles entscheidenden Quelle einer guten Leistung in einer Clutch-Situation, nämlich der Einstellung.

Konzentration und Gelassenheit

Konzentration ist der Schlüssel zu einer guten Leistung. Sie müssen sich auf die wichtigen Details in jeder Situation konzentrieren, um die richtigen Entscheidungen treffen und die grundlegenden Spielfertigkeiten schnell und präzise ausführen zu können.

Die Zentrierung auf wesentliche Schlüssel (den Korb, einen Mannschaftskameraden, den Ball etc.), anstatt sich durch Gedanken wie ,,Was passiert, wenn ich danebenwerfe?'' oder ,,Entspanne Dich, Du Idiot!'' ablenken zu lassen, hängt eng mit Gelassenheit zusammen. Gelassenheit bedeutet, seine Emotionen zu kontrollieren und ruhig zu bleiben. Gelassenheit resultiert aus einem ruhigen, auf die Sinne (besonders das Sehen) zentrierten Geist. Gelassenheit bedeutet, sich über die Zukunft keine Sorgen zu machen und der Vergangenheit nicht nachzuhängen. Denken Sie immer daran, daß Denken, vor allem negatives Denken über vergangene Fehler und zukünftige Ängste, die visuelle Aufmerksamkeit im Hinblick auf die Gegenwart (Korb, Ball, Mannschaftskameraden etc.) stört. Ihr

Geist muß sich in einem Zustand reiner, richtig zentrierter visueller Bewußtheit befinden. Nur dann kann er Ihren Körper so steuern, daß er auf die wesentlichen Schlüssel einer realen Spielsituation reagiert und nicht auf eine negative, vorgestellte Situation.

Vielleicht haben Sie zu einem Korbleger mit dem Gedanken angesetzt ,,Hoffentlich werfe ich den nicht daneben!'' (Ihre Gedanken können in dieser Situation die Form von Worten oder Bildern haben). Oder Sie haben zu einem Wurf angesetzt mit dem Gedanken ,,Hoffentlich werfe ich diesen Ball nicht zu hoch!'', und haben genau das getan? In dieser Situation sind Ihre negativen Gedanken der Input oder der Schlüssel, die Ihre erfolglose Reaktion auslösen. Ihr Körper hat ganz einfach das getan, wozu er durch Ihre eigenen Gedanken den Befehl erhalten hat (zu hoher Ball). Erwarten Sie nicht von Ihrem Arm, daß er den Ball in den Korb wirft, wenn Ihre Gedanken negativ sind. Selbst wenn Sie positiv denken (d.h., wenn Sie sich ein positives Ergebnis vorstellen), verringern Sie Ihre Erfolgsaussichten. Indem Sie sich auf den *vorgestellten* Korb konzentrieren, werden Sie sich des *realen* Korbs weniger bewußt. Da die Aufgabe darin besteht, den Ball in den realen Korb zu werfen, müssen Sie über eine klare, präzise Vorstellung darüber verfügen, wo im Raum sich der reale Korb befindet.

Mit anderen Worten: Sie müssen sich ausschließlich auf den Korb konzentrieren. Ein klarer Aufmerksamkeitsschwerpunkt ermöglicht Ihnen, sich körperlich zu entspannen und mit einer fließenden Wurfbewegung zu reagieren. Die Zentrierung auf die Bilder vergangener Fehler oder auf die Möglichkeit eines erneuten Fehlers in der Gegenwart schafft Angst, die ihrerseits wiederum die Körperspannung erhöht und eine fließende Wurfbewegung verhindert. Kurz gesagt: Ausgeglichen und gelassen zu sein und sich richtig zu konzentrieren sind einander sehr ähnlich, und beides ist wesentlich, um seine Fähigkeit, in einer Clutch-Situation zu bestehen, zu verbessern.

Selbstvertrauen

Das Aufrechterhalten der Gelassenheit und der Konzentration ist weitgehend eine Konsequenz des Selbstvertrauens. Selbstvertrauen ist der ehrliche Glaube an sich selbst und seine Fähigkeiten. Es handelt sich dabei nicht um Wunschdenken. Selbstvertrauen ist ein Ergebnis des Wissens, sich gut vorbereitet und seinen Geist und Körper unter Kontrolle zu haben. Wenn Sie die Grundlagen des Spiels überlernt haben, sich in Topform gebracht und Ihr taktisches Vorgehen gut vorbereitet haben, und wenn Sie darüber hinaus eine gute Konzentrationsfähigkeit und positive Muster entwickelt haben, werden Sie sich zuversichtlich fühlen. Selbstvertrauen alleine reicht allerdings nicht aus, um Ihren Gegner zu bezwingen, aber es ist genug, Sie in die Lage zu versetzen, Ihr Bestes zu geben.

Das Gefühl der Kontrolle auf dem Spielfeld ist einer der Schlüssel zu einem gesunden Selbstvertrauen, und dieses Gefühl basiert auf vier Faktoren. Der erste dieser Faktoren sind *gute Gewohnheiten* — Konzentration und Technik. Der zweite Faktor ist eine hoch entwickelte Geistesbewußtheit. Geistesbewußtheit vermittelt Ihnen, wie Sie aus Kapitel 4 „Die Entwicklung des wichtigsten Sinns" wissen, die mentale Rückkopplung, die Sie in die Lage versetzt, Ihre Konzentration anzupassen und Ihren Geist zu kontrollieren. Wenn Sie Ihren Geist kontrollieren, kontrollieren Sie auch Ihre Leistung. Drittens hat Ihre *Körperbewußtheit* die Funktion eines „Körpermeters". Dieser Sinn erlaubt Ihnen die Kontrolle Ihres Anspannungsniveaus. Wenn Sie das Gefühl haben, Ihre Muskelspannung nähme zu, können Sie Entspannungsübungen absolvieren, um die Anspannung wieder auf ein normales Maß zu reduzieren. Viertens sollte Ihr *Wissen* bezüglich der Konzentration und Entspannung selbst eine Quelle des Selbstvertrauens für Sie sein. Immerhin resultieren Furcht und Angst weitgehend aus Ignoranz; Wissen gibt uns Selbstvertrauen. Schließlich ist Ihre *Einstellung* hinsichtlich des Gewinnens wesentlich für das Gefühl der Kontrolle. Wenn Ihr Ziel darin besteht zu gewinnen, ist das Erreichen Ihres Ziels nicht völlig unter Ihrer Kontrolle. Immerhin beeinflußt ja auch die Leistung Ihres Gegners das Spielresultat. Nur gewinnen zu wollen, schafft Angst und bereitet Schwierigkeiten im Hinblick auf die Konzentration und das Aufrechterhalten des Selbstvertrauens. Zu spielen, um gewinnen zu wollen, wird also schwieriger. Sie sollten die Einstellung haben, Ihr Bestes zu geben. Ironischerweise ist Sein-Bestes-Geben nicht nur etwas, was Sie völlig unter Kontrolle haben, sondern es macht es auch einfacher, das Ziel, nämlich den Sieg, zu erreichen.

Wie Sie aus sich einen Clutch-Performer machen

Um ein Clutch-Performer zu werden, müssen Sie:

○ Die richtigen Konzentrationsgewohnheiten und -techniken jeder Spielphase überlernen.
○ Ihre Geistesbewußtheit entwickeln, um in der Lage zu sein, Ihre Konzentration zu überwachen.
○ Ihre Körperbewußtheit ausbilden, um in der Lage zu sein, den Grad Ihrer körperlichen Spannung zu überwachen. Absolvieren Sie Entspannungsübungen, um sich in einen entspannten Spielzustand zu bringen.
○ Die Einstellung entwickeln, daß Ihr einziges Ziel darin besteht, Ihr Bestes zu geben.

Indem Sie diese Qualitäten entwickeln, können Sie den in Ihnen versteckten Starspieler wecken.

Kontrollfragen zu Kapitel 20

1.Wenn ein Sportler in einer spielentscheidenden Situation einen Freiwurf danebenwirft, bedeutet dies notwendigerweise, daß er in dieser Situation versagt hat? Erläutern Sie.
2.Welche vier Dinge müssen Sie tun, um ein Clutch-Performer zu werden?

TEIL 6

VERLÄNGERUNG

KAPITEL 21

BASKETBALLOLOGIE 101

Ich glaube nicht, daß ein Spieler, der das Zeug zu einem Spitzenspieler hat, dumm sein kann. Vielleicht spricht er nicht die gleiche Sprache wie die meisten Profis, und vielleicht hat er auch Menschen außerhalb seines Sports nicht viel zu sagen, aber innerhalb seiner Welt ist er sicherlich ein fortgeschrittener Spieler. Dies muß wahr sein, denn auf der höchsten Leistungsebene des Profisports verfügen alle Athleten über ähnliche körperliche Fähigkeiten.
Bill Russell (Russell & Branch, 1979, S. 125-126)

Bei den mentalen Aspekten des Basketballspiels, die wir bislang analysiert haben, handelte es sich um die psychologischen, emotionalen und einstellungsbezogenen Bereiche des Spiels. Obwohl diese Aspekte im Zentrum dieses Buches stehen, sollten wir die Wichtigkeit des Verstehens des Spiels nicht unterschätzen. Wenn alle anderen Komponenten gleich sind, wird normalerweise die cleverere Mannschaft gewinnen. Mit clever meine ich eine Basketballintelligenz, nicht die Intelligenz, die man in der Schule oder auf der Straße braucht. Sie müssen über eine gute Spielintelligenz und viel Köpfchen verfügen, um wirkliche Spitzenleistungen zu vollbringen.

Der Schlüssel zur Entwicklung der Basketballintelligenz sind nicht die mentalen Fähigkeiten oder ein hoher IQ, sondern es ist einfach der Wille zu lernen. Sie müssen willens sein, Ihr Basketballwissen aus allen nur erreichbaren Quellen zu verbessern. Hören Sie Trainern, Spielern, Fernsehkommentatoren und allen anderen, die über Basketball sprechen, zu. Lesen Sie Bücher und Aufsätze, nehmen Sie an Kursen und Seminaren teil, und sehen Sie sich Spiele live oder im Fernsehen an. Des weiteren müssen Sie willens sein, die Vorstellungen und Ideen, die Sie gehört haben, mit anderen Basketballfachleuten zu analysieren und zu diskutieren. Es gibt hinsichtlich der Grundlagen, Taktiken, Regeln, Psychologie und vieler anderer Aspekte des Spiels soviel zu lernen, daß Sie es nie schaffen werden, alles zu wissen. Sie müssen versuchen, ein ,,Basketballsüchtiger'' zu werden, ohne jedoch völlig in dem Spiel aufzugehen. Sie müssen mit Hingabe und Eifer bemüht sein, sich durch Wissenserwerb zu verbessern.

Wenn Sie über die körperlichen und mentalen Grundlagen des Basketballspiels Bescheid wissen, die grundlegenden Prinzipien des Angriffs- und Abwehrspiels verstehen und Situationen bereits im Ansatz richtig erkennen, sind Sie in der Lage, sich schnell auf die wechselnden Situationen während eines Spiels einzustellen, ohne auf die Anweisungen Ihres Trainers angewiesen zu sein. Schließlich kann der Trainer nicht das Spiel für Sie spielen oder für Sie denken. Sie müssen in der Lage sein, selbständig zu denken.

Nehmen wir einmal an, die Schiedsrichter pfeifen nur wenige Fouls. Sie müssen in dieser Situation sogleich erkennen, daß Sie nicht nur aggressiver spielen können, sondern sogar müssen. Sie sollten nicht warten, bis Ihr Trainer Sie auffordert, sich auf diese Situation einzustellen.

Ein anderes Beispiel für eine Situation, in der Sie imstande sein müssen, alleine zu denken und Entscheidungen zu fällen, ist das Spiel gegen eine Mannschaft, die ständig die Abwehrformationen ändert. Um erfolgreich zu sein, müssen Sie jede Abwehrformation erkennen, mit ihren jeweiligen Schwächen vertraut sein und wissen, wie Sie gegen die betreffende Formation angreifen. Sie können nicht zulassen, daß Ihr Gegner Sie auf dem Spielfeld intellektuell austrickst.

Sie müssen ein fortgeschrittener Basketballschüler sein, um erfolgreich zu sein. Auf dem Spielfeld müssen Sie Ihr eigener Trainer sein. Das bedeutet nicht, daß Sie während des Spiels tun und lassen können, was Sie wollen. Selbst zu denken, macht Sie nicht zum Boß, sondern erhöht Ihren Wert für Ihre Mannschaft. Die besten Mannschaften sind die, die fünf Trainer auf dem Spielfeld haben und einen Boß auf der Bank. Eine allgemeine Regel ist, daß Sie umso erfolgreicher sein werden, je höher Ihre Spielintelligenz ist.

Kontrollfragen zu Kapitel 21

1. Listen Sie auf, was Sie tun können, um ein cleverer Spieler zu werden.

KAPITEL 22

DIE MORALISCHEN ELEMENTE

Sport formt nicht den Charakter, sondern legt ihn bloß.
-Heywood Hale Broun (Michener, 1976, S. 16)

Basketball ist das größte Spiel, das je erfunden wurde. Es ist nicht nur voller Aktion und Spaß sowie spannend für Zuschauer und Spieler, sondern es stellt auch wie kein anderes Spiel hohe Anforderungen an die menschlichen Fähigkeiten. In körperlicher Hinsicht werden an die Spieler Anforderungen in den Bereichen Schnelligkeit, Kraft, Beweglichkeit, technisches Können, Gleichgewicht und Ausdauer gestellt. In mentaler, psychischer und emotionaler Hinsicht werden Anforderungen in den Bereichen Konzentration, Reflexhandlungen, Selbstkontrolle, Wissen über das Spiel, Kenntnis des Gegners, Gelassenheit und Selbstvertrauen gestellt.

In moralischer Hinsicht wird ein Basketballspieler mehr als andere Sportler geprüft. Das ist die wirkliche Schönheit des Basketballspiels. Diese Schönheit übertrifft sogar die Kraft, den Stil und die Eleganz der Bewegungen eines Superstars. Die moralischen Elemente geben uns einen Einblick in die Seele des Sportlers und zeigen uns seinen Charakter und sein Wesen. In diesem Kapitel werden wir die wichtigsten Zusammenhänge untersuchen, die für die moralischen Elemente verantwortlich sind. Am Ende werden Sie mehr denn je davon überzeugt sein, daß beim Basketball mentale Aspekte eine wichtigere Rolle spielen als körperliche Aspekte.

Als Mannschaftssport, bei dem die Leistung eines einzelnen Spielers einen sehr großen Einfluß auf die Leistung eines anderen Spielers hat, ist Basketball im gleichen Maße ein moralischer wie ein mentaler und körperlicher Test. Wie Sie hinsichtlich der Faktoren Selbstlosigkeit und Führung mit Ihren Mannschaftskameraden in Beziehung stehen, beeinflußt entscheidend den Mannschaftserfolg. Daher sind Selbstlosigkeit und Führung die ersten beiden Prüfsteine, an denen Ihr Charakter gemessen wird.

Der dritte moralische Prüfstein ist das Ausmaß, in dem Sie die Autorität Ihres Trainers akzeptieren und seinen Anweisungen Folge leisten. Je besser Ihre Kooperation ist, umso größer wird der Erfolg Ihrer Mannschaft sein. Der vierte moralische Test betrifft Ihren Sportgeist und Ihre Beziehung zu Ihrem Gegner und den Trainern. Es ist ein charakterlicher Prüfstein, ob Sie regelgerecht spielen, oder ob Sie auf unsportliche Verhaltensweisen zurückgreifen, um Ihren Gegner einzuschüchtern und einen Vorteil herauszuspielen. Der letzte moralische Test betrifft die Beziehung zwischen Ihnen und Ihren Möglichkeiten. Dieser Test ist ein Maßstab Ihres Willens, Ihr Bestes zu geben. In diesem Kapitel werden alle diese moralischen Tests einer detaillierten Betrachtung unterzogen.

Selbstlosigkeit

Obwohl es im Basketball möglich ist, persönlichen Ruhm und materielle Erfolge zu erreichen, ist das Erreichen dieser Ziele nicht der einzige Zweck des Spiels. Dr. James Naismith entwickelte Basketball als ein Mannschaftsspiel. Es wird mit dem Ziel gespielt, die bessere Mannschaft zu ermitteln, nicht den besten Einzelspieler. Das bedeutet nicht, daß man die Fähigkeit und den Wert einzelner Spieler nicht beurteilen könnte. Es bedeutet nur, daß man einen Spieler danach bewerten muß, inwiefern er seiner Mannschaft hilft zu gewinnen.

Mannschaftsgeist — Siegesgeist

Die Wichtigkeit des Mannschaftsgeists kann kaum überschätzt werden. John Wooden predigte, daß ,,jeder Spieler nicht nur willens sein muß, sondern darauf brennen muß, seinen persönlichen Ruhm dem Wohl der Mannschaft zu opfern'' (Wooden, 1966, S. 10). Aber die Wahl zwischen Ihrem persönlichen Traum und dem Wohl der Mannschaft ist nicht leicht, weder im Basketball noch im Leben generell. Der Mensch denkt normalerweise zuerst an sich selbst und erst danach an andere.

Trotz der Schwierigkeit, selbstlos zu spielen, ist es weise, eine selbstlose Haltung einzunehmen. Obwohl die Erfolge von UCLA und den Boston Celtics auf außerordentlichem Talent beruhten, ist die grundlegende Rolle des Mannschaftsgeistes in diesem Zusammenhang nicht zu unterschätzen. Um es kurz zu sagen, Sie müssen Ihren persönlichen Ruhm dem Wohl der Mannschaft opfern. Wenn Sie das tun, haben Sie den ersten moralischen Test bestanden und haben ebenfalls gezeigt, daß Sie das Wesen des Spiels verstanden haben.

Mannschaftskameraden sind auch Menschen!

Für die Bedeutung der Selbstlosigkeit spricht mehr als der praktische Grund, daß das Siegen leichter fällt, wenn Sie als Mannschaft spielen. Basketball ist eine soziale Aktivität. Sie spielen zusammen mit anderen, die beim Spiel ebenfalls Freude und Erfüllung finden wollen. Wie selbstlos Sie spielen, hat einen unmittelbaren Einfluß auf die Selbsterfüllung Ihrer Mannschaftskameraden. Selbstlos zu spielen, ist nicht nur eine praktische Angelegenheit, sondern hat auch einen moralischen Wert: Sind Sie sich nur selbst wichtig, oder zählen Ihre Mannschaftskameraden auch? Spielen Sie, um die Erfahrung mit anderen zu teilen, oder brauchen Sie die anderen nur, um Ihr Ego zu stärken? Sie müssen für Ihre Mannschaftskameraden Gefühl empfinden. Sie müssen Ihre Mannschaftskameraden als Menschen sehen, die sich selbst ebenso wichtig sind, wie Sie sich wichtig sind.

Die Entwicklung dieser Bewußtheit bringt Ihr eigensüchtiges Streben nach persönlichem Ruhm zum Schwinden und ermöglicht Teamwork. Wo es Teamwork gibt, gibt es auch Erfolg. Denken Sie immer daran: *Lieben Sie Ihre Mannschaftskameraden wie sich selbst!*

Mannschaftsspieler

Sie sollten jedoch nicht denken, Selbstlosigkeit sei gleichbedeutend damit, den Ball immer abgeben zu müssen, anstatt selbst einen Punkt zu machen. Nicht jeder, der immer paßt, ist notwendigermaßen ein Mannschaftsspieler. Derjenige ist ein Mannschaftsspieler, der sein Möglichstes tut, um seiner Mannschaft siegen zu helfen, und das bedeutet häufig, mit aller Gewalt zu versuchen, einen Punkt zu machen. Denken Sie immer daran: Das beste Spiel zählt, nicht das egoistische Spiel.

Streben nach herausragenden Leistungen!

An seine Mannschaftskameraden zu denken und selbstlos zu spielen, kann zwar als die Goldene Regel des Basketballspiels aufgefaßt werden, ist jedoch nur ein moralisches Element des Spiels. Ein zweites, ebenso wichtiges Element ist das Streben jedes einzelnen Spielers nach herausragenden Leistungen. Um die Zeit, Energie und den in das Spiel investierten Aufwand zu rechtfertigen, müssen wir mehr im Auge haben als die Freude, das Vergnügen und die Befriedigung, die das Basketballspiel bereitet. Wir müssen unseren Blick auf die Herausforderung richten, die das Basketballspiel darstellt. Das Streben nach herausragenden Leistungen ist vielleicht der größte Schatz des Basketballspiels — die entscheidende Prüfung des menschlichen Geistes.

Mit anderen Worten, Sie müssen mehr tun, als sich an die Goldene Regel zu halten. Sie müssen auch nach herausragenden Leistungen streben. Für den Leistungssportler, egal ob Amateur oder Profi (im Gegensatz zum Freizeitsportler), ist das Streben nach herausragenden Leistungen ein moralisches Muß. Wenn ich an das Streben nach Bestleistungen denke, fallen mir oft die Worte von Vince Lombardi, dem großen Football-Coach, ein. Unglücklicherweise wurde das, was er über den Willen zum Sieg sagte, völlig mißverstanden. Er soll angeblich gesagt haben: ,,Der Sieg ist nicht alles.'' In Wirklichkeit hat er jedoch gesagt: ,,Der Sieg ist nicht alles — aber der Versuch zu siegen ist alles.'' (Lombardi, 1973, S. 16), jeder Sportler wird Lombardis sich daran anschließende Gedanken über den Willen zur Bestleistung als inspirierend empfinden, denn sie geben das Wesen des Sports wieder:

STREBEN NACH HERAUSRAGENDEN LEISTUNGEN

Ich verdanke dem Football nahezu alles, und ich habe diesem Spiel den größeren Teil meines Lebens gewidmet. Ich habe nie meinen Respekt, meine Bewunderung oder meine Liebe für dieses Spiel verloren. Es ist in meinen Augen ein großartiges Spiel. Jeden Sonntag, nach der Schlacht, kostet eine Mannschaft den Sieg aus, während die andere die Bitterkeit der Niederlage ertragen muß. Die vielen Verletzungen waren nur ein kleiner Preis für den Sieg, und es gibt überhaupt keinen einzigen

Grund für eine Niederlage. Der Sieger hat die Begeisterung, das Lachen und das Vergnügen zu 100 Prozent auf seiner Seite; dem Verlierer hingegen bleiben nur 100 Prozent Vorsätze und Entschlossenheit. Ich bin auch der Meinung, daß Football sehr dem Leben ähnelt, insofern, als daß vom Spieler erwartet wird, daß er nach Perfektion und nach dem Sieg strebt, obwohl man genau weiß, daß ein letzter Sieg nie errungen werden kann. Dennoch muß mit aller Kraft danach gestrebt werden. Und jede Woche findet eine neue Begegnung statt, jedes Jahr eine neue Herausforderung. Aber alle Siegestrophäen, alles Geld und die gesamte Show bleiben nur in der Erinnerung. Der Geist, der Wille zum Sieg und der Wille, perfekt zu sein, sind Dinge, die überdauern. Diese Qualitäten sind viel wichtiger als die Veranstaltungen, durch die sie ausgelöst werden. Und ich möchte hinzufügen, daß die Qualität des menschlichen Lebens im höchsten Maße vom Streben eines Menschen nach Perfektion und dem Sieg abhängt, unabhängig von dem Feld, in dem er sich befindet.

(Lombardi, 1973, S. 13-16)

Führung

Wenn Sie das erste moralische Element, Selbstlosigkeit, mit dem zweiten Element, dem Streben nach Perfektion, verbinden, können Sie ein drittes moralisches Element ableiten — Führung. Führung ist das Verlangen und die Fähigkeit, das Beste aus sich selbst und aus seinen Mannschaftskameraden herauszuholen. Als Mannschaftsspiel verlangt das Basketballspiel von jedem einzelnen, daß er bis zu einem gewissen Grad ein Führer ist.

Ein Führer ist derjenige, der den Weg zeigt. Er führt, steuert und inspiriert die Mannschaft zu besseren Leistungen, zum schwer faßbaren Ziel der Perfektion. Einige gehen mit gutem Beispiel voran, andere brauchen Worte, um Ihre Führungsrolle auszufüllen. Die Art und Weise der Führung ist gleichgültig. Was zählt, sind die Qualitäten der Führung — Selbstvertrauen, Wissen, Mut, Intensität, Gelassenheit. Jede Mannschaft braucht einen Führer. Große Mannschaften haben mehr als einen Führer.

Autoritätsrespekt

Jede soziale Organisation muß über Mitglieder verfügen, die Autorität respektieren, damit sie funktionieren und weiterkommen und das Leben stabiler und besser für jeden machen. Irgendjemand oder irgendeine Gruppe muß die Kontrolle ausüben, und die anderen müssen willens sein, deren Entscheidungen zu akzeptieren. Das trifft zu, gleichgültig, ob es sich bei dieser Organisation um eine Zivilisation, eine Gesellschaft oder eine Basketballmannnschaft handelt.

Der Trainer

In einer Basketballmannschaft ist der Trainer die Autoritätsperson. Bei einem Basketballspiel sind die Schiedsrichter die Autoritätspersonen. Als Spieler sind Sie moralisch verpflichtet, die Entscheidungen Ihres Trainers zu befolgen (gleichgültig, ob sein System gut oder schlecht ist). Das gleiche gilt für die Entscheidungen der Schiedsrichter (gleichgültig wie blind sie sind). Ihre Bereitschaft zur Kooperation trägt wesentlich zum Wohl der Mannschaft und des Spiels bei.

Sie sollten nie vergessen, daß wir als Individuen die Dinge aus unserer eigenen Perspektive sehen. Jeder hat eigene Vorstellungen, wie die Dinge getan werden sollten. Des weiteren sind unsere Vorstellungen durch unser Ego und unser Eigeninteresse verzerrt. Das erklärt, warum Spieler häufig die Entscheidungen ihrer Trainer nicht verstehen können, vor allem wenn sie auf eine negative Weise betroffen sind.

Bevor Sie Ihren Trainer kritisieren oder seine Anweisungen ignorieren, sollten Sie versuchen, die Dinge aus seiner Perspektive zu sehen. Ich versichere Ihnen, daß es in der ganzen Welt keinen einzigen Trainer gibt, der gerne verliert. Trainer verhalten sich so, wie sie sich verhalten, weil sie einzig und allein glauben, daß es ihrer Mannschaft hilft zu siegen oder dem einzelnen hilft, sich weiterzuentwickeln.

Sprechen Sie also mit Ihrem Trainer, wenn Sie es für notwendig halten. Informieren Sie ihn über Ihre Gefühle. Aber hören Sie sich seine Begründung für eine bestimmte Maßnahme genau an. Jeder Trainer, der zuhört und seine Ansichten erklärt, verdient Ihren Respekt und Ihre Mitarbeit, gleichgültig, ob Sie mit seiner Entscheidung übereinstimmen oder nicht.

Die Schiedsrichter

Autoritätsrespekt bedeutet auch, daß Sie die Entscheidungen der Schiedsrichter akzeptieren. Sie müssen dem Drang, zu diskutieren und sich zu beschweren, widerstehen. Sich zu beklagen, macht das Spiel nur schwieriger für Sie und die Schiedsrichter. Sie können nicht konzentriert, entspannt und gelassen sein, wenn Sie über Schiedsrichterentscheidungen ständig diskutieren. Diskussionen hindern Sie nur daran, Ihr Bestes zu geben.

Es gibt verschiedene Gründe, warum über Schiedsrichterentscheidungen diskutiert wird. Einige Spieler sind angesichts ihrer Leistungen frustriert und versuchen ihre Frustrationen bei anderen loszuwerden. Einige sind paranoid und glauben, daß die Schiedsrichter es darauf abgesehen haben, sie zu benachteiligen. Einige Spieler diskutieren, weil sie glauben, sie könnten den Trainer so beeinflussen, daß seine nächste Entscheidung zu ihren Gunsten ausfällt. In allen drei Fällen zeigt der sich beklagende Spieler einen Mangel an Zuversicht. Wenn schon jemand mit dem Schiedsrichter sprechen muß, so sollte es der Trainer oder der Spielführer sein.

Sportlichkeit

Sportlichkeit bedeutet, fair oder regelgerecht zu spielen. Was haben Sie wirklich gewonnen, wenn Sie unfair spielen und zu zweifelhaften Taktiken greifen, um zu siegen? Was haben Sie bewiesen? Vielleicht haben Sie bewiesen, daß Ihnen das Selbstvertrauen fehlt, fair zu spielen. Das Ziel des Spiels besteht nicht darin herauszufinden, wer die Regeln brechen kann, ohne erwischt zu werden, oder wer seinen Gegner dazu bringen kann, seine Nerven zu verlieren. Das Ziel des Spiels sollte einzig und alleine darin bestehen, herauszufinden, wer besser Basketball spielt. Wenn Sie unfair spielen oder einen Gegenspieler ärgern, zeigen Sie damit nur Ihre Unsicherheit und Ihren Mangel an Zuversicht. Die Sieg-auf-jeden-Fall-Einstellung vermiest auch Ihrem Gegner die Freude am Spiel. Der sportliche Wettkampf ist nur dann etwas Großartiges für den menschlichen Geist, wenn er nicht unsportlich geführt wird.

Zusammenfassung

Don Linehan (1976, S. 83) faßt viele der in diesem Kapitel geäußerten Gedanken poetisch zusammen*:

UMKLEIDERAUM

Die Werte
des Umkleideraums werden zu einem Teil deines Lebens.
Du lernst, den Erfolg zu akzeptieren, genauso wie den
Schmerz,
Pech und Niederlage.
Du mußt deinen Glauben beweisen,
indem du in Form bist,
regelgerecht spielst,
Teamwork,
und dich jederzeit zu 100 Prozent einsetzt.
Wenn dein Einsatz großartig ist,
wirst du gewinnen.

Vielleicht hast du zu wenig Punkte gemacht,
aber du wirst immer gewinnen.

----

*Genehmigter Nachdruck aus *Soft Touch* (S. 83) von Don Linehan, 1976, Washington, DC: Acropolis Books.

Kontrollfragen zu Kapitel 22

1. Inwiefern ist Basketball ein Charaktertest?
2. Warum ist eine selbstlose Einstellung wichtig?
3. Warum ist das Streben nach Perfektion ein wichtiges moralisches Prinzip des leistungsmäßig betriebenen Basketballs?
4. Definieren Sie ,,Führung''.
5. Warum haben Sie als Spieler die moralische Verpflichtung, die Autorität Ihres Trainers und der Schiedsrichter zu respektieren?
6. Worin besteht das Wesen der Sportlichkeit?

KAPITEL 23

DER WERTVOLLSTE SPIELER

Niemand steht morgens um sechs Uhr auf, um Ball zu spielen. Aber ich tat es. Als ich zwölf Jahre alt war, hatte ich den Entschluß gefaßt, Profispieler zu werden....Ich begann, neun bis zehn Stunden täglich zu trainieren. Alleine. Mit Handschuhen. Und es gefiel mir. Sie hätten mir die rechte Hand abschneiden können, und ich hätte einhändig gespielt.
Ernie Di Gregorio (Telander, 1976, S. 80)

Die größte Ehre, die einem Basketballspieler zuteil werden kann, ist der Titel „*Wertvollster Spieler*" *(Most Valuable Player/MVP)*. Der Spieler, dem dieser Titel zuerkannt wird, ist nicht notwendigerweise, der Spieler, der im Verlaufe einer Saison am meisten Punkte geworfen hat, oder der spektakulärste Spieler. Der wertvollste Spieler (MVP) ist schlicht der Spieler, der seiner Mannschaft am meisten geholfen hat, zu gewinnen.

Die meisten Spieler träumen davon, diesen Titel gewinnen zu können. Unglücklicherweise kann jedoch nur einer diesen Titel bekommen. Für die meisten Spieler besteht das realistische Ziel darin, ein wertvollerer Spieler zu werden. In diesem Kapitel werden acht Charaktermerkmale eines großen Spielers aufgeführt, die Sie sich hart erarbeiten müssen, um für Ihre Mannschaft ein wertvollerer Spieler zu werden.

Merkmale des MVP

Die folgenden MVP-Kriterien sind nicht in der Reihenfolge ihrer Bedeutung aufgelistet, sondern sie sind allesamt gleich wichtige Merkmale eines großen Spielers. Beim Studieren der Merkmale sollten Sie jeweils einen Moment lang innehalten und eine schnelle, aber ehrliche Selbstauswertung durchführen, um zu entscheiden, welche Komponenten Ihres Spiels noch besser sein könnten.

Allround-Spieler

Um ein guter Spieler oder ein MVP zu werden, müssen Sie zunächst einmal ein Allround-Spieler sein, der in der Lage ist, seiner Mannschaft in allen Phasen des Spiels — Angriff, Abwehr und Rebound — zu helfen. Selbst wenn Sie ein Angriffsstar, aber kein Verteidiger sind, sind Sie — meinem Standard entsprechend — kein großer Spieler. Ihre schlechte Abwehrleistung kann sogar ein

Nachteil für Ihre Mannschaft sein, wenn man deren Gesamtleistung berücksichtigt.

Beständiger Spieler

Zweitens ist ein großer Spieler oder ein MVP in seiner Leistung beständig. Er ist jemand, der seiner Mannschaft in jeder Phase des Spiels hilft. Damit meine ich nicht, daß Sie in jedem Spiel die identische Zahl von Punkten und Rebounds erreichen müssen. Ich meine ganz einfach, daß Sie über das Wissen, das Können und den Willen verfügen müssen, beständig den richtigen Spielzug zu machen, im richtigen Moment zur richtigen Stelle durchzuziehen und den situationsgemäßen Paß zu geben. Manchmal ist der richtige Spielzug der Versuch zu punkten; manchmal bedeutet es zu passen, um den Mannschaftskameraden das Punkten zu ermöglichen. Mit anderen Worten, ein großer Spieler versucht, beständig das für seine Mannschaft Beste zu tun.

Drei Schlüssel zu Spitzenleistungen

Drittens hat ein MVP die drei Schlüssel zu Spitzenleistungen stets unter Kontrolle — Konzentration, Gelassenheit und Selbstvertrauen. Basketball ist im gleichen Ausmaß ein mentales wie körperliches Spiel, und ein großer Spieler ist bei jedem Spiel „gut drauf", denn er verfügt über die Fähigkeit, auch unter Wettkampfstreß seine Konzentration beizubehalten. Wenn Sie ein großer Spieler sein wollen, müssen Sie auch in der Lage sein, Ihre Emotionen zu kontrollieren, vor allem Furcht, Angst, Ärger, Frustration und Depression, die Sie daran hindern, mit einem optimalen Erregungsgrad zu spielen. Ein MVP weiß, daß Konzentration und Gelassenheit hauptsächlich aus Selbstvertrauen resultieren. Selbstvertrauen seinerseits ist ein Ergebnis optimaler Vorbereitung auf den Wettkampf.

Selbstloser Führer

Viertens ist ein MVP immer ein echter Mannschaftsspieler und -führer. Er ist ein selbstloser Spieler, der die Effektivität seiner Mannschaftskameraden und des gesamten Mannschaftsspiels unterstützt, nicht nur durch sein selbstloses Spiel für die Mannschaft, sondern auch durch sein Führungsverhalten, das auf seine Mannschaftskameraden inspirierend wirkt. Der MVP begreift, daß Basketball ein Mannschaftsspiel ist, und daß es wichtig ist, in welchem Ausmaß man seiner Mannschaft hilft zu gewinnen, und nicht, wieviele Punkte man macht und wieviele Rebounds man fängt. Sie können 30 Punkte in einem Spiel machen und dennoch dem Gesamtangriffsspiel Ihrer Mannschaft schaden, indem Sie krampfhaft aus einer aussichtslosen Position werfen, anstatt zu einem günstiger stehenden Mitspieler zu passen. Andererseits müssen Sie jedoch erkennen, daß Ihre Mannschaftskameraden davon abhängen, daß Sie als der beste Spieler der Mannschaft Punkte machen, und Sie sollten nie zögern, eine gute Wurfgelegenheit zum Punkten auszunutzen. Um der MVP zu sein, ist es notwendig, daß Sie ein Wettkämpfer sind, der seine Mannschaftskameraden dazu stimuliert, mit der gleichen Intensität wie Sie selbst zu spielen. Ihr Wille zur Perfektion wirkt auf alle anderen ansteckend.

Clutch-Performer

Fünftens ist der MVP ein Clutch-Performer, der über die Konzentration, Gelassenheit, das Selbstvertrauen, die Selbstkontrolle und den Mut verfügt, unter dem Druck entscheidender Spielsituationen sein Bestes zu geben. Der MVP reagiert nicht nur richtig in Streßsituationen, er freut sich geradezu auf eine Herausforderung, die er als eine Gelegenheit auffaßt, sein Potential ausschöpfen zu können. Da er Siege und Niederlagen aus der richtigen Perspektive sieht, hat der MVP erkannt, daß ein intensiver Wettkampf seinen Wert als Mensch nicht gefährdet, sondern seinem Leben lediglich einen zusätzlichen Reiz gibt. Der MVP fürchtet die Niederlage nicht, weil er über ein über das Spiel hinausreichendes Selbstvertrauen verfügt.

Körperliche Voraussetzungen

Sechstens verfügt der MVP normalerweise über hervorragende körperliche Eigenschaften. Er ist groß, schnell, seine Koordination, Sprungkraft, sein Gleichgewicht und seine Kraft sind ausgezeichnet. Es gibt jedoch sehr gute Spieler, die weder körperlich groß, schnell oder kräftig sind. Aber sie haben gelernt, ihre Schwächen zu kompensieren und nutzen ihre Stärken optimal aus. Schnelligkeit, Kraft, Gleichgewicht, Koordination, Sprungkraft und Wendigkeit können alle bis zu einem außerordentlich hohen Niveau entwickelt werden. Ein MVP verfügt über diese Eigenschaften, entweder von Geburt an, oder er hat sie sich durch hartes Training angeeignet.

In Topform

Siebtens ist der MVP stets gesund und in guter körperlicher Form. Er trainiert hart, um sich für einen Wettkampf in Form zu bringen und meidet alles, was seine Form gefährden könnte. Der MVP ist sich bewußt, daß viele Spiele in den Schlußminuten entschieden werden und daß er in der bestmöglichen Form sein muß, um am Ende eines Spiels noch alle Kräfte mobilisieren zu können. Der MVP ist bereit, allen Versuchungen, die seine körperliche Form negativ beeinträchtigen könnten, zu widerstehen.

Zusammenfassend kann gesagt werden, daß der MVP viele Eigenschaften hat, die sich in drei Hauptkategorien differenzieren lassen — physische, mentale und moralische Eigenschaften. Der MVP verfügt über ausreichende Kenntnisse und Können, um die Grundlagen des Angriffs, der Verteidigung und des Rebounds zu beherrschen. Der MVP verfügt über hervorragende körperliche Eigenschaften wie Schnelligkeit, Koordination, Gleichgewicht, Kraft und Sprung-kraft. Der MVP ist immer in optimaler körperlicher Verfassung und spielbereit. Der MVP ist ein beständiger Spieler, der konzentriert, gelassen und zuversicht-lich ist. Schließlich verfügt der MVP über die moralischen Eigenschaften Selbstlosigkeit, Führungskraft, Sportlichkeit, Autoritätsrespekt und das Verlan-gen, Herausragendes zu leisten.

Liebe zum Spiel

Ich glaube, daß wirklicher Größe noch eine andere Eigenschaft zugrunde-liegt und zwar die außerordentliche Liebe, die jeder große Spieler dem Basket-ballspiel entgegenbringt. Ohne diese Liebe zum Basketball ist es unmöglich, ein Meister zu werden. Es nimmt unzählige Trainingsstunden in Anspruch, alle Fertigkeiten zu beherrschen und zu lernen, sie mit Schnelligkeit und Präzision auszuführen. Niemand, der das, was er tut, nicht gerne tut, opfert all diese Stunden. Diejenigen, die Basketball wirklich lieben, empfinden das Training nie als Plackerei, und ihre Hingabe ist für sie kein Opfer. Für die großen Spieler ist das Spiel keine Sucht. Für sie ist Basketball wie ein guter Freund und Lehrer, den sie respektieren und bewundern, weil er sie herausgefordert hat, ihre Gren-zen zu überschreiten und zu neuen körperlichen, mentalen, moralischen und emotionalen Horizonten aufzubrechen.

Kontrollfragen zu Kapitel 23

1. Nennen Sie acht Eigenschaften oder Merkmale eines großen Basketballspie-lers oder MVPS.

Kapitel 24

Innere Horizonte

Ich glaube, daß diese Ideen und Methoden der Situationsanalyse nicht die Spannung aus dem Sport nehmen, sondern sie im Gegenteil steigern sollten. Der Sportler wird immer ausreichend Situationen finden, die die Analyse lohnen; er wird nie all die entscheidenden Schlüssel finden; und er wird nie völlig angstfrei sein. Die Herausforderung ist stets die gleiche - zu sehen, wie gut man werden kann. Der Unterschied ist, daß wir jetzt über einen zusätzlichen Bereich verfügen — dem Geist —, den wir zu unserem größten Vorteil nützen müssen. Wir haben die Spannung also keineswegs reduziert, sondern eine neue Grenze eingerichtet, die der einzelne Spieler erkunden muß.

Robert Nideffer (1976, S. 254)

Im einleitenden Kapitel habe ich ausgeführt, daß das Hauptziel dieses Buches darin besteht, Ihnen die mentalen Grundlagen des Basketballspiels näher zu bringen. Ich hoffe, dieses Ziel erreicht zu haben, und ich bin der Überzeugung, daß dieses Buch bereits seit langem überfällig war. In der Sportwelt haben wir viel getan, um unsere körperlichen Grenzen auszuloten. Wir haben ausgeklügelte Kraft- und Ausdauertrainingsprogramme sowie Geräte entwickelt. Wir haben durchdachte Lehrhilfen erfunden und tausende Bücher und Artikel geschrieben, die uns helfen sollen, unsere Form und unsere Bewegungstechnik zu verbessern. Aber diese Konzentration auf das Äußere hat uns daran gehindert, die Bedeutung des Einflusses des Geistes auf den sportlichen Erfolg wirklich zu verstehen. Die körperlichen Faktoren Konstitution, Muskeltyp, Kraft und kardiovaskuläre Ausdauer sind zweifellos sehr wichtig. Aber auf einer höheren Leistungsebene besteht im allgemeinen hinsichtlich dieser Faktoren kein Unterschied mehr zwischen den Mannschaften. Diese Faktoren sind daher kaum noch entscheidend für Sieg oder Niederlage. In diesem Buch wurde gezeigt, daß einige der traditionellerweise dem Körperlichen zugeordneten Faktoren, wie Koordination, Gleichgewicht und Aggression, eher mentaler als physischer Art sind. Die Wahrheit ist, daß im Basketball die alten Grenzen der Trainings- und Lerntheorie, Form und Bewegungstechnik, des Krafttrainings und der Taktik bereits zum wiederholten Male erkundet wurden. John Wooden sagt richtig: ,,Es gibt im Basketball keine wirklichen Geheimnisse, zumindest nicht sehr lange''. (Wooden 1966, S. 7). Obwohl wir Trainer jede neue Sportlergeneration mit den alten Grenzen vertraut machen müssen, so daß sie das Spiel so lernen können, wie wir es einmal gelernt haben, haben wir jetzt viel mehr zu zeigen, und Sie können viel mehr erkunden. Sie als Spieler oder Trainer stehen an den Ufern eines ganz neuen Kontinents. Dieses Wissen erfüllt mit Spannung und stellt eine Chance dar.

In diesem Buch habe ich versucht, Sie soweit wie möglich mit den Möglichkeiten und Grenzen des psychologischen Trainings zu konfrontieren. Es handelte sich bei dieser Expedition um eine Reise nach innen, um die Erkundung einer scheinbar grenzenlosen Gegend. In jeder Hinsicht, sei es nun Vorstellungskraft, Aufmerksamkeit, Konzentration, Unterbewußtsein, Wissen oder die Moral, gibt es mehr auszukundschaften und zu lernen. Ich habe Ihnen diese Bereiche vorgestellt, aber leider kann ich sie nicht für Sie erforschen. Sie müssen sie selbst erkunden. In welche Richtung sollen Sie gehen? Ich kann nur sagen: Gehen Sie in alle Richtungen! Wie weit sollen Sie gehen? Das liegt bei Ihnen. Wenn Sie ein besserer Basketballspieler werden und Ihre Leistungsgrenzen ausloten wollen, müssen Sie so weit gehen, wie Sie können! Aber seien Sie gewarnt: Gleichgültig, welchen Weg Sie auf Ihrer inneren Reise einschlagen oder wie weit Sie reisen, Sie kratzen nur an der Oberfläche Ihres Potentials. Obwohl Sie Kraft und Weisheit gewinnen werden, werden Sie feststellen, daß der Geist ein sich stetig ausdehnendes Universum innerer Horizonte ist.

Literaturangaben

Callahan, T. (1985, March 18). Masters of their own game. Time, 52-60.

Castaneda, C. (1974). Tales of power. New York: Simon & Schuster.

Clark, L.V. (1960). Effects of mental practice on the development of a certain motor skill. Research Quarterly, 31, 560-569.

Copleston, F. (1963). A history of philosophy (Vol. IV). Garden City, NY: Image Books.

Cousy, B. & Devaney, J. (1975). The killer instinct. New York: Random House.

Durden-Smith, J. & de Simone, D. (1983). Sex and the brain. New York: Warner.

Ellis, A. & Becker, I. (1982). A guide to personal happiness. North Hollywood, CA: Wilshire.

Gallwey, W.T. (1976). Inner tennis. New York: Random House.

Garfield, C.A. (1984). Peak performance. Los Angeles: J.P. Tarcher.

Goodrich, G. (1976). Winning Basketball. Chicago: Henry Regnery.

Halberstam, D. (1983). The breaks of the game. New York: Ballantine Books.

Kellner, S. (1978). Taking it to the limit. East Setauket, NY: Author.

Linehan, D. (1976). Soft touch. Washington, DC: Acropolis Books.

Lombardi, V. (1973). Vince Lombardi on football (Vol. 1). Greenwich, CT: New York Graphic Society.

Michener, J.A. (1976). Sports in America. New York: Random House.

Mikes, J. (1981, January 28-April 3). Basketball - A game of percentages. Midwest Basketball News (eine Folge von 13 in wöchentlichem Abstand publizierten Artikeln).

Newell, P. & Bennington, J. (1962). Basketball methods. New York: The Ronald Press.

Newman, B. (1984, March 5). The toast of both coasts. Sports Illustrated, 12-15.

Nideffer, R.M. (1976). The inner athlete. New York: Thomas Crowell.

Ostrander, S. & Schroeder, L. (1979). Superlearning. New York: Delacorte Press, Confucian Press.

Reinhart, R. (1981). Free throw shooting: Psychological and physiological techniques. Chicago: Chicago Review Press.

Ross, D. (1978, April). The body-builder's concentration. Muscle Training Illustrated, 66.

Russell, B. & Branch, T. (1979). Second wind. New York: Random House.

Silverman, R.E. (1971). Psychology. New York: Meridith, Appleton Century-Crofts.

Singer, R. (1972). Coaching, athletics, and psychology. New York: McGraw-Hill.

Telander, R. (1976). Heaven is a playground. New York: Grosset & Dunlap.

Tutko, T. & Tosi, U. (1976). Sports psyching. Los Angeles: J.P. Tarcher.

Weiskopf, D. (1975, January). The eyes have it. Athletic Journal, 18-20, 72-76, 78-79.

White, G. (1979, February 3). Moses reaches NBA's promised land at 23. The Sporting News, 3.

Wooden, J. (1966). Practical modern basketball. New York: Ronald Press.

Wooden, J. & Tobin, J. (1973). They call me coach. New York: Bantam Books.

Meyer & Meyer Verlag